本书以作者主持的国家社会科学基金一般项目《中美单位(法人)犯罪比较研究(2010年)》的结项成果为基础增补完成

法人犯罪比较研究

王良顺 著

FAREN FANZUI
BIJIAO YANJIU

法律出版社
LAW PRESS · CHINA
北京

图书在版编目(CIP)数据

法人犯罪比较研究 / 王良顺著. -- 北京 : 法律出版社, 2023
ISBN 978-7-5197-7881-1

Ⅰ. ①法… Ⅱ. ①王… Ⅲ. ①法人-刑事犯罪-对比研究-中国、美国 Ⅳ. ①D924.114②D971.24

中国国家版本馆 CIP 数据核字(2023)第073127号

法人犯罪比较研究
FAREN FANZUI BIJIAO YANJIU

王良顺 著

责任编辑 冯雨春 李 军
装帧设计 鲍龙卉

出版发行 法律出版社
编辑统筹 法律应用出版分社
责任校对 李慧艳
责任印制 刘晓伟
经　　销 新华书店

开本 A5
印张 9.125　　字数 230千
版本 2023年7月第1版
印次 2023年7月第1次印刷
印刷 唐山玺诚印务有限公司

地址:北京市丰台区莲花池西里7号(100073)
网址:www.lawpress.com.cn
投稿邮箱:info@lawpress.com.cn
举报盗版邮箱:jbwq@lawpress.com.cn

销售电话:010-83938349
客服电话:010-83938350
咨询电话:010-63939796

书号:ISBN 978-7-5197-7881-1　　定价:52.00元
凡购买本社图书,如有印装错误,我社负责退换。电话:010-83938349

目 录

CONTENTS

第一章　法人刑法比较

在中国，根据《刑法》第30条的规定，单位犯罪的认定和处罚以《刑法》分则条文或者分则性条文作出明确的规定为前提。如果某《刑法》分则条文或者分则性条文未作出明确的规定，就意味着单位行为就不成立该种犯罪，单位也不应当为之承担刑事责任。美国法人犯罪的定罪和处罚也是以有刑法规定为前提的。罪刑法定原则最早源于英国，作为英美法系重要代表的美国联邦刑法虽然在立法上未明确规定该原则，但是实际上也是承认的，在理论上一般被称为合法性原则、美国《模范刑法典》中的制定法主义。不仅美国《宪法第六修正案》和禁止追溯既往、剥夺公权法案明确支持了合法性原则①，美国《模范刑法典》作出了具体的规定②，而且许多州刑法典都明确规定了该原则的各项规则。因此，研究中美单位（法人）犯罪应从中美两国的单位（法人）刑法开始。从历史的维度上看，美国法人刑法在先，中国单位刑法在后。基于尊重两国立法的历史以及考虑到叙述的逻辑，本书研究的体例通常是先评介美国法人犯罪，而后评介中国单位犯罪，最后对两者进行对比分析。

---

① 美国《宪法第六修正案》（1791年）在一切刑事诉讼中，被告享有下列权利：由犯罪行为发生地的州和地区的公正陪审团予以迅速而公开的审判，该地区应事先已由法律确定；得知被控告的性质和理由；同原告证人对质；以强制程序取得对其有利的证人；取得律师帮助为其辩护。

② 美国《模范刑法典》第1.05条第1款第1项规定："犯罪或者违警罪必须由本法典或者本州其他制定法规定。"

第一节　美国法人刑法

美国是以英国在北美的13个殖民地为基础,经过独立战争后而建立起来的新兴国家。英美两国的历史联系决定了在美国法和英国法之间也存在密切的关联。在殖民地时期,各州法院适用英国法审理法人犯罪案件。获得独立后,虽然美国建立起独立的法律体系,并制定了大量的制定法,但是英国普通法的影响力并未从美国刑法中完全消失。事实上,英国普通法不仅得到了美国少数州立法的明确认可,而且一直是美国联邦法院和州法院解释法律的重要依据。由于美国早期法人刑法直接承袭了英国法人刑法,研究美国法人犯罪不能离开英国法人刑法。

一、英国法人刑法的历史发展

(一)法人刑事责任诞生的社会背景和法律障碍

法人的普遍化与法人行为的严重危害是英国承认法人犯罪的重要社会背景。受罗马法社团理论的影响,早在中世纪的英国,法人就已经是十分明确的概念。社团是一个区别于成员、具有法律上的权利与义务的社会组织。英国最早承认具有法人地位的社团主体之一是教堂。13世纪后期,建立教堂的封建地主逐渐失去了对教堂的权利,教堂自身开始成为法人组织,教堂中担任最高职务的人可以以教堂的名义对外开展商业活动。14世纪,英国的市镇开始获得了法人的地位。为了取得对市民征税的权力,英国的市镇需要经过皇家特许而取得法人的地位。具有法人地位的市镇享有很多的权利,但也负有相应的责任。不过,在16世纪之前,在英国具有法人地位的社团数量很小，且被限制为特许从事特别的业务，法人的管理也较为规范。那时，英国法人活动对普通民众生活的影响不大，没有人认为有必要对法人行为进行严格的规制。

在16世纪的英国，贸易公司开始出现，并在后来的英国海外贸易和殖民统治中承担了诸多政治职能。在16世纪至17世纪，英国医院、大学和协会等也先后都采取了法人形式，法人在社会生活中的重要性日渐显现。17世纪后期，随着股份公司的出现，英国的法人重要性更加凸显。股份公司这种商业公司在发展新的产业和聚集国家存款的过程中发挥了巨大的推动作用。但是，这些公司中的绝大多数都是没有经过注册的，并乐于从事过度的投机专卖和图谋策划周密的欺诈计划。由于股份公司享有广泛的权利却对恶行不负责任，许多公司肆意追逐私利，制造了许多起在全国范围内有影响的灾难性事件，受到社会公众的严厉谴责。因此，随着法人地位的日益提升和法人行为对社会公众生活的影响越来越大，追究法人的刑事责任的必要性日益提升。19世纪，随着工业革命的持续发展，英国经济总量出现了快速的增长，而公司的数量也急骤地增加。与公司的快速增加相伴随的是，大型铁路公司等工业企业在生产过程中，经常发生工人死亡或者人身伤害事件。[①] 受此影响，英国社会公众对法人和法人活动的态度开始发生重大改变，由从前的漠不关心变成了后来的高度关注。

英国普通法很早确立了法人享有许多与自然人相同的权利能力的规则，如法人可以享有自己的财产、缔结合同、提起诉讼和被诉讼等。在普通法上，自然人实施犯罪要受到刑事起诉是一项普遍承认的古老规则，但是法人要受到刑事追诉极为困难。在当时的理论

① See Gary Slapper & Steve Tombs, *Corporate Crime*, Person Education Limited, 1999, p. 25.

界,一般认为,作为一个抽象的概念,法人没有思想,因而也不能形成犯罪意图。在替代责任论之前,社会公众也普遍认为,法人欠缺自然人的肉体,不能通过身体来行动。而且,依据英国的早期普通法,法人不应为任何行为而受到刑事起诉。英国长时间不追究法人的刑事责任,可以部分地归因于英国著名法官霍尔特(Holt)勋爵的格言:“法人不可诉,但法人的成员可诉。”该格言代表了当时英国学界的基本共识,并在普通法判决中经常被引用。

总体上看,在从前的英国,法人的刑事责任主要面临两个理论障碍和两个程序障碍。两个理论障碍是:其一,法人缺乏理解行为的能力和行为意志。当时,许多学者和法官都持这样的观点。有学者指出:“法人不能实施行为,因为在法人中没有人,法人只有通过被认为是公司代理人的董事来行为。”“当法人没有灵魂可以谴责,没有身体可以被踢打时,还能指望它有意识吗?”依据此时的英国法律,与自然人不同,法人只是人造的实体。作为一个抽象概念,法人欠缺身体和思想,因而欠缺实施恶行和承受刑罚的道德能力。因此,法人既不能实施犯罪行为,也不能具有犯罪意图。其二,法人实施犯罪是越权(*ultra vire*)。法人是经法律拟制而被赋予的虚拟存在和虚拟意志,因而法人行为也只能与拟制的规定相一致,必须符合拟制法人的目的。而法律拟制法人的目的显然不可能包括犯罪,任何法人犯罪都必然是越权的,因此,法人不可能犯罪。这种以法律拟制目的的障碍为理由而否定法人犯罪的观点,史称“越权行为说”。两个程序障碍是:其一,法人不能被判处监禁或者死刑。死刑是以身体或者生命的存在为前提的,对没有身体或者生命的法人来说,是不可能被执行死刑的。同样,监禁是以剥夺人的身体自由和以之为基础的行动自由为内容的,也以身体和生命的存在为执行的条件。而法人没有自然人那样的身体和生命,因而也不可能被判处监禁刑。其二,法人无法亲自到庭受审。在1925年之前,在英国巡回审理或者季审法庭中,因受到指控而受审的被告人都被要求亲自出庭。然而,作为人格虚拟的法人不可能亲自出庭受审。被告人必须亲自出庭受审的程序规则,直到1925年才被制定法《刑事审判法》第33条第3款所修改。该条款允许法人通过书面的形式,委托代理人参加法庭审理,并提出认罪或者不认罪的答辩。[①] 这四个方面的障碍成为当时英国法院否定法人刑事责任的基本理由。

(二)英国法人刑法的萌芽

在英国,虽然直到19世纪中期,作为法人刑事责任理论的替代责任论(vicarious liability theory)才诞生,但是据考证,早在1635年就有法人因为不作为而被判承担刑事责任。在18世纪和19世纪,发生了许多起政府人员因为政府未维修公共设施而受到刑事起诉的案件。虽然该类型的诉讼在当时并非罕见,但是在理论上不被认为是真正的刑事诉讼,因为它实际上是被作为强制公共机构履行公共义务的手段。在这种追究公共机构的刑事责任的判决中,法院的裁判理由通常是,在现有机构接手承担城镇、教区和乡村的维修责任之前,公共设施就已经修建。此前是由前政府人员维护公共设施,继任的政府人员必须接替前政府人员而承担相同的维修责任。在市镇没有履行维修义务时,政府人员就应当受到起诉。

1. 普通法上的法人刑事责任

法人刑事责任与承认法人行为相关联,而法人行为理论在这一时期也得到了发展。英国法院在1682年*The King v. City of London*判例中所作出的裁定,确立了法人应当为其代理人的恶行承担责任

① See Amand Pinto Q. C & Martin Evans, *Corporate Criminal Liability*, Sweet & Maxwell, 2008, p. 18.

的规则。[1] 在该案中,伦敦市的市长和其他官员因为滥用政治权力,在对市民征税的过程中中饱私囊而受到了起诉。法院作出裁定,代理人的行为就是法人的行为,判决被指控的官员承担刑事责任,并剥夺该市的征税特权。到了19世纪,铁路公司在建设和运营铁路的过程中,经常发生严重伤害公众和员工的身体健康或者造成重大财产损失的事件,因不符合英国议会在制定法中赋予公司的权利,针对该类公司的刑事起诉偶尔也会被提起。最早被报道的案件是1819年针对索芬威依铁路公司(Severn & Wye Ry Co.)的不作为的刑事起诉。该判例确立了不维护永久性铁路的铁路公司应当受到起诉的规则。

必须强调的是,在19世纪中期以前,虽然有法院判决法人承担刑事责任,但是法官并没有从理论上提出没有身体和灵魂的法人承担刑事责任的理论依据。直到19世纪中期,英国法院借用民事侵权法中的雇主责任原理,论证对法人雇员在雇佣范围内的不法行为追究法人的刑事责任,正面回答了法人替代刑事责任的正当性。

替代责任论是从在中世纪就确立的主人与仆人的关系原理中发展而来的。起初,替代民事责任被限制在仆人明显是依据主人的命令而实施的侵害公众的侵权案件的范围内,主人为仆人的侵权行为承担民事责任。支持这种规则的观点被称为"替代民事责任的命令理论"。到18世纪初,英国民事法院接受了主人或者雇主,既应当为明示命令仆人侵权而承担侵权民事责任,也应当为暗示命令仆人侵权而承担侵权民事责任的观念。而且,暗示命令可以从仆人雇佣范围的一般意涵中推论出来,并不要求主人或者雇主有暗示性的行为。19世纪初,英国法院不再拘泥于替代民事责任的命令理论,

---

① 8 St. Tr. 1039(K. B. 1682).

认为主人的责任范围不应限于其所命令的雇员行为,并采纳了替代责任的依据不在于雇主对雇员的命令,而在于雇主与雇员之间的本质联系的观点。英国法院认为,只要雇员的行为是在雇佣的过程中实施的,雇主就要为雇员的民事不法行为承担责任。即使雇主没有命令雇员实施侵权行为,或者没有认可雇员的侵权行为,但是只要雇员的行为与他的雇佣范围之间存有充分的联系,雇员的行为会被认为是以未授权方式完成了授权的任务,法院仍然会判决雇主对雇员的行为负有侵权民事责任。因此,法院裁定雇主是否承担替代责任的依据在于,不法行为是否在雇员的雇佣范围内实施的[①]。需要说明的是,此时的雇主替代责任的范围还仅限于雇员侵害公众的民事不法行为,对于雇员的其他民事不法行为,雇主仍不承担民事责任。例如,在工业生产事故的案件中,当时的法院并不认为法人应当对一个雇员在雇佣过程中因为疏忽而加害另一个雇员的行为,承担民事责任。此后,替代民事责任的范围开始逐步扩大,但是也未扩展到刑法中。

1827 年英国《刑事法》明确规定,除非法律有明显相反的意图,刑事制定法中的"人"包括法人。虽然该规定隐含了对法人提起刑事诉讼的可能性,但是法官在追究法人刑事责任上仍极为谨慎。[②]不过,一旦法院认识到,主人应当因仆人的错误或者过失行为对他人造成的人身伤害而负有民事责任,那么,因无须证明犯意的犯罪行为而起诉法人并追究法人的替代刑事责任就只是个时间的问题。正如艾特肯(Atkin)勋爵所说,"在这些案件中,一旦有一件案件确

① See Amand Pinto Q. C & Martin Evans, *Corporate Criminal Liability*, Sweet & Maxwell, 2008, p. 20.

② See Jame Gobert & Maurice Punch, *Rethinking Corporate Crime*, Butterworths, 2003, p. 54.

立了委托人(法人)对代理人所实施的行为承担责任的规则,那么判决法人成为主犯就不存在困难”。[①]

19世纪中期,英国法院开始借用民事侵权法中的雇主责任原理,判处法人对雇员在雇佣范围内实施的犯罪行为承担刑事责任。在19世纪上半期,英国的公共基础设施建设进入高速发展期。依照当时英国制定法的规定,在建设铁路的过程中,如果新建的铁路切断了原来的公路交通线,那么,铁路建设者就必须新建一座桥梁将原来的公路线重新连接起来。这是法律规定铁路建设者必须履行的绝对的法定作为义务。在1842年*R. v. Birmingham and Gloucester Railway Company*案中,伯明翰—格洛斯特铁路公司(Birmingham and Gloucester Railway Company)因无视横跨铁路线的行人和车辆的安全,没有在已经建设的铁路线上修建连接走廊而受到刑事指控。被告伯明翰—格洛斯特铁路公司提出抗辩,以首席法官霍尔特勋爵的格言“法人不可诉,但法人的成员可诉”为依据,认为不能针对被告公司提起刑事诉讼。英国王座法庭法官对此作出裁决,驳回了不能针对法人提起刑事诉讼的抗辩。判决书明确指出:“只有一个直接的先例判决支持被告的主张,即一篇匿名报道所提到的霍尔特勋爵在一个判例中的法官意见。该报道指出:‘注意:它是由霍尔特首席法官所提出的。法人不可诉,但法人的成员可诉。’然而,该意见所适用的犯罪的本质是什么,在这篇报道中并没有显现出来,而作为一般的主张,它却与众多表明法人可以因为违反法定义务(不包括重罪和侵犯人身的犯罪)而受到起诉的判例相反。”王座法庭据此作出判决,被告伯明翰—格洛斯特铁路公司应当承担刑事责

---

① Amand Pinto Q. C & Martin Evans, *Corporate Criminal Liability*, Sweet & Maxwell, 2008, p. 22.

任。*R. v. Birmingham and Gloucester Railway Company* 案的判决确立了法人对不作为犯罪承担严格责任的规则。之所以英国法院以不作为犯为突破口确立法人刑事责任规则,既是因为法院判决法人对不作为犯承担刑事责任时,无须考虑法人作为一个组织如何实施积极的行为,而只要法人没有履行法定作为义务就足够了,也是因为该类犯罪是严格责任犯罪,因而也回避了如何认定组织的犯罪心态问题。

此后不久,法院就接受了对法人不作为犯罪与法人作为犯罪不能作不同的处理的观点,认为法人也应当为作为犯罪而承担刑事责任。在四年之后 1846 年的 *The Queen v. Great North of England Railway* 案中,大英格兰北部铁路(Great North of England Railway)公司受到刑事起诉并被判犯罪成立,自此,法人的刑事责任范围由不作为犯罪扩展到作为犯罪。依据起诉书,1846 年 7 月 3 日,受被告公司雇佣的工人"使用暴力和手臂非法和伤害性地"在一条供所有英国臣民及其马匹、马车使用的公共道路上,开挖了壕沟,严重地损坏了道路,并对所有的王国臣民造成了公害。被告公司实施了犯罪行为,而不是默许不法行为。被告大英格兰北部铁路公司辩称,不能针对该公司提起作为犯罪的刑事诉讼。原审法院没有接受被告大英格兰北部铁路公司的抗辩,判决其犯罪成立。被告公司不服原审判决,并提起上诉。在上诉审中,上诉法院维持了原判,该上诉公司仍被判有罪。德曼(Denman C. J.)勋爵明确地驳回了该上诉公司的上诉,并指出虽然法律经常会纠结于技术性的尴尬,但是在这个案件中并不存在这种现象。起诉在公共道路上设立障碍的个人或者公司,并不比起诉没有修建公共道路的个人或者公司更困难。他们都可能因为其作为或者不作为而被判缴纳罚金。依据此判例,不作为犯罪与作为犯罪之间的区别对于法人犯罪来说就变得没有意义。自此,英国法院由仅承认法人对不作为犯罪的刑事责任扩展到承认法人对作为犯罪的刑事责任。

2. 制定法上的法人刑事责任

在制定法上,为了公众利益和保护公众免受侵害,英国议会很早就制定法律以规制商业活动。英国《大宪章》就曾统一了酒、玉米和布匹的称量和测量的方法。1353 年之前,制定法还规定,对使用不公平的衡器和量具的人,处以财产刑和身体刑。那时的规章主要包括保护诚实商人免受不正当竞争危害的规章,以及保护民众福利、免受食品掺杂掺假侵害的规章两类。但是,此时的制定法还没有规定法人的刑事责任。

19 世纪中期,英国议会制定的规章数量持续增加,英国现行规章的主要部分在那时已经基本成形。但是,保护公众福利的规章往往是以不同的产品为对象,一种规章规制一种产品,规章的数量多且相当的分散。1860 年,英国议会合并食品健康领域的各种规章,制定了统一的《食品、饮料掺杂法》。在许多保护公众福利的制定法中,英国议会都对法人设立了替代刑事责任,而《食品、饮料掺杂法》只是其中的一种。在这些法律中,制定法严格禁止某种行为,并规定如果发生了此种行为,负有责任的人的行为就是有罪的。在实施禁止行为的人是公司雇员或者代理人,且行为属于他的雇佣过程和范围的场合,公司就要对其不法行为承担替代责任。法院不必证明雇主命令、参与或者甚至了解他的仆人的犯罪行为,只要该行为与雇佣关系有关,换言之,只要处于雇佣的范围之内即可。可见,这一时期的英国制定法已经认可了普通法所确立的法人替代刑事责任。

在制定法上,英国法人的刑事责任分为直接责任和替代责任两种不同性质。在法人违反自身义务的案件中,虽然行为有可能实际上是由雇员所实施的,但是雇主自身没有防止危害的发生才导致刑事责任。在法规的层面上,实施行为的雇员并不是犯罪人,因为这种犯罪只能由被法律设定负有法定作为义务的法人实施。这时,法人承担的责任就是直接责任,或者自身责任。对于其他案件,即不是法人违反自身义务的案件,法人对雇员的不法行为承担的刑事责任则是替代责任。此时,无论雇主是否授权,雇主都应当对雇员或者代理人的行为承担刑事责任。

20 世纪中期,英国法院创立了同一视论(identification doctrine),以之为依据而处理法人犯罪案件。依据同一视论,与自然人一样,法人也有犯意和行为,因而应当为法人犯罪承担刑事责任,进一步论证了法人刑事责任的正当性。

英国法院在普通法中确立法人替代刑事责任的规则与制定法关于法人替代责任的规定,相互作用,最终突破了英国传统普通法不承认法人刑事责任的樊篱,开创了法人刑法的历史,也为同属英美法系的美国借鉴英国法人刑法的经验提供了基本的样本。

二、美国法人刑法的历史演变

英国国王授予的法人特权是英国在美洲殖民地中的绝大多数政治性组织的基础。在美国独立后,以前的殖民地变成美国的州,设立法人的权力改由立法机关行使。在 20 世纪前,美国设立的城市、城镇和村庄超过了 1 万个,而美国私人商业公司的增长则进展缓慢。19 世纪前,在美国只有 225 家私营公司被批准成立,且只有不到 1/3 的公司的设立目的是从事一般性商业活动。殖民地时期成立的更具代表性的公司是公共性或者准公共性的,设立目的是改善公共交通设施。由于公司业务以疏浚航道和修建道路、桥梁等为主,殖民地时期成立的公司享有或者有可能享有国家征用权。受此影响,在美国,首先受到刑事追究的公司就是公共性或者准公共性公司。

（一）美国普通法中的法人犯罪

在美国独立以前的殖民地时期，法院审理案件主要适用英格兰移民带来的英国普通法和当时存在的一些法律修正案。在美国独立后，英国普通法和制定法在美国停止适用。美国的各州很快就开始制定刑事制定法。19世纪，美国许多州都制定了综合性的刑事法典，规定了绝大多数普通法犯罪和普通法所没有的犯罪。有些州刑法典明确规定，犯罪只存在于刑法典之中。其他没有作这种规定的州刑事法典也暗示，普通法犯罪已经废止。还有一些州，通过明确的“接受”法令，将普通法犯罪保留下来。总体上讲，普通法对于美国法人刑法至少具有两个方面的意义：其一，在少数以“接受”法令的方式承认普通法犯罪的州，普通法是该州法人刑法的组成部分。也就是说，少数州通过颁布所谓的“接受”法令，接受普通法的犯罪，那么法令和普通法上的犯罪就成为该州刑法的组成部分。常见的接受法令形式是“任何实施……普通法上犯罪的人，在没有任何成文法明确地对其刑罚作出规定的情况下，对重罪或者轻罪承担刑事责任”。然而，即使在这些州，普通法犯罪通常都已经被制定法所规定，只有在法律存在漏洞时，才能以普通法犯罪起诉法人。其二，在不承认普通法犯罪的州，普通法是解释制定法的重要依据。美国许多州制定了刑法典，并在刑法典中确立了罪刑法定原则。例如，《加利福尼亚州刑法典》第6条规定：“任何行为或者不作为……不视为犯罪或者受到惩罚，除非刑法作出规定或者授权规定。”州刑法典的这种规定实际上废除了普通法的犯罪，或者将普通法的犯罪成文法化了。但是，制定法上的法人刑法，经常或者至少是部分包括普通法的术语。而在美国的法律解释上，存有一项重要规则——只要有普通法上的术语，就推定该制定法中的术语保持着普通法上术语的含义,除非制定法对此有明确的规定。在适用刑法典时,关于某些构成要件或者概念的理解,法官不得不引用或者参考普通法进行解释[①]。因此,即使在立法上不承认普通法犯罪的州,如果在法人刑法上包括普通法术语,普通法就是解释法人刑法规范的含义的重要依据。

早期的美国法人刑法演化经历了法人刑事责任范围的多次扩张过程,大体上分为从承认公害犯罪的不作为犯、从不作为犯到作为犯以及从不以故意为要件的犯罪到以故意为要件的犯罪三个不同阶段。

1. 承认公害犯罪的不作为犯

公害法为支持对法人提起刑事诉讼提供了最早的法律工具。虽然公害犯罪率先在英国法中被定义为“对公共的罪行,即实施可能侵扰所有的王国臣民的事情或者忘却实施对公共利益所需要的事情”,但该定义最早被美国法院适用于法人案件。污染河床、毁坏道路、修建的桥梁垮塌和屠宰场污秽不堪等不同类型的公害行为是美国法人最早受到刑事起诉的犯罪行为。美国法人最早受到起诉的案件之一是 1834 年的 *People v. Corporation of Albany* 案件[②]。奥尔巴尼市(the City of Albany)因没有清理哈德森河的河床而受到检察官的指控。起诉书指控,由于奥尔巴尼市没有及时清理,哈德森河已经变成“恶臭的、被泥土、垃圾和动物的尸体等堆积和壅塞”的水体;河床发出有害的气味,河水已经变得不可饮用,并对公众的健康构成了严重的威胁。原审法院支持了检方的指控,判决奥尔巴尼

---

① [美]约书亚·德雷斯勒:《美国刑法精解》,王秀梅等译,北京大学出版社 2009 年版,第 26 页。

② 11 Wend. 539,539(N. Y. Sup. Ct. 1834).

市的犯罪成立。该市对原审作出的有罪判决不服,提起上诉。

在上诉审中,对于该城市是否疏忽了履行法定义务,纽约州最高法院裁定,制定法授予该城市减轻街道和码头上的公害、防止河流的阻塞以及深挖、加深和清洁河床等职权。法院认为,既然法人享有减少公害的权力,它就负有行使这些权力的义务,在这一点不应当存在任何疑问。减轻公害的权力属于城市寻求推动社会利益的众多城市权力中的组成部分,行使这些权力对于该城市来说是强制性的,他们无权作出选择。当社会利益要求该城市这么做时,该城市就必须行使这些权力,否则就是疏忽了履行法定义务。

辩方律师还辩称,依据城市的能力,对城市进行刑事起诉是不能成立的。因为,即使城市确实负有清理河床的义务,被起诉的人也应当是有义务减轻公害的作为个人的官员,而不应当是城市。在复审该法人有罪判决的案件中,纽约州最高法院在判决中对辩方律师的观点也作出了回应:“当法人或者个人负有维修公共高速公路或者清理可航行的河流时,他们就应当为疏忽了自己的义务而受到起诉。这是个早已得到解决的问题。起诉和公告是平息公众愤怒的唯一方法。假如一个人遭受到侵害行为的伤害,他就应当能够通过起诉而获得赔偿。”因此,纽约州最高法院维持了原审判决。通过此案,早在 1834 年,法人对不作为犯罪负刑事责任的规则在美国就已经得到了确立。而法院的裁判理由主要是公害的公共属性,以及为补偿而采取有效的刑事诉讼程序的必要性,也就是说,美国法院判决法人承担刑事责任,只是从必要性的角度论证了法人刑事责任,却没有触及法人刑事责任的正当性,没有对法人为雇员的行为承担刑事责任提供法理根据。

由此可见,美国法人刑法是从承认法人不作为犯开始,而最早的法人不作为犯又属于公害犯罪。

2. 从不作为犯到作为犯

在英国普通法中，不作为犯与作为犯的处理是否存在区别，曾经引发激烈的争议，而该争议在美国只是短暂地存在过，仅进行过简略的讨论，且多数存在于法庭意见（the opinion of the court）之中。在19世纪中期之前，两个理由充足且有影响力的判例，已经成功地解决了法人作为犯和法人不作为犯一样，都应当受到刑事起诉的问题。第一个判例是1852年的 *State v. Morris & Essex Railroad* 案[①]。莫瑞斯—埃塞克斯铁路（Morris & Essex Railroad）公司因为在公共的高速公路上修建了一个建筑物，阻拦了在道路上行驶的车辆而受到起诉。原审法院判决法人承担刑事责任。

被告人律师认为，虽然法人可以因为不作为而受到起诉，但不能因积极的作为而受到起诉，原审法院判决法人有罪缺乏正当的理由，进而提起了上诉。纽泽西州最高法院的法官认为，一旦接受了法人可以因为不作为犯而受到起诉的观点，"所有的预先和正式的反对追究法人刑事责任的理由"，诸如法人的不可感知性和没有被逮捕、出庭和接受监禁的能力，以及处罚无辜的股东是否公正等，都必须放弃，因为这些问题平等地存在于对法人不作为犯和法人作为犯的起诉之中。纽泽西州最高法院裁定，虽然早期规则与此有所不同，但是从这个判例起，法人为由雇员实施的作为犯罪承担责任的规则就得到了确立。而且，如果法人能为代理人的作为承担民事责任，就没有理由否定法人为同样的行为受到刑事起诉。

被告人律师提出的另一个反对理由是，法人章程没有授予法人实施犯罪的权力，因而法人不能实施犯罪行为。纽泽西州最高法院驳回了这种越权行为说的观点。它指出，如果采用该种观点的逻

① 23 N. J. L. 360 (1852).

辑,法人对民事侵权行为也不应当负责。但是,该结论显然既是不公正的,也与已经确立的法律原则背道而驰。

被告人律师的第三个反对的理由是,亲自参与了犯罪决策导致不当行为发生的个人和那些实施了不当行为的个人,都已经承担了个人责任,法人就不必承担刑事责任,而且,在美国并没有政策有力地支持法人承担刑事责任。纽泽西州最高法院认为,这种理由也不成立。因为法人既煽动不当行为,也从不当行为中获益;实施不当行为的个人完全有可能难以查证,在经济上也不具有承担责任的能力;起诉法人公害犯罪的主要目的是推动减轻公害,而减轻公害的命令通常是有罪判决的组成部分;更重要的是,让法人参与诉讼,符合法人的最大利益。法人应当出现在法庭上并进行抗辩,而不是在审理雇员的案件中,由法院对法人的权利予以裁定。纽泽西州最高法院指出,考虑到上述理由,起诉法人和判决法人有罪是适当的。

两年后,第二个重要案件也作出了类似的判决。在 1854 年的 *Commonwealth v. Proprietor of New Bedford Bridge* 案中,被告新贝德福德桥业主(Proprietor of New Bedford Bridge)公司在河上修建的桥梁不合格,阻碍了河道的航行,造成了公害。[①] 受到起诉的被告新贝德福德桥业主公司提出抗辩,认为不能针对作为犯而起诉法人。法院裁定,虽然支持被告人立场的观点可以在少数法官意见中找到,但是法院很少会依据该观点来处理案件。即使该观点曾经是正确的,但它只是存在于法人数量很少、权利有限和目标有限的时代。而当下的社会已经发生了深刻的变化,“经验已经表明有必要对该观点作出修正”。法院还指出,区别对待法人作为犯与法人不作为犯是荒谬的。例如,在该案中,犯罪行为既可以说是没有修建一座

① 68 Mass. 399(1854).

合格的桥梁(不作为),也可以说是修建了一座不合格的桥梁(作为)。而无论是哪一种情况,阻碍航行的公害都是因为桥梁所引起的,而如果法人没有利用权利在此修建不合格的桥梁,就不会阻碍航行。简言之,对法人作为犯与法人不作为犯作不同的处理,缺乏足够的理由。

不难看出,美国法院判决法人对作为犯承担刑事责任的裁判理由很多,理由之一是借用了民事侵权法中的雇主责任原理,用以论证法人为代理人、雇员等人的不法行为承担刑事责任的正当性。在美国法院作出上述判决的10年前,英国法院就已经作出了上述的论证。考虑到两国法律传统的共同性和联系的紧密性,可以作出推论:美国法院的裁判理由借鉴了英国判例,接受了英国法院创立的替代责任论。不过,美国法学界并没有延用英国的替代责任论的称谓,而是基于民事侵权法中的雇主责任原理而称为雇主责任论。

在法人因公害的作为犯而被判有罪后,对非公害的其他不法行为追究法人责任就不再存有理论障碍。对不守安息日、允许在游乐场赌博、放高利贷、向未成年人提供酒精饮料和未经授权而制造药品等法人行为,随后美国法院都判决法人承担刑事责任,法人对作为犯承担刑事责任的范围进一步扩大。

3. 从不以故意为要件的犯罪到以故意为要件的犯罪

美国普通法的上述发展,只是确立了法人对不作为犯和不以故意为要件的作为犯承担刑事责任的规则,而法院要判决法人对以故意为要件的犯罪承担刑事责任,仍然存在理论障碍。即使是上述两个否定作为犯与不作为犯对法人刑事责任存在影响的法院,在判决中也承认,法人不能因以邪恶故意为要件的犯罪而受到起诉,重罪、叛国、伪证和暴力犯罪等犯罪都只能由自然人实施。

反对就以故意为要件的犯罪追究法人刑事责任的观点,一般都有两个相近的理由:其一,法人具有虚拟的性质。持反对观点的人认为,法人“无灵魂”,没有“实际的邪恶故意”,因而法人不能实施以故意为要件的犯罪。其二,越权行为说的复活。有观点认为,有些行为离法人目的和法人章程授予的权利太远,因而法人没有实施这些行为的能力。如果就这些行为对法人追究刑事责任,就会与法人对代理人行为的委托人责任规则相违背①。

美国法院最终找到了突破的方法。具体来讲,美国法院将以故意为要件的犯罪区分为以特别故意为要件的犯罪和以一般故意为要件的犯罪,并找出两者之间的某些区别,认为法人对以一般故意为要件的犯罪应当承担刑事责任,从而克服了法人对以故意为要件的犯罪承担刑事责任的障碍。有学者明确指出,在某种意义上而言,法人行为就是高级职员、董事和雇员的行为。当高级职员、董事和雇员代表法人而实施行为时,他们的动机、故意和行为就可以归咎于法人。因此,只是故意地实施被法律禁止的犯罪,诸如捕获河中的鲑鱼或者让雇员每天工作的时间超过 8 小时,法人就是可诉的。

法人对以一般故意为要件的犯罪承担刑事责任的原则,在美国联邦最高法院 1909 年 *New York Central & Hudson River Railroad v. United States* 案的判决中得到了明确的肯定②。纽约中心—哈德逊河铁路(New York Central & Hudson River Railroad)公司因为向一家炼糖厂支付了回扣,违反了《埃尔金斯法》(Elkins Act),受到刑事起诉并被判有罪。在上诉审中,上诉人纽约中心—哈德逊河铁路公司

---

① 委托人责任规则是指只有雇主帮助或者教唆雇员实施犯罪,雇主才对雇员犯罪承担刑事责任。

② 有学者认为,该判例确立了法人对以特别故意为要件的犯罪承担刑事责任的原则。See Jonathan C. Poling & Kimberly Murphy White, *Corporate Criminal Liability*, American Criminal Law Review, Vol. 38:525, p. 528(2001).

的律师认为,《埃尔金斯法》第一章关于普通运输商的高级职员、董事和雇员的行为就是运输商的行为的特殊规定,违反了《宪法》。《埃尔金斯法》规定:“依据规制商业的法律,任何由法人普通运输商实施或者忘却实施的行为,该行为假如是通过董事长或者管理人员,或者任何受托人、信托人、承租人,为法人而行为或者受雇于法人的代理人或者人而实施,就将构成轻罪……在该法律之中,该法人应当被认为是实施轻罪的人,在判决有罪的基础上,法人应当受到法律所规定的刑罚处罚。”在上诉审中,上诉人律师认为,该法律的上述特别规定违反《宪法》,因为国会没有权力将犯罪行为的实施归责于法人,或者使法人受到刑事起诉。该律师还指出,因为雇员的行为而对法人判处罚金,违反正当程序,无异于强取无辜股东的财产和惩罚无辜的股东。该律师主张,由于并未证实董事会或者股东授权给代理人,在签订合同或者给付回扣上实施犯罪行为,代理人给付回扣的行为不能成为合法地起诉法人的理由。由于董事会的行为没有授权实施犯罪的合法权限,且事实上股东也不能授权实施犯罪,该律师得出的结论是:由于组织的本质和特征,以及权力和权限的限制,法人不能实施所指控的犯罪。该律师还认为,法律规定的刑事责任转嫁与无罪推定原则相矛盾。

美国联邦最高法院法官德依(Day)撰写了全体法官一致同意的判决上诉人有罪的判决书。法官德依承认,早期的普通法学者认为法人不能实施犯罪。但是,一般来说,现代政府的态度则与此不同。学者比绍普(Bishop)在著作《新刑法》第417节中,专辟了一章研究法人的犯罪能力,并指出“由于法人通过管理人员和代理人开展活动,管理人员和代理人在所实施的行为中的目的、动机和意图就是法人的目的、动机和意图”。而且,许多判例都认为法人应当为犯罪行为而受到惩罚。

法官德依指出，并不存在国会不能对普通运输商设立这种责任的法律依据和政策依据，相反，我们看到了通过经营获利和只能通过代理人、管理人员而开展活动的法人，因为代理人的明知和意图而应当受到罚金处罚的公共政策理由。代理人具有实施法人委托的事项和确定运输比例的权限，其代理实施行为的明知、意图就可以归咎于法人。法律重视所有的权利，法人的权利也不少于自然人的权利，法律不能对现代社会中绝大多数的商业活动通过法人来实施，特别是州际贸易几乎全部由法人实施的事实，视而不见。不能只是因为法人不能犯罪这种古老和破碎的原则，就放弃有效控制法人活动和矫正法人滥用权利的唯一方法。毫无疑问，国会具有规制州际贸易活动、防止偏袒和使所有参与州际贸易的人获得平等权利的权力。如果认为国会不能通过就代理法人行为的代理人的意图和行为追究法人的责任，以规制从事州际贸易的法人的立法，那将是明显的退步。

虽然法院认为有些种类的犯罪不能由法人实施，但是上诉人实施的犯罪属于由故意地实施被制定法禁止的行为所组成的更大犯罪类别（以一般故意为要件的犯罪）中的一种。对于这类犯罪案件，逻辑和政策都要求就代理人在职责范围内所实施的不当行为追究法人的责任。更重要的是，只有从不法行为中获利的法人成为起诉的对象，禁止回扣的法律才能被有效地实施。如果仅仅因为法人不能犯罪的古老观念，就使法人免予受到刑罚处罚，国会就会失去控制法人不法行为和纠正滥用行为的唯一有效手段。因此，美国联邦最高法院作出裁定，维持对被告公司的有罪判决。[①] 此案的判决确

---

① 参见［美］凯瑟琳·F. 布里基：《公司犯罪与白领犯罪：案例与资料》，中信出版社2003年版，第1～4页。

立了法人应当为代理人、雇员在雇佣范围中实施的以一般故意为要件的犯罪承担刑事责任的规则，即雇主责任论。

在法院明确承认法人有承担以一般故意为要件的犯罪的责任能力后，理论争议的焦点进而转向为，是否有足够的理由对将一般故意犯罪归责于法人与将特别故意犯罪归责于法人这两种不同情形，作出不同的处理。在美国司法实践中，法人已经为如伤害、殴打、诽谤和恶意起诉等故意侵权行为而承担了替代责任。由于在理论上就特别故意对法人归责的困难并不比对侵权行为更多，唯一有争议的问题是法人是否欠缺形成邪恶意向的能力。该问题立即得到了 *State v. Rowland lumber Co.* 案判决的回应。"创造法人的法律也可能设立了犯罪，那种宣称因为法律不可能创造一个有违法能力的创造物，因而立法不可能惩罚自己的创造物的观点……经不起推敲。"[①]该案件的判决确立了法人对以特别故意为要件的犯罪承担刑事责任的规则，扩大了雇主责任论的适用范围。

作为美国联邦法院和大部分州法院判决法人刑事责任的理论依据，雇主责任论与英国法院创立的替代责任论的本质是相同的，都是借用民事侵权法中的雇主责任原理，从雇主与雇员之间的雇佣关系中，推论出法人应当为法人雇员的不法行为承担刑事责任。所不同的是，替代责任论的内涵较为抽象，而雇主责任论所确立法人负刑事责任的条件在后来判例中不断演化和发展，内涵变得更为清晰和丰富。因此，可以说，雇主责任论是替代责任论的美国版和升级版。而对于回避替代责任论所存在的问题，英国法院并没有对该原理作更多的完善，而是另辟蹊径，在 20 世纪中期创立了同一视论，进一步完善了法人刑事责任理论。

---

① 153 N. C. 610,612,69 S. E. 58,58(1910).

总之,自19世纪30年代以来,美国法院不断地突破传统的法律壁垒,努力解决法人刑事责任面临的各种问题,最终在20世纪初推翻了追究法人刑事责任的最后障碍。在这一过程中,美国法院判决法人应当负刑事责任的犯罪扩展到蔑视法庭、蓄意或明知地阻塞道路、合谋违反联邦和州反托拉斯法、明知地邮寄淫秽物品、合谋隐藏破产财产、蓄意违反人造黄油交易者义务、蓄意损毁畜舍和围栏、合谋运输酒精饮料到印第安地区、违反间谍法和过失杀人罪等。

作为美国联邦最高法院确立的法人替代责任的理论依据,雇主责任论的内涵在后续的法院判例中不断得到丰富,法人犯罪的成立条件变得更加宽松,致使美国法人刑事责任的范围非常广泛。

(二)美国制定法中的法人犯罪

规定法人犯罪的美国制定法主要是刑法典、单行刑法和附属刑法。虽然宪法也是美国刑法的重要渊源,但是美国宪法所规定的个别犯罪,如叛国罪等,在理论和司法上都被认为是法人所不能实施的。因此,美国法人刑法渊源并不包括宪法。

1.刑法典和单行刑法中的法人犯罪

自19世纪初开始,美国发生了刑法改革运动,各州纷纷要求仿效1810年《法国刑法典》制定刑法典。1881年,经州议会审议,纽约州《刑法典》获得通过,成为美国最早的州刑法典。该成功范例引发许多州的纷纷仿效,先后制定各州的刑法典。不过,当时美国所谓的刑法典,只不过对已经生效的刑法规范进行系统性编纂,与大陆法系国家体系化的刑法典之间有着显著的不同。

作为联邦制国家,除了美国联邦有权制定刑法外,各州在各自的司法辖区内也享有制定和执行刑法的权力。而美国联邦政府作为授权政府,权力受到宪法的限制,无权强制各州统一刑事法律。

在美国的联邦层级，不能存在普通法，美国联邦刑法只能是制定法[①]，而美国联邦法院审理联邦犯罪案件的法律依据也只能是联邦制定法。当然，这并不意味着普通法对联邦法院的审判活动没有影响。事实上，联邦法院在解释法条的含义时也会经常引用普通法作为判决理由。

自 19 世纪后期至 20 世纪 20 年代，美国国会先后制定了多项刑事法律，散见于《联邦法律汇编》（Statutes at Large）。后来，美国国会曾经先后进行过三次刑事法律汇编，现行刑法汇编是 1948 年完成的。作为重要的组成部分，美国现行刑事法律是《美国法典》的第 18 篇“犯罪与刑事程序”。

早在 1931 年，美国法律协会就提出了起草刑法典草案的计划，终因第二次世界大战的爆发而搁浅。20 世纪 50 年代，美国发生了要求制定《联邦刑法典》的社会运动。美国法律协会于 1951 年恢复了刑法典草案的起草工作，并于 1962 年完成了草案的起草，提出了《模范刑法典》（Model Penal Code）草案。需要说明的是，美国法律协会草拟《模范刑法典》的目的，并不是制定一部真正意义上的综合性刑法典，而是为各州制定或者修订刑法典提供范本，以解决当时刑事法律的概念不确切和综合性不足等问题。

（1）《模范刑法典》中的法人犯罪

依据《模范刑法典》的规定，法人犯罪分为三种不同的类型：

其一，违警罪（violation）和制定法所规定的犯罪。《模范刑法典》第 207 条第 1 款第 1 项规定：“法人所犯之罪是违警罪或本法以

---

① 这个问题历来都有争议。1842 年美国联邦最高法院在斯威夫特诉泰森案（*Swift v. Tyson*）中，首先确立了联邦存在普通法，且其地位高于州的制定法和普通法的原则。但经过一个世纪以后，美国联邦最高法院在 1938 年的一个判决中，推翻了 1842 年的判例，认为联邦权力只是宪法赋予的权力，联邦一级不存在制定法以外的普通法。

外明确要求对法人科处刑事责任的制定法规定的犯罪,并且行为由法人的代理人在其职责或雇佣范围内代表法人实施。但是,规定该罪的法律对于由法人负责的代理人的行为的范围或者由法人负责的情形有特别规定时,从其规定。”可见,违警罪和制定法所规定的犯罪的归责原则是法律明示原则之下的雇主责任论。同条第5款规定:“除课有绝对责任之罪外,关于该当于第1款第1项或第3款第1项之犯罪,法人或者非法人团体被追诉时,具有监督责任之高级管理职员关于作为其罪之内容之事项已尽适当的注意(due diligence)以防止犯罪之实行,业由被告人以较优越的证据予以证明时,即可承认其为抗辩。”因此,这两类犯罪在适用雇主责任论予以归责的同时,允许被告人抗辩。如果承担监督职责的管理人员已经尽到了适当的注意,法人就具有免责的理由,不需要承担刑事责任。

其二,不作为犯罪(omission to discharge a specific duty)。《模范刑法典》第207条第1款第2项规定,“在法人所犯之罪是不履行法律对法人施加的以积极履行为内容之特殊义务而构成的不作为犯罪时”,除非法律有明确的禁止性规定,得对法人作有罪之认定。该项规定的犯罪以法律明文规定的作为义务为前提,因而属于真正不作为犯。由于法人承担此类犯罪的刑事责任以负有法定作为义务为前提,只要法人未履行义务就构成犯罪,无须考虑主观要件和代理人的行为,因此,法人对真正不作为犯的责任为直接责任和严格责任。在此情形下,不允许抗辩。

其三,董事会参与或者容许的犯罪和高级管理人员在职务范围内所实施的犯罪。《模范刑法典》第207条第1款第3项规定,“董事会授权、要求、命令、实行或者轻率地容认犯罪的实行或者高级管理职员在其职责或者雇佣范围内代表法人实行犯罪”,对法人得作有罪之认定。[①] 该规定表明,对该类法人犯罪依据同一视论予以归责。

总之,《模范刑法典》在对法人犯罪实行分类的基础上,对不同类型的法人犯罪采用不同的归责原则。总体上看,《模范刑法典》规定的美国法人犯罪的归责原理是雇主责任论、严格责任原则和同一视论的组合。该组合性的法人刑事责任体制在美国刑法理论上被称为《模范刑法典》模式。

《模范刑法典》的公布,大力地推动了美国各州法人犯罪的立法。有些州刑法典系统而明确地界定了法人刑事责任的范围,许多州仿照《模范刑法典》制定了相类似的立法,还有些州对某些种类的犯罪,在规制个人行为的制定法中明确规定了法人的刑事责任,或者通过在制定法中将"人"界定为包括法人和其他商业机构,以实现对法人犯罪的规制[②]。有学者对美国各州刑法进行了整理和归纳,发现美国州法院所适用的法人犯罪归责原理呈现出多样化特点:①有 14 个州和一个司法特区采用雇主责任论。②有 2 个州采用"从业人员的违法行为和职务关联性的标准"理论。③25 个州采用《模范刑法典》模式。④一个州采用同一视论。[③] 值得说明的是,《模范刑法典》倡导的同一视论并未被美国联邦法院所采纳,美国联邦法院仍然是依据雇主责任论对法人犯罪予以归责。

受此影响,美国联邦法院和各州法院判决法人犯罪成立的条件

---

① 所谓同一视论是某些具有代表公司的地位的雇员,被认定为公司的组成部分,他们的犯意和危害行为被认为是公司的犯意和危害行为。See Gary Slapper & Steve Tombs, *Corporate Crime*, Person Education Limited, 1999, p. 29.

② Elizabeth K. Ainslie, *Indicting Corporate Revised: Lessons of Arthur and Ersen Prosecution*, American Criminal Law Review, Vol. 43:109, p. 117(2006).

③ 参见[日]松原久利等:《诸外国法人处罚的动向》,载日本《刑法杂志》第 41 卷第 1 号。

并不完全一致。

美国要求制定《联邦刑法典》的社会运动,在《模范刑法典》公布之后并未结束。1966 年,美国国会成立了由 12 人组成的“改革联邦刑法国家委员会”[the National Commission on Reform of Federal Criminal Laws (Brown Commission),以下简称布朗委员会],以加利福尼亚州州长布朗为委员长,负责全面审查联邦刑法制度,并就修改和重新编订联邦刑法典提出建议。通过几年的工作,该委员会于 1971 年 1 月 7 日向尼克松总统提交了它的最后报告,对联邦刑事立法问题发表了概括性意见,并提出了《联邦刑法典草案》(Proposal Federal Criminal Code)。

《联邦刑法典草案》的主体内容分为 A、B、C 三个部分。A 部分包括基本规定、联邦刑法管辖权、刑事责任基础、共谋、缺乏责任能力的辩护事由、关于正当事由及免责的辩护和起诉的限制;B 部分规定具体犯罪;C 部分为量刑体系,规定了量刑一般规定、缓刑监督及无条件释放、监禁、罚金、假释、剥夺资格刑及终身监禁等。此外,草案还附有三个表格及附件。实际上,《联邦刑法典草案》是以《模范刑法典》为蓝本,并经汇总、整理普通法而成。由于该草案涵盖的范围太广且篇幅浩繁,饱受社会各界的激烈批评。自 1972 年至 1982 年,美国国会每年都召开听证会,专门审议刑法典草案,继续公布了 24,000 页的听证词及相关成果。1978 年,参议院通过了《联邦刑法典草案》,然而在 1980 年众议院审议中却未获得通过。1982 年,因审议的程序问题,美国参议院决定撤除《联邦刑法典草案》。撤除《联邦刑法典草案》的行动,标志着美国制定联邦刑法典的运动再次搁浅。①

① 李仲民:《美国联邦刑法法典化述评》,载《西南政法大学学报》2014 年第 4 期。

在提交的最后报告中,布朗委员会建议,法人对任何由代理人被下列人员授权、命令或要求而实施的犯罪行为承担刑事责任。这些人员包括:①董事会成员;②主管人员;③掌控公司的人员或者制定公司章程的人员;④法令认为需承担责任的其他人员等。布朗委员会希望通过修订法人刑事责任的规则,减少法人对代理人的犯罪行为承担刑事责任的不确定性。

迄今为止,制定美国联邦刑法典仍将是一个遥遥无期的巨大工程。规定法人犯罪的美国现行刑法典为各州刑法典。

(2)单行刑法和起诉规则中的法人犯罪

在各州刑法典之外,美国国会和司法部门制定了大量的单行刑法和起诉规则。例如,1982 年在联邦刑法典化进程中断的背景下,为了应对恶化的犯罪态势及量刑不公正问题,美国国会于 1984 年通过了《综合犯罪控制法》(Comprehensive Crime Control Act of 1984),而《量刑改革法》(Sentencing Reform Act)就是该法的重要组成部分。依据《量刑改革法》的授权而成立的制定法律的联邦量刑委员会,于 1987 年制定了《联邦量刑指南》(Federal Sentencing Guideline)。《量刑改革法》及《联邦量刑指南》的立法目的在于对联邦刑罚领域进行根本性改革,将不确定刑转变为确定刑。在法人犯罪的刑事责任上,美国量刑委员会 1990 年制定了《组织犯罪的量刑》,并作为《联邦量刑指南》的第八章,具体地规定法人犯罪的处罚和量刑原则。美国司法部先后制定了多项针对法人犯罪的起诉规则,如司法部于 1999 年制定的《联邦对公司的刑事起诉》和 2003 年制定并多次修订的《联邦起诉商业组织的原则》,对检方是否起诉法人犯罪的问题作出了较为全面和具体的规定。

2. 附属刑法中的法人犯罪

美国国会制定的法人刑法主要是附属刑法。美国国会强化立法并规制法人犯罪，与美国政府推行干预经济活动的政策密不可分。美国联邦政府强化管理经济活动的经济立法，分为 1887 年至 1914 年的管理经济活动初期；1932 年至 1940 年的新政时期；1968 年至 1977 年的保护环境、消费者利益时期；20 世纪 70 年代至 90 年代保护对外贸易、金融机构的纯洁性时期；2002 年至今的强化证券和公司财务公开透明时期五个不同时期。美国国会在上述的不同时期，制定了大量的经济法规，在这些经济法规之中包含着刑事责任条款和犯罪主体条款，对规制美国的法人犯罪发挥着巨大的作用。

（1）管理经济活动初期附属刑法中的法人犯罪

在管理经济活动初期，美国国会制定的主要法律有 1887 年《州际贸易法》、1890 年《谢尔曼法》、1903 年《埃尔金斯法》、1906 年《赫伯恩法》和 1906 年《纯净食品、药品法》等。《州际贸易法》是美国政府干预经济活动的第一部制定法。依据该法，美国联邦建立起第一个主要的经济管理机构——州际贸易委员会，其接受参议院的质询。该委员会由 5 名委员组成，由总统任命，且任命需要得到参议院的同意。该委员会主要管理铁路运输活动，包括价格或者服务、禁止对不同地区或者货主的歧视等。《谢尔曼法》属于反垄断法，立法目的是禁止垄断和保护市场竞争。该法禁止签订限制贸易的协议和垄断，违法者会被判处 1 年以下监禁或者 5000 元以下罚金。《埃尔金斯法》对《州际贸易法》进行了修改，禁止铁路向最重要客户支付回扣，并扩大了州际贸易委员会的权力。《埃尔金斯法》授权州际贸易委员会对支付回扣的铁路公司和接受回扣的运输商处以巨额的罚金，铁路公司、高级职员或者雇员都要为歧视行为承担刑事责任。《赫伯恩法》则授权州际贸易委员会确定铁路最高运费的权力，禁止铁路公司擅自定价和对大公司提供优惠。《纯净食品、药品法》

是一部保护消费者权利的法律,它授权政府没收掺假或者乱贴标签的食品或者药品,并规定掺假或者乱贴标签的食品或者药品的行为为犯罪,应当被判处1年以下监禁。

《州际贸易法》明确规定了法人犯罪及其刑事责任。《州际贸易法》第10条规定:"……自愿实施或者导致被实施,或者自愿遭受或者允许被本法所禁止或者宣布为非法的行为、事物或者事件,或者对之进行教唆或者帮助,或者自愿疏忽或者疏于被本法所命令或者要求做的行为、事物或者事件而没有做,或者对之进行教唆或帮助,或者对本法的任何部分有罪过,或者对之进行教唆或帮助,被认为是轻罪……对每个被判有罪的违法行为处以不超过5000美元的罚金。"该法条还明确规定,作为本罪主体的"普通运输商"可以是法人、法人的董事或者高级职员,可以是信托人、受托人、代理人或者受公司雇佣工作的人员,还可以是个人等。可见,《州际贸易法》以犯罪主体条款的方式规定了法人是该罪的主体。

其他立法也以类似的方式规定了法人是经济犯罪的主体及其刑事责任。以《谢尔曼法》为例,该法第1条规定:"任何限制州际间或与外国之间的贸易或商业的契约,以托拉斯形式或其他形式的联合,或共谋,都是非法的。任何人签订上述契约或从事上述联合或共谋,都构成重罪。如果参与人是公司,处以不超过1000万美元的罚金。如果参与人是个人,处以不超过35万美元的罚金,或3年以下监禁,或由法院酌情并用两种处罚。"该条明确规定了法人犯罪的法定刑。第7条规定:"本法提到的'人',应被视为包括依据美国联邦法律、州法、本地法或外国法律成立的,经上述法律的核准的现存公司及组织。"该条规定了法人是该法的适用对象。可见,《谢尔曼法》以规定法人犯罪的法定刑和规定法律适用对象的解释性条款等两种方式,共同规定了法人犯罪及其刑事责任。

(2)新政时期附属刑法中的法人犯罪

在新政时期,为了应对经济危机所引发的经济大萧条,美国联邦政府制定了大量的经济管理法规,推行审批制,要求公路运输、航空、电力、天然气和无线电等工业企业的设立必须得到政府的批准,以加强政府对经济活动的管理和控制。与此同时,为了恢复社会对证券市场的信心和维护证券交易秩序,美国国会先后制定了《证券法》(1933 年)和《证券交易法》(1934 年)。《证券法》规定,要发行股票的公司必须将股票发行登记表和公司设立或者扩股计划书交给政府进行备案,以便投资者了解发行股票的公司的基本情况,避免受到欺诈。《证券交易法》规定,与发行股票公司的财务状况有关的重要情况必须定期向社会发布,所有与公司董事会选举有关的寻求股票代理权的重要活动都必须公开。美国国会还批准设立了证券交易委员会(SEC),对发行股票的公司公布公司经营资料的活动进行监督。《证券交易法》第 106 条规定,禁止在任何与买卖股票有关的活动中使用操纵或者欺诈手段。《证券法》第 2 条第 2 款规定:"'人'系指个人、股份有限公司、合伙组织、协会、股份两合公司、信托公司、不按股份公司注册的组织机构或政府的政治机构。"第 24 条规定:"有意违反本篇任何条款或违反委员会根据其权力颁布的条例或规则的任何人,或在根据本篇发出的注册报告书中,有意制造对任何重大事实的不真实陈述,或漏报应报的或为使该报告书中的陈述不致被误解所必要的重大事实的任何人,一经确认便应被罚以不超过 10,000 美元的罚金或不超过 5 年的监禁,或两者兼有。"《证券交易法》第 3 条第 9 款规定:"术语'人'是指自然人,公司、政治性的分支机构和政府机构、代理人或者政府的代表。"可见,《证券法》也是以规定法律适用对象的解释性条款的方式规定了法人的犯罪主体身份。

(3)保护环境和消费者利益时期附属刑法中的法人犯罪

在保护环境和消费者利益时期,美国国会注意到了快速的工业发展造成了空气污染、水污染等破坏环境资源的严重后果,以及生产场所的安全事故频繁发生。为了保护自然环境和公司员工的利益,美国国会先后制定了《空气质量法》(1967 年)、《职业安全和健康法》(1970 年)、《洁净空气修正法》(1970 年)、《联邦水污染防治法》(1972 年)、《消费产品安全法》(1972 年)、《毒物控制法》(1976 年)和《环境保护、恢复法》(1976 年)等法律,均以前述方式规定了法人的犯罪主体身份。

(4)保护对外贸易和金融机构的纯洁性时期附属刑法中的法人犯罪

在保护对外贸易和金融机构的纯洁性时期,美国国会制定了《银行保密法》(1970 年)、《反海外腐败法》(1977 年)、《出口管理法》(1979 年)、《洗钱控制法》(1986 年)和《贸易、竞争混合法》(1988 年)等。在这些法规中关于刑事责任的规定,也以前述的方式规定了其适用于法人犯罪。

(5)强化证券和公司财务公开透明时期附属刑法中的法人犯罪

在强化证券和公司财务公开透明时期,美国国会通过修改立法,加重了法人财务审计、证券发行等犯罪的刑事责任。2001 年 3 月美国媒体首次公开披露安然公司的财务存在"黑箱"。2001 年 7 月 12 日,安然公司公布了第二季度季报,遭到分析师、投资者和媒体的广泛质疑。2001 年 10 月美国证券交易委员会宣布对安然公司进行调查。同月,负责安然公司审计的安达信会计师事务所合伙人下令销毁有关安然公司的部分文件。2002 年 3 月 14 日,美国司法部宣布对安达信会计师事务所提出"妨碍司法"的指控。受此影响,安然、世通、泰可等大型上市公司股票的价格纷纷暴跌。同年 7 月,美国国会为恢复社会对上市公司的信心，以极快的速度通过了《萨班斯法》。该法对美国《证券法》（1933 年）和《证券交易法》（1934 年）作了系统的修订，在会计、审计职业监管、公司治理、证券市场监管等方面作出了许多新的规定，如设立直属美国证券交易委员会的上市公司会计监管委员会负责监管会计和审计行业，要求上市公司成立审计委员会，加强上市公司审计的独立性，加大公司的财务报告责任、财务披露义务，加重对违法行为的处罚措施，以及要求美国审计总署加强调查研究等。该法第八章“公司欺诈及其刑事责任”，对《美国法典》规定的篡改文件、销毁公司审计记录、证券欺诈等犯罪的法条进行了补充或修改，完善这些犯罪的构成条件。它还对《联邦量刑指南》中关于欺诈、妨碍司法公正罪的规定进行了修改，丰富了这些犯罪的行为方式。这些立法的修改和完善进一步加重了上市公司犯罪的刑事责任。

此外，美国联邦政府、州政府、地方政府制定的某些条例和地方法规也规定了法人犯罪。

总之，美国附属刑法广泛承认法人经济犯罪，所规定的所有的经济犯罪都可以由法人实施。除美国国会制定的联邦附属刑法外，各州议会制定的附属刑法也广泛承认法人经济犯罪。

第二节　中国单位刑法

受大陆法系法律文化传统的影响，中国近现代多部刑法均不承认法人犯罪。无论是《暂行新刑律》（1912 年），还是《中华民国刑法》（1928 年），抑或《中华民国刑法》（1935 年）都没有关于法人犯罪的规定。然而，在同时期中国的行政法规中有许多关于法人犯罪的规定。规定法人犯罪的行政法规主要有《著作权法》(1927 年)、《工厂法》(1929 年)、《公司法》(1929 年)、《船舶法》(1930 年)、《工厂检查法》(1931 年)、《银行法》(1931 年)和《商品检验法》(1932 年)等①。这些行政法规规定的法人刑事责任多为单罚制,只处罚实施犯罪的法人成员或者实施犯罪的法人成员所服务的法人,少数行政法规规定的是两罚制,既处罚实施犯罪的法人成员,也处罚法人。规定单罚制的犯罪的法律很多,例如,《工厂检查法》第 18 条规定:"工厂无故拒绝工厂检查员进厂检查者,处 200 元以下罚金。"依据该法条规定,受处罚的对象只限于法人。《工厂法》第 68 条规定:"工厂违反第 7 条、第 11 条至第 13 条之规定者,其负责人处 2000 元以上、1 万元以下之罚金。"依据该规定,受处罚的只是法人成员,而法人不受处罚。规定两罚制的法规较少,如《著作权法》规定法人犯罪,既处罚法人又处罚法人成员。以下主要分析新中国成立后单位犯罪的立法。

一、单位刑法的三个时期

受政治经济情势变化的影响,我国单位犯罪的立法在大体上分为三个不同的时期。

(一)否定单位犯罪时期(1949 年至 1986 年)

从 1950 年起,全国人大常委会和原中央人民政府法制委员会遵照中央指示,开始草拟《刑法大纲草案》、《刑法指导原则草案》和《中华人民共和国刑法草案》等。20 世纪 50 年代后期,受极左思潮和法律虚无主义思潮的干扰,刑法草案的起草工作经常中断和停顿,延宕至改革开放前,刑法的制定工作仍没能完成。

单位犯罪在这一时期遭到了否定,究其原因,主要与同时代的

① 参见何秉松主编:《法人犯罪与刑事责任》,中国法制出版社 1991 年版,第 269 页。

政治形势和经济条件密切相关。20世纪中期,我国法学理论深受前苏联理论的影响,而苏联刑法理论对法人犯罪持否定的立场,法人犯罪在中国当然也成了理论禁区。从经济的角度看,当时的经济管理体制和所有制结构,决定了在我国也没有承认单位犯罪的必要性。一方面,通过对农业、手工业和私营工商业先后进行的社会主义改造运动,20世纪50年代前期新中国建立了以公有制为主体的计划经济体制。在计划经济体制之下,企业依据政府下达的指令性计划,开展生产经营活动,原材料的采购、产品的规格和数量,以及产品的销售价格等,都有非常具体的规定,并受到政府部门严格的检查和监管。受此影响,企业不能独立地开展生产经营活动,缺乏实施犯罪的客观条件。另一方面,在公有制之下,国有企业的经营所得归国家所有,集体企业的经营所得归集体所有,而作为生产经营的具体实施者,企业既没有独立的经济利益,也没有自主分配劳动收入的权力。更重要的是,企业生产经营的状况如何,是否营利以及营利水平怎样,也与企业和企业员工的经济利益无关。在此社会背景之下,企业和企业员工都难以产生实施单位犯罪的行为动机。

(二)行政法和单行刑法规制单位犯罪的时期(1987年至1997年)

自1978年实行改革开放政策以来,我国经济体制开始从计划经济体制逐步向市场经济体制转变,企业的所有制结构由单一的公有制向以公有制为主体、多种所有制并存的方向转变。在这一时期,国家鼓励民营企业的发展,并承认国有企业有一定的收入分配权。在经济体制和所有制结构转型的社会背景之下,企业的局部利益和员工的个人利益受到了承认和肯定,并且得到了激励。从前制约单位犯罪的社会背景基本消失,企业和企业员工产生以实施犯罪的方式获得非法收益的行为动机,具有了现实的可能性。

在中国实行改革开放初期的20世纪80年代,由于法制不健全和管理漏洞的存在,企业实施走私、非法经营、逃税和污染环境等犯罪较多。“近几年有的企业事业单位和机关、团体走私数额很大,危害严重,需要追究刑事责任。但这些案件往往是领导‘点头’的或者单位领导集体决定的,又打着‘为公不为私’的招牌,往往难以追究刑事责任……近几年,不少企业事业单位通过行贿进行投机倒把、套购倒卖甚至诈骗活动,推销劣货、次货、假货,严重破坏社会主义经济秩序,损害国家和人民的利益。这些犯罪活动往往是经过单位领导同意或集体决定的,由于没有法律规定,司法机关感到难以追究法律责任。”①猖獗的企业犯罪严重地侵犯了社会主义经济秩序和国家的经济利益,成为这一时期严重的社会问题和法律问题。

为维护经济秩序和回应社会的强烈诉求,我国立法机关开始尝试以法律手段遏制单位犯罪。20世纪80年代,立法机关虽然逐渐认识到制定单位刑法的必要性,但是对于应当如何规定单位犯罪的刑事责任,以及在哪些法律中规定法人犯罪的刑事责任,认识并不一致。立法机关制定单位刑法最终采取了渐进方式,即由单行刑法规率先承认单位实施某些特定种类的经济犯罪开始,逐渐向承认单位实施更大范围的经济犯罪的方向发展。最早规制单位犯罪的单行刑法是1982年由全国人大常委会法制委员会起草的《关于惩治走私罪的补充规定(草案)》和《关于惩治贪污罪贿赂罪的补充规定(草案)》。全国人大常委会法制委员会“对经济体制改革和对外开放过程中在经济犯罪方面出现的新情况、新问题进行了调查研究,

① 王汉斌:《关于惩治走私罪和惩治贪污罪贿赂罪两个补充规定(草案)的说明》(1987年11月17日在第六届全国人民代表大会常务委员会第二十三次会议上),载太仓刑辩律师网2022年8月18日,http://xingshi.hufalaw.com/164943.html。

在总结审判实践经验的基础上”起草了该两个文件。[1] 该两个刑事法律文件规定了单位犯走私罪、贪污罪和贿赂罪的刑事责任。然而,该两个文件在起草完成后没有立即公布和实施。这是因为,当时人们的思想观念还非常保守,规制单位犯罪比较敏感。为此,1986 年全国人大常委会法制工作委员会又多次征求各省、自治区、直辖市和中央有关部门的意见,并进一步作了调查研究和修改。直至 1987 年年底,全国人大常委会法制工作委员会才提请全国人大常委会审议,并于 1988 年正式公布施行。

虽然立法机关着手制定单行刑法的时间很早,但是受限于严重的认识分歧而一再延宕,而 1987 年制定的《海关法》如期通过和实施,成为中国最早规定单位犯罪的法律。该法第 47 条第 3 款规定:“企事业单位、国家机关、社会团体犯走私罪的,由司法机关对其主管人员和直接责任人员依法追究刑事责任;对该单位判处罚金,判处没收走私货物、物品、走私运输工具和违法所得。”此后,多件单行刑法和附属刑法也都规定了单位犯罪。除了 1988 年 1 月 21 日公布施行的《关于惩治贪污罪受贿罪的补充规定》(已失效)和《关于惩治走私罪的补充规定》(已失效)外,规定单位犯罪的单行刑法还有 1990 年 12 月 28 日公布施行的《关于禁毒的决定》(已失效)和《关于惩治走私、制作、贩卖、传播淫秽物品的犯罪分子的决定》,1992 年 9 月 4 日公布施行的《关于惩治偷税抗税犯罪的补充规定》(已失效),1993 年 2 月 22 日公布施行的《关于惩治假冒注册商品犯罪的补充规定》(已失效),1994 年 7 月 5 日公布施行的《关于惩治侵犯

① 王汉斌:《关于惩治走私罪和惩治贪污罪贿赂罪两个补充规定(草案)的说明》(1987 年 11 月 17 日在第六届全国人民代表大会常务委员会第二十三次会议上),载太仓刑辩律师网 2022 年 8 月 18 日,http://xingshi.hufalaw.com/164943.html。

著作权的犯罪的决定》(已失效),1995年2月28日公布施行的《关于惩治违反公司法的犯罪的决定》(已失效),1995年6月30日公布施行的《关于惩治破坏金融秩序犯罪的决定》,以及1995年10月30日公布施行的《关于惩治虚开、伪造和非法出售增值税专用发票犯罪的决定》等。

总体上看,这一时期附属刑法和单行刑法关于单位犯罪的规定具有以下三个基本特征。

第一,单位犯罪的规定主要集中于单行刑法。虽然在20世纪80年代的中国,单位犯罪破坏了经济秩序,侵犯了国家、社会或者个人的法益,予以刑法规制确实具有必要性和合理性,但由于1979年《刑法》没有规定单位犯罪,加之能否设立单位犯罪,在当时的法学界和实务界仍存有严重的争议,因此,全面地规制单位犯罪此时条件并不成熟。如果匆忙地修改刑法,全面地规制单位犯罪,就有可能引发激烈的社会震荡,社会效果并不一定好。因此,立法机关在规制单位犯罪问题上采取渐进性策略,即先在单行刑法中进行试点,并观察社会的反应如何,再决定是否继续推进。渐进性策略在一定程度上与当时改革开放奉行"摸着石头过河"的做法有些类似。因此,在这一时期,虽然有个别的行政法规规定了单位犯罪,但是规制单位犯罪的法律主要是单行刑法,而这些单行刑法基本上都对单位犯罪的刑事责任作了规定。

第二,回避"法人"及"法人犯罪"概念。法人犯罪是世界各国对组织犯罪的通行称谓,法国和日本等国家都是如此。然而,中国立法机关并没有使用法人犯罪概念,而是在上述单行刑法中独创性地使用"企业事业单位、机关、团体"、"单位"或者"单位犯罪"等概念。关于单位犯罪主体的称谓,在这一时期的单行刑法中一般被称为"企业事业单位、机关、团体"、"全民所有制企业事业单位、机关、团体”或者“单位”。单位犯罪的立法方式,主要有“企业事业单位、机关、团体”犯罪,单位有“本决定规定的第1条规定的违法犯罪行为的”,以及“企业事业单位犯第1条罪的”三类。中国立法者另辟蹊径,将原本不是法律术语、内涵不明确的“单位”,规定为犯罪的主体,其背后的基本原因和真实意图是什么,因缺少充分的资料而难以揭示清楚。在理论上,一般认为,立法者主要有两个方面的考虑:其一,反映当时中国社会组织的实际情况。虽然法人作为法律概念早已规定在《民法通则》(已失效)之中,但是当时的中国企业、事业单位的种类繁多,企业没有实现公司化改造,大量的企业、事业单位都不具有法人资格。而且,中国当时还是一个单位化社会,任何人都隶属于某个单位,都是“单位人”,单位是一个尽人皆知和广泛使用的概念,因而使用单位犯罪的概念,更容易为国民所认知。而如果使用法人犯罪的概念,则有可能引起国民理解的困难。其二,严密法网的需要。单位原本不是一个法律术语,在现实生活中,只要有一个办公地点、若干个人,以及某个机构的批复或者指示,就可以成立一个单位。因此,单位的外延极为宽泛,使用“企业事业单位”或者“单位”的概念,可以将社会上各种各样的社会组织都囊括进来。单位既包括具有法人资格的企业、事业单位,也可以包括只具有营业资格但却不具备法人资格的小型组织,而机关和团体则更不例外。因此,采用单位犯罪的概念可以防止非法人组织逃脱刑事制裁。

第三,明确肯定单位的犯罪能力和刑事责任能力。上述单行刑法都明确地规定了企业事业单位是犯罪主体。许多单行刑法都有“单位犯前款罪的,对单位判处罚金……”或者“单位犯本决定第一条、第二条……”等规定。这些规定直接将单位规定为犯罪行为人,实际上承认了单位具有犯罪能力。在刑事法规中将法人或者单位明确规定为犯罪行为人的做法,在其他国家的法律中并不多见。肯定单位是犯罪行为人,表明我国在刑法上将单位与自然人同等视为犯罪主体。与此同时,上述单行刑法还规定了单位的刑事责任,实际上也就承认了单位具有刑事责任能力。

我国单行刑法明确规定单位既是刑事责任主体也是犯罪主体,相较于其他国家的法律,承认单位犯罪的态度显得更加明确和积极。当然,这并不意味着中国的社会现实比其他国家更有理由肯定单位的犯罪能力和刑事责任能力,它更多表达的是立法者的理性认识和慎重选择。

(三)单位犯罪法典化阶段(1997 年至今)

在 20 世纪 80 年代和 90 年代前期,中国刑法学界对单位犯罪问题展开了长时间的论战,肯定说与否定说相持不下,后在单位犯罪立法出台的支持下,肯定单位犯罪的观点才逐渐占据了主流地位。而单位犯罪的理论研究进展也为单位犯罪法典化做好了理论准备。与此同时,通过制定多部规制单位犯罪的单行刑法,立法机关也积累了丰富的单位犯罪立法经验。而单位犯罪的司法实务产生的良好社会效果,也激励了立法者将分散在单行刑法和附属刑法中的单位犯罪规定加以整合,统一规定于刑法之中,以实现对单位犯罪的全面规制。

20 世纪 90 年代中期,我国立法机关和学界基本上达成了“制定一部统一的、比较完备的刑法典”和实现单位犯罪法典化的共识。全国人民代表大会于 1997 年 3 月 14 日第八届第五次会议通过了对 1979 年《刑法》的全面修订。修改后的《刑法》不仅基本承袭了以前的单行刑法和附属刑法关于单位犯罪的规定,而且还在《刑法》总则中增加规定了单位犯罪的概念和处罚原则等,并在《刑法》分则中增设了大量的单位犯罪,最终实现了单位犯罪立法的法典化。自此,我国单位犯罪的立法进入了新的历史阶段。

在1997年《刑法》施行后，立法机关制定了一部单行刑法，即全国人大常委会1998年12月公布的《关于惩治骗购外汇、逃汇和非法买卖外汇犯罪的决定》，该法所修改的逃汇罪和增设的骗购外汇罪均属于单位犯罪。

1997年以前的附属刑法关于单位犯罪的规定，都被吸收到1997年《刑法》之中。虽然被吸收的附属刑法仍然有效，但是对于单位刑法来说却不再具有实质意义。在1997年《刑法》施行后，立法机关又制定了很多新的附属刑法。总体上讲，规定单位犯罪的附属刑法分为具体描述型与抽象提示型两种不同的类型。所谓具体描述型规定是指具体描述单位犯罪的构成特征或者刑事责任的规定。例如，2002年6月29日颁布的《安全生产法》第88条规定："生产经营单位有下列行为之一的，责令限期改正；逾期未改正的，责令停产停业整顿；造成严重后果，构成犯罪的，依照刑法有关规定追究刑事责任：（一）生产、经营、储存、使用危险物品的车间、商店、仓库与员工宿舍在同一座建筑内，或者与员工宿舍的距离不符合安全要求的；（二）生产经营场所和员工宿舍未设有符合紧急疏散需要、标志明显、保持畅通的出口，或者封闭、堵塞生产经营场所或者员工宿舍出口的。"具体描述型规定在附属刑法中极为少见。所谓抽象提示型规定是指不描述单位犯罪的构成特征和刑事责任，只是对单位犯罪的刑事责任作提示性的规定。例如，2000年7月8日修正的《海关法》第91条规定："违反本法规定进出口侵犯中华人民共和国法律、行政法规保护的知识产权的货物的，由海关依法没收侵权货物，并处以罚款；构成犯罪的，依法追究刑事责任。""构成犯罪的，依法追究刑事责任"是附属刑法规定单位犯罪刑事责任的抽象提示型的典型方式。不过，该形式的立法既未规定单位犯罪的成立要件，也没有规定对单位应当处以何种刑罚，因而不具有实质意义。

二、现行单位刑法

单位刑法主要包括刑法中的单位刑法、单行刑法中的单位刑法和附属刑法中的单位刑法等,以刑法中的单位刑法为基本形式。从规范的性质看,单位刑法分为刑法总则规定与刑法分则规定、单行刑法和附属刑法中的刑法分则性规定等两个不同的部分。

(一)《刑法》总则关于单位犯罪的规定

1997 年《刑法》总则将单位犯罪规定于第二章“犯罪”的第四节,列在“共同犯罪”之后,共有 2 个条文。第 30 条规定:“公司、企业、事业单位、机关、团体实施的危害社会的行为,法律规定为单位犯罪的,应当负刑事责任。”本条规定了三个方面的内容:其一,规定了单位犯罪的主体类型。根据该规定,作为单位犯罪主体的单位,包括公司、企业、事业单位、机关、团体等五种不同的类型,且没有法人资格的条件限制。其二,确立了单位犯罪的法定原则。根据该条的规定,单位的危害社会行为只有在“法律规定为单位犯罪”时,才成立单位犯罪。也就是说,《刑法》分则规定的各种犯罪并不都是单位犯罪,只有在《刑法》分则条文或者刑法分则性条文明确规定了该犯罪可以由单位构成时,该犯罪才是单位犯罪。若法律没有将某种犯罪规定为单位犯罪,也就意味着该犯罪是纯正自然人犯罪。在刑法没有将某种犯罪设定为单位犯罪时,即便事实上单位实施了该种危害社会行为,也不成立单位犯罪。其三,确立了单位犯罪的刑事责任原则。根据该条的规定,实施单位犯罪的单位应当承担刑事责任。

《刑法》第 31 条规定:“单位犯罪的,对单位判处罚金,并对其直接负责的主管人员和其他直接责任人员判处刑罚。本法分则和其他法律另有规定的,依照规定。”本条是关于单位犯罪处罚的规定,包含着三个方面的含义:其一,单位犯罪的处罚原则。依据该条规定,一般来说,单位犯罪既处罚犯罪单位,也处罚单位的直接责任人员,也就是说,对单位犯罪的处罚实行两罚制。该条还规定,《刑法》分则和其他法律另有规定的,依照分则和其他法律的规定处罚,也就是说,如果《刑法》分则或者其他法律规定只处罚单位的直接责任人员,就意味着不处罚单位。此时,单位犯罪的处罚实行的是单罚制。例如,《刑法》第107条规定的资助危害国家安全犯罪活动罪、第137条规定的工程重大安全事故罪,虽然都是单位犯罪,但是该罪的处罚对象为直接责任人员,不包括直接责任人员服务的单位。一般认为,我国单位犯罪的处罚采用以两罚制为主体、以单罚制为补充的混合制。其二,受处罚的责任人员的范围。受处罚的责任人员多为"直接负责的主管人员和其他直接责任人员",少数单位犯罪受处罚的责任人员为"直接责任人员",如第137条规定的工程重大安全事故罪。其三,单位犯罪的刑罚方法。根据该条的规定,单位对犯罪承担刑事责任的刑罚方法仅为罚金,也就是说,对犯罪单位不得适用其他刑罚方法,如没收财产等。

(二)《刑法》分则条文或者刑法分则性条文关于单位犯罪的规定

《刑法》分则关于单位犯罪的规定主要有以下三个方面:

其一,明确单位犯罪的成立范围。《刑法》分则规定单位犯罪的形式主要表现为通过不同的条或者款,指明哪种犯罪可以由单位构成,将单位犯罪的成立范围加以具体化,以落实《刑法》总则规定的单位犯罪的法定原则。第一种也是最常见的方式是以专款规定某种犯罪可以由单位构成。例如,《刑法》第153条第2款规定:"单位犯前款罪的,对单位判处罚金,并对其直接负责的主管人员和其他直接责任人员,处三年以下有期徒刑或者拘役;情节严重的,处三年以上十年以下有期徒刑;情节特别严重的,处十年以上有期徒刑。"

第二种方式是设立专条规定哪些种类的犯罪可以由单位构成。例如,《刑法》第150条规定:“单位犯本节第一百四十条至第一百四十八条规定之罪的,对单位判处罚金,并对其直接负责的主管人员和其他直接责任人员,依照各该条的规定处罚。”第三种形式是以专门条文规定纯正的单位犯罪。例如,《刑法》第126条规定:“依法被指定、确定的枪支制造企业、销售企业,违反枪支管理规定,有下列行为之一的,对单位判处罚金,并对其直接负责的主管人员和其他直接责任人员,处五年以下有期徒刑;情节严重的,处五年以上十年以下有期徒刑;情节特别严重的,处十年以上有期徒刑或者无期徒刑:(一)以非法销售为目的,超过限额或者不按照规定的品种制造、配售枪支的;(二)以非法销售为目的,制造无号、重号、假号的枪支的;(三)非法销售枪支或者在境内销售为出口制造的枪支的。”该法条明确规定了违规制造、销售枪支罪的主体是“被指定、确定的枪支制造企业、销售企业”,只能由企业构成,自然人不能构成本罪,事实上也明确了该罪为纯正的单位犯罪。

其二,规定犯罪单位的法定刑。无论《刑法》分则条文或者分则性条文是以何种方式规定单位犯罪,关于犯罪单位的处罚方法的规定都是相同的,即“对单位判处罚金”。可见,犯罪单位的法定刑只有罚金刑一种,且多为无限额型罚金。

其三,规定直接责任人员的法定刑。依据《刑法》分则条文或者分则性条文的规定,单位犯罪的直接责任人员的法定刑分为等同型与特殊型两种不同类型。所谓等同型的法定刑是指直接责任人员的处罚与自然人犯罪相同。例如,依据《刑法》第182条第2款的规定,单位犯操纵证券、期货市场罪的,对直接责任人员“依照前款的规定处罚”,而该条前款规定的就是自然人犯操纵证券、期货市场罪的罪状与法定刑。所谓特殊型法定刑是指《刑法》条文或者分则性条文对直接责任人员规定了不同于自然人犯罪的特别法定刑。例如,依据《刑法》第160条第3款的规定,单位犯欺诈发行股票、债券罪的,对其直接负责的主管人员和其他直接责任人员,处5年以下有期徒刑或者拘役。而依据同条第1款的规定,自然人犯发行股票、债券罪的,"处五年以下有期徒刑或者拘役,并处或者单处罚金"。可见,虽然同样是犯欺诈发行股票、债券罪,但是自然人的处罚却不同于单位犯罪中的直接责任人员。

1997年《刑法》的总则规定与分则条文或者分则性条文相互配合,共同明确了单位犯罪的成立条件、处罚原则和法定刑。

第三节　法人刑法的二维比较

从前述的内容可以看出,中美两国的单位(法人)刑法的共同点是都规定了单位(法人)犯罪。而无论是在立法体例和立法沿革上还是在具体规定上,中国的单位刑法与美国的法人刑法都存在重大的区别。这是因为,中美两国的法律有着不同的文化传统,以及当下两个国家的政治制度、经济发展水平不同,这些差别决定了两国的单位(法人)刑法必然具有出不同的特点。两国的单位(法人)刑法的基本差异主要表现在单位(法人)刑法的立法模式和单位(法人)犯罪的成立范围上。

一、单位(法人)刑法的立法模式

刑法立法模式是指刑法立法所采用的标准样式。不同的立法模式在刑法渊源、立法主体和法律文化传统上存在较大的差别。以不同的标准,刑法立法模式可以划分出多种不同的类型。如果将判例视为一种立法形式,即所谓的“法官造法”,在最广泛的意义上,刑法立法模式可以分为成文法立法模式和判例法立法模式两种基本类型。事实上,当今世界各国已经不存在完全意义上的判例法立法模式,大多数国家采取成文法立法模式,即成文法主义,少数国家刑法虽然包含判例法,但是也存在大量的制定法,如英国刑法。

(一)单位(法人)刑法的渊源

美国法人刑法的渊源具有复合性,表现为既包括刑法典、单行刑法和普通法,也包括附属刑法。这里的刑法典是州刑法典。单行刑法则是美国国会或者其授权的机构制定的刑事法律,如《联邦量刑指南》。附属刑法主要是联邦制定法和州制定法。联邦制定法关于法人犯罪的规定主要见于国会制定的各种经济管理法规之中。在美国,判例法仍不失为一种刑法渊源,虽然只是一种不太重要的刑法渊源,且只存在少数的州刑法中。虽然法院适用或者引用普通法对案件进行裁判时会遵循先例,但是在法官认为先例存有不当时,就可以作出不同于先例的判决,形成新的判例。而法官造法在一定程度上取决于法官的个人特性,如出身的阶级、生活阅历和受教育程度等因素,因而有时会引发争议,对法律的安定性会带来不利的影响。

美国法人刑法有适应性强的优势根源于普通法。因为,无论是制定得多么明确的法律规范,相对于形态各异的活生生的案件,它总是抽象的。现实生活中必然还会出现立法时未曾设想到的情况,在抽象的法律规范与具体的案件之间总会存在不完全一致的地方。一个又一个的判例所确立的各种规则,会填补在抽象的法律规范与具体的个案之间的间隙,架起联系法律规范与案件事实之间的桥梁。而判例确立新的规则,无须经过立法的烦琐程序,就可以解决一定范围内的法律规范与个案之间的冲突,使法律保有应对新问题的适度弹性,不必频繁地修改制定法,因而有利于维护制定法的稳定性和权威性。例如,美国法人刑法历史演变的三个不同阶段,都是在制定法不变的情况下,通过判例不断地突破原有的规则,并确立新的规则而逐步实现的。

但是,美国刑法的渊源多样化,分散于数百年以来的不同性质的制定法和判例之中,带有复杂性和含混性。由于规制法人犯罪的制定法浩如烟海,体系性不强,经常出现有多种刑法规范规制同一行为,致使法律适用非常复杂且存在可选择性和不确定性。而判例形成的时期更长,数量很大,相互之间存在矛盾,因而也存在不一致的问题。由于美国规制法人犯罪的刑法规范纷繁浩瀚,普通国民很难准确理解规制法人犯罪的罪刑规范。

相对来说,中国单位刑法的渊源则较为简单,表现为立法机关制定的刑法、单行刑法和附属刑法三种不同的形式,且以刑法为基本渊源。作为规制单位犯罪的系统性法律,1997 年《刑法》的总则和分则共同规定了单位犯罪。全国人大常委会制定的《关于惩治骗购外汇、逃汇和非法买卖外汇犯罪的决定》增设了骗购外汇罪,规定了单位犯该罪的刑事责任,并对逃汇罪的法条进行了修改,将逃汇罪调整为纯正单位犯罪。附属刑法关于单位犯罪的规定则较为少见。

中国单位刑法的渊源既有其优势的一面,也有其劣势的一面。一方面,中国单位刑法渊源具有通俗性和体系性。中国单位刑法和其他法律一样,是以简洁文字写成的成文法,只要是具有基本的阅读能力的人都能大体上了解单位刑法的基本内容,为国民知法、守法创造了有利的条件。另一方面,正因为中国单位刑法是成文法,也决定了它会存在适应性不强的问题。当现实生活中出现了未曾设想的值得惩罚的危害社会的新行为,且该行为又超出了罪刑规范的可能含义时,要想将新行为入罪,就必须制定新立法,或者对现行立法进行修改。如果为了适应新情况而频密地制定或者修改立法,就会损害法律的稳定性和权威性。

两国的法人刑法之所以存在重大的差异,主要是因为两国的国家结构和法律文化传统不同。其一,在国家结构上,中国是统一的多民族国家,制定法律的权力由全国人大及其常委会行使,除了由省级立法机关有权制定变通性或者补充性规定外,单位刑法基本上都表现为成文的法律,并在全国范围内统一实施。而美国是联邦制国家,不仅联邦层面的国会及其授权的专门机构有权制定法律,而且州议会也有权制定本州的法律,致使美国法人刑法包括联邦法人刑法与州法人刑法。其二,在法律文化传统上,在作为英美法系的美国,由法官创造的普通法是法律的重要渊源。虽然美国国会制定包括法人刑法在内的制定法,各州也有刑法典或者其他制定法,但是仍有些少数州以法令方式“接受”了普通法,此时普通法就是法人刑法的重要渊源。在不接受普通法的联邦和州,法院在解释刑法时还会引用判例作为裁判理由。虽然美国法院没有英国法院那么严格地遵循先例,但是普通法的影响力仍然相当强大,这造就了美国刑法具有更复杂的渊源。而中国刑法自古以来就有法典化传统,近代以来受大陆法系的文化影响很深,因而成文法主义已经成为中国法律的重要原则,中国刑法不承认判例的立法价值。虽然我国最高人民法院2010年12月发布了《关于案例指导工作的规定》,推行了案例指导制度,但是根据其第7条的规定,最高人民法院发布的指导性案例,对各级人民法院在审判类似案件时只具有参照作用,并不是法律依据。

(二)单位(法人)刑法的立法主体

美国法人刑法的立法主体具有多元性。不仅作为全国性立法机关的国会,根据宪法的规定在授权的范围内,有权制定规制法人犯罪的法律,国会授权的专门机构也可以制定某项法律,而且州议会也有权制定规定法人犯罪的法律。更特别的是,法官也是事实上法人刑法补充性的立法主体。在承认普通法的州,在判例中法官以法官意见的形式提出和论证的法律规则,对后来发生的案件审理具有约束力。可见,美国法人刑法的立法主体包括国会、国会授权的专门机构、司法部门、州议会与法官等,其中,国会、国会授权的专门机构、州议会都是制定法的立法主体和形式性的立法主体,而法官是普通法的立法主体和实质性立法主体。

中国现行法律体制深受大陆法系法律文化传统的影响,奉行成文法主义。根据《宪法》的规定,制定法律的权力属于全国人民代表大会及其常务委员会。除了少数民族自治地方的省级人民代表大会有权制定变通性的或者补充性规定以外,地方各级地方人民代表大会及其常务委员会都没有制定单位刑法的权力,审理案件的法官更没有这样的权力。因此,单位刑法的立法主体主要是全国人民代表大会及其常务委员会,在特殊情况下还包括民族自治地方的省级人民代表大会。

在中国,与单位刑法有关的具有中国特色的法律制度是司法解释制度。1981 年 6 月 10 日全国人民代表大会常务委员会发布了《关于加强法律解释工作的决议》,该决议第 2 条规定:"……二、凡属于法院审判工作中具体应用法律、法令的问题,由最高人民法院进行解释。凡属于检察院检察工作中具体应用法律、法令的问题,由最高人民检察院进行解释。最高人民法院和最高人民检察院的解释如果有原则性的分歧,报请全国人民代表大会常务委员会解释或决定。"1997 年 6 月 23 日最高人民法院发布的《关于司法解释工作的若干规定》(已失效)对法院的司法解释活动进行规范。2006

年 12 月 11 日最高人民法院通过《关于司法解释工作的规定》(2021 年修正),废止了《关于司法解释工作的若干规定》,并对法院的司法解释问题作了更全面的规定。第 2 条规定:“人民法院在审判工作中具体应用法律的问题,由最高人民法院作出司法解释。”第 5 条:“最高人民法院发布的司法解释,具有法律效力。”最高人民检察院在 1996 年 12 月 9 日发布《司法解释工作暂行规定》(已失效)后,2006 年 5 月 10 日发布了《司法解释工作规定》(2015 年和 2019 年先后作了修订)。2019 年《司法解释工作规定》第 2 条规定:“人民检察院在检察工作中具体应用法律的问题,由最高人民检察院作出司法解释。”第 5 条规定:“最高人民检察院制定并发布的司法解释具有法律效力。人民检察院在起诉书、抗诉书、检察建议书等法律文书中,需要引用法律和司法解释的,应当先援引法律,后援引司法解释。”全国人民代表大会常委会关于法律解释的规定、最高人民法院和最高人民检察院关于司法解释的规定,都确立了最高人民法院和最高人民检察院享有司法解释的权力,所作出的解释具有法律效力。除上述提到的法律法规之外,《人民法院组织法》、《人民检察院组织法》和《各级人民代表大会常务委员会监督法》等法律也规定了最高人民法院和最高人民检察院的司法解释职权。长期以来,最高人民法院和最高人民检察院持续发布大量的司法解释文件,对法律的适用问题进行解释。

最高人民法院和最高人民检察院先后发布了多件关于单位刑法的司法解释。最高人民法院发布的有关单位刑法的司法解释主要有:1999 年 6 月 25 日最高人民法院《关于审理单位犯罪案件具体应用法律有关问题的解释》、2000 年 9 月 30 日最高人民法院《关于审理单位犯罪案件对其直接负责的主管人员和其他直接责任人员是否区分主犯、从犯问题的批复》、2001 年 1 月 21 日最高人民法院

《全国法院审理金融犯罪案件工作座谈会纪要》、1998 年 11 月 18 日最高人民法院研究室《关于企业犯罪后被合并应当如何追究刑事责任问题的答复》和 2003 年 10 月 15 日最高人民法院研究室《关于外国公司、企业、事业单位在我国领域内犯罪如何适用法律问题的答复》。最高人民检察院发布的关于单位刑法的司法解释主要有:2002 年 7 月 8 日最高人民检察院《关于单位有关人员组织实施盗窃行为如何适用法律问题的批复》和 2002 年 7 月 9 日最高人民检察院《关于涉嫌犯罪单位被撤销、注销、吊销营业执照或者宣告破产的应如何进行追诉问题的批复》。这些有关单位刑法的司法解释对单位犯罪的认定和处罚的许多问题作出了较为具体的规定,为中国执法机关和司法机关处理单位犯罪案件提供了更明确的裁判规范。

在形式上,最高人民法院和最高人民检察院都不享有立法权,因而不是单位刑法的立法主体。但是从实质上看,最高人民法院和最高人民检察院作出的司法解释确立了许多单位刑法适用的规则,对于单位刑法的适用具有重要意义。

相比较而言,两国单位(法人)刑法的立法主体存在着两点基本区别:其一,主体的类型不同。中国单位刑法的立法主体是国家权力机关,即全国人民代表大会及其常务委员会,少数民族自治地方的省级人民代表大会在制定变通性或者补充性规定时也是单位刑法的立法主体,其他任何国家机关和个人都没有设立单位犯罪和配置单位犯罪的法定刑的权力。在美国,法人刑法的立法机构包括国家机关和法官,具体来讲,不仅国会及其授权的专门机构和州议会有制定法人刑法的权力,而且法官有时也是创制州法人刑法的主体。其二,主体的层级不同。在中国,制定单位刑法的机关主要是中央机关,也就是全国人民代表大会及其常务委员会,在特殊的情况下,也可以是省级权力机关,即少数民族自治地方的省级人民代表大会。在美国,联邦国会和州议会都有立法权,在各自的权力范围内制定法人刑法,且法官也会在判例中创造新的法律规则。因此,美国法人刑法的立法主体比中国单位刑法的立法主体要复杂得多。

美国法人刑法的立法主体类型多样、层级叠加的多元化现象与美国的政治制度和法律文化传统密切相关。在政治上,美国是联邦制国家,权力由联邦和州分享,联邦政府是受权政府,而州政府则拥有未让渡给联邦及未被宪法禁止的一切权力。因此,联邦国会与州议会两个层级的机构都有权制定法人刑法。而作为英美法系的代表,美国少数州刑法在一定范围内承认普通法,因而法官个人有时也是立法主体。中国单位刑法的立法主体单一,这与我国是单一制国家密切相关。依据《宪法》的规定,只有全国人民代表大会及其常务委员会才享有制定法律的权力,制定单位刑法的权力是其中的一部分。虽然作为特殊情况,少数民族自治地方的省级权力机关享有的制定单位刑法的权力,不过,由于单位刑法与市场经济紧密联系,以及市场经济对统一市场规则的要求,一般不会出现单位刑法在少数民族自治地方“不能全部适用”的情况,因此少数民族自治地方的省级权力机关制定单位刑法的可能性也不大。

二、单位(法人)犯罪的成立范围

单位(法人)犯罪的成立范围是指单位(法人)在多大的范围内可以构成刑法规定的犯罪。美国法人犯罪的成立范围极为广泛,除了叛国、强奸、伪证等少数几种犯罪不能由法人实施外,对其他犯罪包括过失杀人罪在内,法人行为都能够构成犯罪并承担刑事责任。依据《模范刑法典》的规定,美国法人犯罪分为违警罪和制定法所规定的犯罪、不作为犯罪,以及董事会参与或者容许实行的犯罪和高级管理人员在职务范围内所实施的犯罪三种不同的类型。

中国单位刑法关于单位犯罪的成立范围的规定,分散于《刑法》分则和单行刑法。在理论上,一般认为,单位犯罪占全部犯罪的比重大约为1/3,而大部分单位犯罪分布在破坏社会主义经济秩序罪之中,在危害公共安全罪、妨害社会管理秩序罪和贪污贿赂罪等中也有少量的单位犯罪。然而,具体到哪种犯罪可以由单位构成,学者们的认识存在一定的分歧。

对比中美两国关于单位(法人)犯罪的成立范围可以看出,在美国,除了个别犯罪只能由自然人实施而不能由法人实施外,法人犯罪的成立范围与自然人犯罪基本相同。因此,美国法人犯罪的成立范围,可以称为基本等同型法人犯罪的成立范围。在中国,从单位犯罪的分布来看,单位犯罪的成立范围除包括与单位业务活动直接有关的经济犯罪外,对许多与法人业务活动有间接关系的犯罪,单位也负有刑事责任,如单位受贿罪。因此,中国刑法中的单位犯罪成立范围比美国法人犯罪窄。

美国基本等同型法人犯罪的成立范围,具有多方面的成因。第一,在哲学上,它与美国经验主义的哲学传统和实用主义的思维方式有着密切的关系。在该哲学传统和思维方式的视野中,功能和有效是最重要的价值目标。一方面,广泛地追究法人的刑事责任是全面实现刑法保护社会功能的需要。为了保护社会,减少法人犯罪的社会危害,就需要就法人雇员在雇佣范围内所实施的犯罪行为追究法人的刑事责任。因为,只有这样做,才能够调动法人预防和制止法人犯罪的积极性,从而更有力地保护社会利益。另一方面,美国法院率先在普通法中创立的法人刑事责任规则,在规制法人行为中发挥了重要的作用,证明了法人刑事责任制度具有有效性。而受法人刑事责任制度具有有效性经验的鼓励,美国立法机关和法官继续逐渐地扩展法人刑事责任的范围,直至法人能够实施除少数几种犯罪外几乎所有的犯罪。

第二,与英美法系的法律文化传统有关。具体地讲,普通法在英美法系中属于重要的法律渊源,而普通法的存在和演变,无须立法机关经复杂的立法程序加以确认或者修正,具有很强的社会适应性。英美法系国家的法官奉行遵循先例的原则,在判决书中引用以前的相关判例作为裁判的规则依据,或者作出判决的重要理由。而如果法官认为先前的判例存在错误或者不合时宜时,还可以提出新的理由并作出不同于先例的判决,创造出新的判例,构成对先前判例中的普通法规则的修正。法人犯罪之所以最早在英美法系的国家中得到承认,与法官造法的普通法传统有着直接的关系。而美国法人犯罪的成立范围的不断扩展,也与英美法系的普通法传统密不可分。简言之,随着社会生活的复杂化和规制法人犯罪的必要性增强,美国法官不断作出承认不同类型的法人犯罪的判例,致使法人犯罪的成立范围逐步扩大,最终形成了法人犯罪的成立范围十分广泛的法律框架。

在中国,单位刑法是由立法机关经严格的立法程序制定的。而单位刑法明确规定的单位犯罪的成立范围,非经严格的立法程序加以补充或者修改,就不会发生变动。中国刑法规定的超业务型单位犯罪的成立范围,在可预见的未来不太可能发生大的改变。

在美国,在基本等同型法人犯罪的成立范围的法律框架下,法人对极为广泛的犯罪承担刑事责任,有利于对法益安全提供更全面的保护,更有力地维护社会秩序的稳定。但是,过分广泛的法人刑事责任使美国公司面临极为严重的刑事责任风险,承受过度的刑罚威慑,在一定程度上对美国公司的经营活动也造成了不利的影响,为社会和企业界所诟病。相反,中国单位犯罪的成立范围较为有限,单位只对小部分的犯罪承担刑事责任,而对于大部分的犯罪来说,单位不承担刑事责任,因而,单位面临的刑事责任风险较小。单位犯罪的成立范围的有限性,限缩了单位的刑事责任风险范围,削弱了刑法对法益安全的保护力度。如何合理地确立单位(法人)犯罪的成立范围,在法益保护和经济发展之间达成适度的平衡,仍将是中美两国单位(法人)犯罪理论研究的重要课题。

第二章　法人犯罪理论比较

单位(法人)犯罪的立法与实务,离不开单位(法人)犯罪理论的指导。许多法人(单位)犯罪的立法规定和裁判结论都是受单位(法人)犯罪理论影响的结果,而许多法人犯罪判例所确立的规则和提出的裁判理由往往又是法人犯罪理论的肇始。准确地介绍和评价中美单位(法人)犯罪理论,是理解和把握中美单位(法人)犯罪的立法规定和司法实务的必要条件。

第一节　美国法人犯罪理论

美国法人犯罪理论散见于判例中的法官意见和学者的论文、著作。自美国法院判决承认法人犯罪以来,美国学界和实务界对法人犯罪问题展开了长期的理论论战,学术观点纷呈。纵观美国法人犯罪理论的发展脉络和基本观点,它大体上可以分为六种不同的理论类型,而每种类型学说的理论观点和历史背景又各有不同。

一、雇主责任论

(一)雇主责任论(respondent superior doctrine)的诞生

英国法官率先在普通法中提出了替代责任论,是美国法院采用的雇主责任论的理论先驱。[1]

确立法人替代刑事责任的判例是英国 1846 年的 *The Queen v. Great North of England Railway* 案。审理该案的德曼(Denman C. J.)勋爵虽然在法官意见中没有对替代责任论作完整的表述,但是在理论上,一般认为,该案的判决理由就是替代责任论。依据英国的传统普通法,除非自己实施犯罪,委托人不会为代理人的行为承担责任。除了借用侵权法中的雇主责任原理,再也找不出判决法人对雇员的作为犯承担刑事责任的理由。"德曼勋爵所确立的法人替代刑事责任方案可以在侵权法中的雇主责任原理找到根据。将雇员的侵权责任归责于雇主,可能主要是考虑到由被告公司有修复损害的支付能力,政策考量也表明替代责任论可以适用于刑事案件。"[2]当然,确立法人替代刑事责任也具有更为现实的目标。"为了应对股东施加给公司的利益最大化的经济压力,公司需要替代刑事责任作为砝码加以平衡,该法码还会鼓励法人雇主在选任、培训和监管雇员时给予最大的关注。在有的案件中,雇员本来是受雇主的命令而实施不法行为,但是难以证明,对法人设立替代责任,就可以回避难以证明的尴尬问题。雇员所承受的实施违法行为的压力通常是微妙和难以捉摸的,往往会表现为因为某种业绩而受到激励或者得到报酬,而不是直接命令去违法。"[3]

该判例的判决理由在理论上被认为是创立了替代责任论。该理论不久就被美国法院所采纳,并被表述为作为替代责任根据的雇

---

① 在美国学界,学者们经常将雇主责任论与雇主责任原则混同使用。实际上,雇主责任论是理论形态,而雇主责任原则是司法裁决规则,两者虽然具有密切的内在联系,但是两种不同的现象。

② Jame Gobert & Maurice Punch, *Rethinking Corporate Crime*, Butterworths, 2003, p. 55.

③ Jame Gobert & Maurice Punch, *Rethinking Corporate Crime*, Butterworths, 2003, p. 55.

主责任论。1909年美国联邦最高法院在 *New York Central & Hudson River Railroad v. United States* 案中,简要地说明了雇主责任论的内涵——“法人对代理人在雇佣范围内为了法人的利益所实施的侵权行为负有责任”。① 有学者指出:“在美国联邦最高法院和美国多数州法院,在实施犯罪行为时个人意图为法人谋利而从事法人的业务,法人应当为个人的犯罪行为承担责任。而个人在组织中的地位则无关紧要。”②

雇主责任论的基本内涵是法人对雇员为了法人的利益在职务或者雇佣的范围内所实施的犯罪行为承担刑事责任。基于雇主责任论,只要具备以下三个条件,法院就可以判决法人对代理人的犯罪行为承担刑事责任:其一,代理人实施了犯罪行为。其二,代理人实施的犯罪行为发生在代理人的职务或者雇佣的范围内。其三,代理人出于为法人谋利的目的。③ 在雇主责任论的视野中,虽然法人雇员所实施的行为是个人行为,并不是法人行为,但是因为双方存在着雇主与雇员之间的雇佣关系,法人就必须对他的犯罪行为,也就是法人雇员的个人犯罪行为而承担刑事责任。

(二)替代刑事责任的正当性根据

雇主责任论显然与普通法的犯意原则和危害行为原则相违背。为何法人要为雇员的犯罪行为承担刑事责任,或者说,法人替代刑事责任的正当性根据是什么,在美国刑法理论中主要有两种不同的解释。

---

① [美]凯瑟琳·F.布里基:《公司犯罪与白领犯罪:案例与资料》,中信出版社2003年版,第1~4页。

② Jame Gobert & Maurice Punch, *Rethinking Corporate Crime*, Butterworths, 2003, p. 55.

③ See Anon, *Developments in the Law-Corporate Crime: Regulating Corporate Behavior Through Criminal Sanctions*, Harvard Law Rereiw, Vol. 92:1227, p. 1247 (1979).

其一,立法意图说。在 *Coppen v. Moore* 案中,被告人卡本(Coppen)是一位个体贸易商,名下拥有6家商店。消费者莫尔(Moore)来到其中的一家商店要购买火腿。售货员指着橱窗中的许多小火腿说,它们产自苏格兰,并在发票中作了注明。事实上,这些火腿产自美国。卡本违反了1887年《商品标签法》第2条第2款的规定,因出售了作虚假描述的商品的行为而受到起诉。有证据显示,在出售火腿时,卡本并不在商店中,而且此前曾对职员作出过明确指示,强调了准确描述商品的重要性。然而,他的指示被售货员遗忘。在原审中,被告人卡本被判犯罪成立。卡本不服判决,并提起上诉。上诉人卡本的上诉依据是"除非在心理上也是有罪的,行为不会使一个人有罪"(actus non facit reum,nisi mens sit rea)的原则。上诉人卡本本人没有亲自出卖火腿,他还曾作过明确的指示,要求不得对商品作错误的描述。因此,上诉人认为自己没有任何犯罪的心理状态,在犯罪行为实施的时候缺乏认识。审理此案的诺塞尔(Russell)勋爵查阅了该犯罪的制定法条文,他认为,判决雇主对雇员在雇佣的过程或者范围内所实施的违反该法的行为负刑事责任,是立法的明显意图。因此,诺塞尔勋爵作出裁定,卡本虽然不是事实上的出售者,但是作为卖方,他售出描述错误的商品的行为成立犯罪。

当法官认为某制定法有向法人施加刑事责任的意图时,就会判决法人应当为雇员实施的犯罪行为承担刑事责任。以至于后来,只要立法没有明显地表现出法人无刑事责任的意图,法官就可以作出解释,认为议会有向法人施加刑事责任的意图。

其二,公共政策目的说。所谓公共政策的目的,是指追究法人刑事责任的目的在于预防法人雇员犯罪。也就是说,如果判决法人负刑事责任具有预防法人雇员实施某种犯罪行为的作用,就有判决法人犯罪成立的政策根据。在 *New York Central & Hudson River Railroad v. United States* 案中,美国联邦最高法院法官明确指出:“将处理民事责任的(雇主责任)原则适用于刑法,我们只是向前走了一步,根据公共政策,在代理人行使委托给他的权力时,将代理人的行为归责于雇主,或者就代理人依据契约而为的行为,对法人科处刑罚……代理人的行为才可能是受到控制的。”①

法人刑事责任与英国传统普通法中的犯意原则和委托人责任原则相矛盾。依据英国普通法的犯意原则,无犯意则无犯罪,只有同时具有犯意的行为,才能被判决有罪。依据该原则,判决法人犯罪成立,必须证明法人具有犯意。而法人作为一个社会组织,能否具有犯意,在理论上是存有争议的。然而,立法目的说和公共政策目的说都回避了该问题。根据传统普通法的委托人责任原则,只有在法人命令、帮助或者教唆法人雇员犯罪时,法人才能作为共犯而承担刑事责任。而立法目的说和公共政策目的说都不要求法人对雇员的犯罪有命令、帮助或者教唆等行为,也回避了该问题。

立法目的说从规范层面论证法人刑事责任的合理性,而公共政策目的说是从刑事政策的角度论证了法人刑事责任的必要性。但是,这两种学说都没有从根本上回答法人刑事责任的正当性。

(三)雇主责任论存在的问题

依据基于雇主责任原理的雇主责任论,判断法人是否负刑事责任,在司法实务中被发现存在明显的不足:其一,它有时会过于扩大了法人犯罪的范围。因为根据雇主责任论,只要是公司雇员在雇佣范围内所实施的犯罪行为,无论他在公司中处于何种地位,都成立公司犯罪。即使是普通雇员实施的犯罪行为,公司对之没有过错,

① Jame Gobert & Maurice Punch, *Rethinking Corporate Crime*, Butterworths, 2003, p. 55.

公司也要为此承担刑事责任。哪怕是公司雇员违反公司的规章制度而在雇佣范围内实施的犯罪行为,公司也要负刑事责任。其二,它有时会缩小法人犯罪的范围。法人的替代责任是以公司雇员实施犯罪行为为前提条件的,只有查明了雇员实施的犯罪行为,法院才能判决公司对该行为承担刑事责任。即便能够肯定犯罪行为是由公司雇员所实施的,但是如果检方不能排除合理怀疑地证实是公司的哪个雇员具体实施了犯罪行为,公司就不能被判有罪。因而,存在着公司逃脱刑事制裁的可能性。其三,它忽视了法人的自身特征对法人犯罪的影响。法人雇员承受着来自组织的重大压力,法人文化和法人政策以及法人的行为历史,都会严重地影响身处于法人组织中的雇员对自己行为的认识和判断,也是引发法人雇员犯罪的重要原因。然而,依据雇主责任论,仅以雇员的行为为依据追究法人的刑事责任,完全无视法人的自身特征在法人犯罪中的重要作用,不仅丧失了正当性,而且还会严重地削弱法人刑事责任对法人犯罪的预防功能。

二、同一视论

20 世纪中期,为克服替代责任论不足,英国法院创立了同一视论(doctrine of identification)。所谓同一视论是指将一定范围的法人代理人的犯意和行为,视为法人的犯意和行为,并以此为依据论证对法人追究刑事责任的理论。同一视论为美国《模范刑法典》所采纳。《模范刑法典》第 207 条第 1 款第 3 项规定,“董事会授权、要求、命令、实行或者轻率地容忍犯罪之实行,或者为高级管理职员在职责或者雇佣范围内代表法人实施上述行为时”,对法人得作有罪之认定。依据该规定,经董事会同意而由法人雇员实施的犯罪行为,以及高级管理职员在职责或者雇佣范围内所实施的犯罪行为都是法人犯罪，法人对这两种行为都要负刑事责任，该规定的背后就是以同一视论为依据的。

（一）同一视论的起源

同一视论的起源最早可以追溯到 1915 年的 *Lennard's Carrying Co., Ltd. v. Asiatic Petroleum Co., Ltd.* 案。① 由伦纳德运输有限公司（Lennard's Carrying Co., Ltd.）所有、以伦纳德（John M. Lennard）为注册的船舶经理的 Edward Dawson 油轮，出租给盎格鲁－撒克逊石油有限公司（Angle-Saxon Petroleum Co., Ltd.）使用。该油轮装载着 2011 吨石油准备开往港口鹿特丹，在航行开始时，油轮的锅炉就出现渗漏。在航行过程中，石油沉淀出盐分，油轮的锅炉受到严重污染。更严重的是，在经历一阵狂风之后，油轮的油箱发生破裂，石油外泄，致使油轮失去动力，停泊在荷兰海岸，并最终发生爆炸，致使油轮和货物都沉没于大海。货物的所有人——亚洲石油有限公司（Asiatic Petroleum Co., Ltd.），以货物没有交付为由而提起诉讼，将伦纳德运输有限公司告上法庭，认为其油轮的状况不适航，致使货物丢失，要求后者承担赔偿责任。在原审中，布瑞（Bray J.）法官认为，在油轮离开码头时，锅炉存在明显和严重的缺陷，因而油轮就是不适航的。被告伦纳德运输有限公司进行了抗辩，认为自己不应当为之承担责任。

依据制定法规定，如果油轮的所有人为自然人，只有当他有过错或者私下知情，才会失去制定法对他的保护。对于本案来说，油轮的法人所有人——伦纳德运输有限公司是否应当负赔偿责任，取决于其是否能够论证，即使伦纳德先生有过错，也只是他的个人过错，而他个人的过错不能也不应当归属于公司。法院裁定的结论是，公司董

---

① ［1915］A. C. 705.

事会、执行董事以及高级职员是公司的机关,其过失即为公司本身的过失,并判决被告伦纳德运输有限公司承担赔偿责任。

伦纳德运输有限公司因不服原审判决而提出上诉,上诉的法律依据是 1894 年《商业航运法》第 502 条的规定:“在英国,航海船舶的所有人或者其中的股东,在下列案件中,如果没有事实上的过错或者私下知情,对引起的任何货物损失或者损害都不应当负责任。”上诉人辩称,伦纳德先生的过错或者私下知情不能归属于公司。虽然他被上诉人董事会任命为船舶经理人,但是他只是上诉人的代理人,他并不是公司的“第二个自我”。也就是说,伦纳德先生并不代表公司,不能将他个人的过错视为公司的过错。

撰写判决书的法官哈尔登(Haldane L. C.)子爵驳回了该上诉。他还特别地分析了伦纳德先生的行为和过错能否归属于公司。他指出:“尊敬的阁下,法人是一个抽象的主体。它既没有心理,也没有身体。法人的积极的指导意思最终必须在代理人的身上去寻找。某人虽然只是法人的代理人,但是他是法人真正的指导意思和意志,正是法人的自我和法人人格的中心。这个人可能依据股东的指令工作,也可能是董事会成员,还可能是依据协议的条款与董事会合作。”伦纳德先生以油轮所有人的名义在油轮的管理中扮演着活跃的角色,与油轮注册的情况相一致。因此,上诉人伦纳德运输有限公司应当承担证明伦纳德不是“公司的指导意思和意志”(directing mind and will of the company)的证明责任。然而,不仅上诉人没有提交公司章程对之加以证明,而且伦纳德先生本人也没有提供相应的证据。

上诉法院驳回了上诉人伦纳德运输有限公司的上诉,维持原审判决。哈尔登法官作出判决的关键事实是,伦纳德先生被注册为油轮的船舶经理,也就是说,他就是被上诉人授予管理船舶职责的人,因而代表着上诉人。上诉人伦纳德运输有限公司不服上诉法院的判决,再上诉至上议院,上议院裁定维持上诉法院的判决。该案的判决确立了公司经理的侵权行为应当由公司承担民事责任的规则。该判例虽然没有解决法人对经理的犯罪行为的刑事责任问题,但是为解决该问题提供了启示和借鉴。

(二)同一视论的雏形

同一视论的诞生历经了极为复杂的过程。通过19世纪中期创立的替代责任论,英国法院确立了法人对公害犯罪、诽谤罪,以及那些显示出立法者有追究法人刑事责任的明显意图且替代责任明显是达成目标的途径的犯罪等,负刑事责任的规则。不难看出,这些犯罪都是严格责任犯罪,且只是全部犯罪中的少数,更多的犯罪则是以犯意为要件的犯罪。而能否追究法人对以犯意为要件的犯罪的刑事责任,此时仍悬而未决。更现实的问题是,由于替代责任论存在的问题,英国法院一直对之持怀疑的态度,并没有放弃对法人刑事责任的理论根据的探索。如果要追究法人对以犯意为要件的犯罪的刑事责任,就必须提出新的归责理论并加以论证。

英国法院的探索首先表现为突破传统普通法的犯意原则,为追究法人对以犯意为要件的犯罪的刑事责任,扫清理论障碍。1911年,英国高等法院分庭审理了食品检查官洽特(Chuter)的上诉案 *Chuter v. Freeth Pocock Ltd.*。[①] 洽特检查官从一家牛奶商手中购买了一些牛奶。经过检验,他发现这些牛奶已经被稀释过。牛奶商因违反1899年《食品、药品销售法》第6条而被起诉,而向牛奶商提供牛奶的牛奶公司也是本案的被告。在原审中,被告人牛奶商被宣告无罪,法院的判决理由是,牛奶商没有理由怀疑牛奶会与牛奶公司

---

① [1911] 2 K. B. 832 DC.

提供的保证书不符。而牛奶公司也被宣告无罪,因为法院认为“只有能够相信的人才会实施该犯罪,而没有心理的法人不能运用该能力”。洽特不服原审判决,提起了上诉。在上诉审中,上诉人洽特的上诉得到了法院的支持。阿弗斯通(Alverstone C. J.)勋爵在判决书中指出:“凡是有提供保证书能力的人,都应当受到罚金的处罚。并不存在法人不应提供保证书的理由。法人可以通过它的代理人提供保证书,也就可以通过代理人相信或者不相信,就像在该案中(牛奶商)相信或者不相信保证书的声明是真实的一样。而且,该案的争议问题在本质上已经由钱奈尔(Channel J.)法官在 *Pearks, Gunston & Tee v. ward* 案中作出了裁定。”*Pearks, Gunston & Tee v. ward* 案是一个违反 1875 年《食品、药品销售法》第 6 条规定的严格责任犯罪的案件。[①] 在该案判决书末尾的附带段落中,钱奈尔(Channel J.)法官提出了倾向于支持法人可以构成以犯意为要件的犯罪的观点。

1917 年 *Mousell Bros Ltd v. London & North West Ry Co., Ltd.* 案是第一个被上诉法院裁定,法人对以犯意为要件的犯罪承担刑事责任的案件。依据 1845 年《铁路条款合并法》第 98 条的规定,货物的所有人(或者其他对货物负责任的人)必须向收费员提供运输货物的确切数量。依据该法的第 99 条,出于逃避支付收费的目的而提供虚假记录的行为构成犯罪。被告莫舍尔兄弟有限公司(Mousell Bros Ltd.)因为两次错误地申报了卡车的载货量而遭到刑事起诉,并被判犯罪成立。被告莫舍尔兄弟有限公司不服原审判决,提起上诉。在上诉审中,法院查明,1916 年 9 月,上诉人莫舍尔兄弟有限公司向被上诉人伦敦—西北转运公司(London & North West Ry Co.,

① [1902] 2 K. B. 1,11.

Ltd.)提交的托运记录,曾两次错误地申报了卡车的载货量。上诉人辩称,这并不意味着上诉人莫舍尔兄弟有限公司的董事们都是错误申报行为的共犯。法院认为,制定法的目的是禁止提供错误的铁路运输货物申报,以保护铁路公司免受欺骗,以低于适当的费率为运输公司运输货物。依据当时的法律,提供错误托运记录的行为人必须具备犯罪的心理状态。法官作出裁定,上诉人莫舍尔兄弟有限公司的托运记录中包含有对货物的错误申报,且提供错误申报的行为是依据公司经理的指示而实施的,目的是逃避支付适当的费用。

该案的判决结果与对制定法的解释密切相关。上诉审法官瑞丁(Reading C. J)法官和阿特肯(Atkin J.)子爵认为,即使在1845年,制定法对货物的所有人或者其他人设立的管理铁路运输货物的义务,在绝大多数的情况下都是由货物所有人的雇员所完成的。由此,两位法官得出结论:如果被禁止的行为是由法人雇员在雇佣范围内所实施的,立法意图就是将犯罪的行为责任施加于法人身上。基于对立法意图的分析,阿特肯子爵认为,对法人雇员出于法律所要求的心理状态提供虚假记录的行为,作为货物所有人的法人应当负责任。“对于逃避付费的意图是构成该犯罪的必要条件,我看不出存在异议。法人雇员也可能具有这种意图,因为他就是处理这种事务的人。如果雇员在制定法所规定的心理状态下不履行制定法所规定的职责,刑罚就要施加于法人。一旦法院在某个案件中作出裁定,雇主因为雇员的行为而被判决负刑事责任,那么判决法人是主犯就不存在困难。主犯负刑事责任并不以具有犯意为必要,作为主犯的法人也不必具有犯意。”①因此,法院判决本案的上诉人莫舍

---

① Amanda Pinto Q. C. & Martin Evans, *Corporate Criminal Liability*, Sweet & Maxwell, 2008, p. 35.

尔兄弟有限公司为雇员的错误申报行为而承担刑事责任。该案的判决结果使法人的刑事责任范围扩大到以“逃避支付的意图”为要件的犯罪。

然而,法院裁定法人对这种以故意为要件的犯罪负刑事责任的理论依据仍是替代责任论,这显然与普通法的犯意原则相违背。因此,该判例虽然确立了法人对以犯意为要件的犯罪负刑事责任的规则,但是没有提出妥当的理论根据,存在明显的瑕疵。

(三)同一视论的确立

依据同一视论,管理或者控制公司事务的人应当被视为代表公司,法人对这些人实施制定法规定的犯罪行为承担刑事责任。在同一视论的视野中,法人的刑事责任是直接责任,而不是替代责任。英国法院确立同一视论的三个判例是1943年11月判决的 *DPP v. Kent & Sussex Contractors Ltd.* 案、*R. v. ICR Haulage Co., Ltd.* 案和 *Moore v. Bresler Ltd.* 案。

该三个判例标志着同一视论的首次登台。第一个判例是 *DPP v. Kent & Sussex Contractors Ltd.* 案。肯特—萨塞克斯承包商有限公司(Kent & Sussex Contractors Ltd.)因为两个行为而受到起诉。行为之一是发布虚假的记录,表现为出于欺骗目的而错误地陈述公司车辆的行程和里程。行为之二是杜撰虚假的信息,表现为肯特—萨塞克斯承包商有限公司运输部经理,为获得汽油的优惠券,以公司的名义提交了虚假的记录。法庭审理查明,肯特—萨塞克斯承包商有限公司运输部经理,明知记录所宣称的某些事实是虚假的。能否判决被告肯特—萨塞克斯承包商有限公司负刑事责任的关键在于,能否将法人高级职员的心理状态归属于法人。“高等法院分庭分析指出,由于公司只能通过它授权以公司的名义发言和行为的人来发言和行为,这些被授权的人的心理状态应当归属于公司。”据此,肯特—萨塞克斯承包商有限公司被判决犯罪成立。

第二个判例是 *R. v. ICR Haulage Co., Ltd.* 案。ICR 运输有限公司(ICR Haulage Co., Ltd.)是一家从事搬运业务的私人公司。该公司与公共事务代理商热斯—桑斯有限公司(Rice & Sons Ltd.)签订了提供和运输垫石层和压载物的合同。热斯—桑斯有限公司起诉了 ICR 运输有限公司及其董事长和两个司机,以及热斯—桑斯有限公司的两个雇员,指控上述被告合谋欺骗热斯—桑斯有限公司,向其收取的垫石层价款高于应付货款。作为受到起诉的罪名,合谋欺骗罪是普通法犯罪,该罪的成立要求被告必须具有犯罪的心理状态。原审法院判决,ICR 运输有限公司方的全部被告犯罪成立。ICR 运输有限公司不服原审判决,进而提起上诉。在上诉审中,上诉人 ICR 运输有限公司辩称,公司不能因为合谋或者其他任何以犯意为关键要素的犯罪而受到起诉。撰写判决书的斯特博(Stable J.)法官驳回了上诉人的抗辩。在分析了 *DPP v. Kent & Sussex Contractors Ltd.* 案和 *Mousell Bros Ltd v. London & North West Ry Co., Ltd.* 案的判决书后,斯特博法官指出:"我们并不是裁决每一个有限公司的代理人在公司的业务中实施的犯罪,法人都要自动地被判决承担刑事责任……在具体案件中是否有证据提交给陪审团,证明包括代理人的心理状态、故意、明知或者相信在内的代理人犯罪行为是公司的行为……必须考虑到被起诉的犯罪性质、高级职员和代理人的不同地位、其他相关事实和行为的条件。"①

法院在判断高级职员和代理人的行为是否是公司的行为时,不必考虑每个高级职员和代理人的不同地位,因为事实上上诉人是一个群体。在该案中,所有的犯罪决策都是执行董事诺巴兹(Robarts)

---

① Jame Gobert & Maurice Punch, *Rethinking Corporate Crime*, Butterworths, 2003, p. 59.

先生作出的,他也是本案的被告,而他的行为很明显是公司的行为。法院考虑到在被起诉的多个被告中,有一个代理人的行为是公司的行为,因而判决公司的犯罪成立。

该案的判决确立了公司对董事和高级职员实施的以犯意为要件的犯罪承担刑事责任的规则。当然,并不是所有的法人代理人和雇员实施的以犯意为要件的犯罪,法人都要承担刑事责任。斯特博法官在判决书明确指出,判断哪个代理人和雇员的行为是法人的行为,需要考虑被起诉的犯罪性质、高级职员和代理人的不同地位、其他相关事实和行为的条件等。易言之,将法人代理人、雇员的犯罪行为归责于法人,必须符合一定的限制条件。

第三个判例是1944年英国高等法院分庭审理的 *Moore v. I Bresler Ltd.* 案。布瑞斯勒有限公司(Bresler Ltd.)和布瑞斯勒有限公司秘书兼分公司的总经理布瑞斯勒(Sydney Bresler)先生,以及诺丁汉姆市分公司的销售部门经理菲利普斯(Phllips),因违反1940年《金融法》第35条第2款的规定而受到起诉。依据该款的规定,任何人出于欺骗的意图,在重要部分使用了内容虚假文件的行为,都是犯罪。规定该犯罪的条款使用的文字与在 *DPP v. Kent & Sussex Contractors Ltd.* 案中被提及的1939年《辩护(一般)规则》中的文字几乎完全相同。为了欺骗公司,布瑞斯勒和菲利普斯转手了本打算向公众出售的手提包。他们将所得的货款中饱私囊,并伪造文件掩盖事实真相,侵占了布瑞斯勒有限公司的财产。而在布瑞斯勒和菲利普斯提交的公司纳税申报表中,申报的纳税额低于应纳税额,布瑞斯勒有限公司逃避了法定的纳税义务。原审刑事法院法官判决布瑞斯勒有限公司无罪,判决理由是该公司本身是雇员欺骗行为的被害人,且雇员的不法行为超出了雇佣范围。

公诉人不服原审判决,提起上诉。在上诉审中,法官菲斯考

(Viscount Caldecote)子爵裁定,公司是欺骗行为的被害人,并没有重要意义,而真正重要的问题是:"……这两个人是公司的重要高级职员,当进行申报和提交申报表时,他们非常清楚他们是公司的高级职员。因此,他们的行为……就是公司的行为。"[①]哈姆弗瑞(Humphrey J.)法官对此表示赞同。他指出:"作为一个有限公司,该公司只能通过自然人的代理人实施行为。就公司的目的来说,很难想象还有比作为秘书、分公司的总经理和分公司的销售经理,能够更有效地控制公司的人,也很难想象还有比作为秘书、分公司的总经理和分公司的销售经理更明显地在雇佣范围内实施行为的人。"上诉法院作出裁定,作为秘书、分公司的总经理和分公司的销售经理的行为就是公司的行为,并判决布瑞斯勒有限公司的犯罪成立。

该判例因确立了将范围广泛的代理人行为归属于公司的规则而非常著名。对于法官菲斯考子爵来说,依据布瑞斯勒和菲利普斯是公司提交申报表的适当的高级职员的事实,就足以认定两人的行为是布瑞斯勒有限公司的行为。

上述三个判例分别确立了法人对代理人实施的虚假记录、合谋欺骗和使用虚假文件等以犯意为要件的犯罪承担刑事责任的规则,标志着同一视论的诞生。同一视论是英国法官判决法人对替代责任犯罪之外的犯罪承担刑事责任的理论依据,被公认为是"革命性"的理论。但是,同一视论仍然是脆弱的,因而也饱受批判。关于应当将多大范围的代理人或者雇员的意志和行为归属于法人,早期审理法人犯罪的法官意见一般持"公司的指导意思和意志"说,即认为当某个代理人或者雇员是"公司的指导意思和意志"时,该代理人或

① Jame Gobert & Maurice Punch, *Rethinking Corporate Crime*, Butterworths, 2003, p. 60.

者雇员的犯意和行为就可以被视为公司的犯意和行为。但是,“公司的指导意思和意志”标准的内涵十分含糊,受到了许多的批评,现在很少有英国法官接受该标准。

上议院于1971年作出的 *Tesco Supermarkets Ltd. v. Nattrass* 判例,确立了同一视论适用于所有非替代责任的犯罪。1969年9月,特易购超市有限公司(Tesco Supermarkets Ltd.)发布了清洗辐射粉末的报价。在报价有效期间,大规格盒装产品的出售价格降为2先令11便士,而不是先前的3先令11便士。该报价不仅在特易购超市有限公司的所有商店的橱窗中发布,而且在诺斯威奇(Northwich)地区以及地方和全国性媒体上发布。购货商科尼(Coane)要求购买降价的盒装粉末,但是只发现了标注为全额价格的盒子。他向商店询问,被告知没有按降价出售的大规格包装货物。他还是购买了货物,并被商店收取了全额价款。为此,他向地方计量检查员投诉,后者对特易购超市有限公司提起了诉讼。在原审中,特易购超市有限公司提供证据,解释了为何购货商科尼没能买到降价的包装货物。在他造访的前天傍晚,雇员诺格斯(Rogers)女士发现作了特殊标识的粉末缺货,便将标识为全额价格的货物放置在货架上。她忘记将商店中降价的货物已经售罄,以及将全价货物放置于货架的情况,报告给经理克雷门慈(Clements)先生。而克雷门慈经理只是重复了他以前的日常申报——“所有的新报价货物供货正常”,而没有查看是否属实。经理克雷门慈先生出具书面证明表示,如果他知道储存的货物中没有降价的包装货物,他要么会撤除在橱窗中展示的降价宣传海报,要么会降低商店中的货物价格。特易购超市有限公司还举出证据证明,它有一整套明确和系统的训练和监管商店经理的制度。在原审中,法院裁定特易购超市有限公司尽到了全部的适当谨慎,但仍然判决公司犯罪成立,因为法院认定,商店经理克雷门慈先生在法律规定的含义中并非“另一个人”,而是代表公司。

特易购超市有限公司不服原审判决,提起上诉。在高等法院分庭的庭审过程中,公诉人承认,依据立法目的,克雷门慈先生是“另一个人”。高等法院分庭驳回了原审法院法官判决上诉人有罪的根据,但是却维持了有罪判决的结论。1968 年《贸易说明法》(Trade Descriptions Act)第 24 条第 1 款规定,如果证明了行为人或者其控制之下的人采取了合理的预防措施和尽到了适当的注意去避免犯罪的发生,就构成对被起诉人的辩护事由。撰写判决书的菲希尔(Fisher J.)法官将“适当的注意”分为两个阶段:“首先,上诉人必须证明它有‘有效地避免犯罪发生的制度,其次,该制度被适当地运行’。”高等法院分庭虽然采信了“克雷门慈先生是被上诉人任命在特定商店,为避免出现这种犯罪而承担采取所有合理的预防措施和尽到了适当的注意的义务”的人,但是作出了克雷门慈先生没有适当地运行该制度、违反了法律的裁定,从而得出特易购超市有限公司没有适当谨慎地行为的义务的结论,并判决特易购超市有限公司的犯罪成立。

特易购超市有限公司不服上诉判决,并上诉至上议院。虽然上议院的法官对于案件的具体问题有着不同的看法,但是仍然作出了全体一致的支持上诉人上诉的判决,判决特易购超市有限公司无罪。上议院判决的理由是克雷门慈先生作为特易购超市有限公司的数百个商店之一的负责人,不是特易购超市有限公司的“指导意思和意志”,克雷门慈的行为不能归属于特易购超市有限公司。该判例确立的规则是,只有实施犯罪行为的自然人能够被同视为法人,对该自然人实施的以犯意为要件的犯罪,法人才应当被判犯罪成立。而应当以什么标准,判断何人能被视同为法人,参与审理的上议院法官的观点并不尽相同。[1]

(四)同一视论的优势和缺陷

依据同一视论,法人犯罪是法人实施的犯罪,法人刑事责任为自身责任,因而法人刑事责任符合罪责自负原则。同时,它通过将代表法人的代理人的犯意和危害行为归属于法人,使法人如同自然人犯罪一样,也具有犯意,因而采用同一视论,使法人刑事责任在表面上符合英国普通法中的犯意原则。因此,同一视论避免了雇主责任论存在的责任转嫁和严格责任倾向,具有较明显的理论优势。然而,同一视论并非完美无缺,它也受到了多方面的质疑。质疑的主要问题有:

其一,理论依据不足。法人作为社会组织,缺乏心理活动,为何一定范围的法人代理人的犯意和危害行为可以归属于法人,视为法人的犯意和危害行为,理论依据仍不明确。

其二,应当将多大范围的法人成员的犯意和危害行为归属于法人,在同一视论阵营内并没有达成一致的意见。在理论上,存在多种确定法人犯意标准的主张:第一,实际控制说(actual controlling)。菲斯考(Viscount Dilhorne)法官认为,那些实际上控制公司全部或部分行动的职员,才是代表公司意思的人。然而,如何定义控制公司的全部或者部分行动,实际控制说也没有作进一步的说明,因而该标准的内涵并不清晰。第二,董事和经理说(directors and managers)。在判断谁是代表法人的"控制公司的思想"(controlling mind)上,丹宁勋爵(Lord Denning)认为,公司如同个人,它既有大脑和神经,也有手足。董事和经理们(directors and managers)"控制公司的思想",代

---

① See Amanda Pinto Q. C. & Martin Evans, *Corporate Criminal Liability*, Sweet & Maxwell, 2008, p. 49 – 52.

表公司并控制公司的行动。然而,并不是所有的董事和经理都“控制公司的思想”,代表公司并且控制公司的行动,因而它是一个过于宽泛而内涵不明确的方案。第三,控制公司的高级职员说(controlling officer)。有人认为,代表公司的职员是控制公司的高级职员,其他职员的犯意则不能归属于公司。然而,由于控制公司的高级职员的范围十分有限,因而该方案显得过于严格,会使得要判决一个公司犯有重罪几乎不太可能成功。第四,立法意图说。最近的一个上诉法院判例认为,同一视论的适用取决于对某个制定法的解释。因此,根据某个制定法,法院认为只有董事会的意思和行为才是代表公司的思想和意志,而依据另一个制定法,法院会认为任何的全职雇员的行为都是公司的行为,即使雇员不是出于公司的意思和意志而实施危害行为,但是只要公司的管理层,没有设立恰当的安全程序并确保其雇员遵守这些程序,公司仍然要对此负刑事责任。[①]

其三,不太适用于大型企业犯罪。只有被告是一个小公司,如一人公司或者家族公司,采用同一视论,才有可能判决公司犯罪的成立,因为,在小公司犯罪中,犯罪行为很可能是由董事或者高级职员参与实施的。而如果被告人是大型公司,要判决公司犯有重罪,则面临极大的困难。因为,在大型公司的雇员实施严重犯罪的过程中,公司董事很少会紧密地接近不法行为,有时难以查证到作为“公司的指导意思和意志”的个人,因而难以判决法人犯罪成立。正因为如此,在司法实务中,起诉大型公司犯罪的案件较为少见。

---

① See Gary Slapper & Steve Tombs, *Corporate Crime*, Person Education Limited, 1999, p. 29.

三、组织体责任论

长期以来,美国联邦法院和州法院在法人犯罪的司法实务上分别采用雇主责任论、同一视论和综合责任模式等作出裁判。然而,如前所述,雇主责任论和同一视论,在理论根据和适用效果上都存在多种不同的问题。而学界质疑和批评法人刑事责任的声音一直没有停止,迄今为止,对于法人刑事责任是否正当和有效仍未形成共识。受美国量刑委员会 1987 年《美国量刑指南》、1991 年《组织犯罪的量刑》的制定和 21 世纪初安达信案等系列案件的影响,学界对法人犯罪的归责根据先后集中地展开了两轮激烈的论战。在法人刑事责任的论战过程中,诞生了众多新的法人犯罪归责理论,而这些理论都从法人的自身特性,寻找法人刑事责任的理论根据。学界有人将之归于整体论(holistic theory),以与雇主责任论和同一视论等所谓的原子论(atomistic theory)相对称,本书称为组织体责任论。有代表性的组织体责任论主要有以下几种观点。

(一)法人预防过错(proactive corporate fault)说

法人预防过错说发表于 1979 年第 2 期《哈佛法律评论》,但未见作者署名,因而可以视为该编辑部的观点。[①] 法人预防过错说指出,对现行刑事处罚制度能否对法人犯罪形成足够的威慑,虽然学者们有不同的看法,但是大多数学者都赞同对法人犯罪进行强力的执法,并予以严厉的制裁,他们相信刑事责任的威慑会激励法人努力查明和预防不法行为。一般认为,法人犯罪的刑事责任标准应当以刑罚的威慑与报应的双重目标进行评估,但是在实践中,这两个

---

① See Anon, *Developments in the Law-Corporate Crime: Regulating Corporate Behavior Through Criminal Sanction*, Harvard Law Review, Vol. 92:1234, p. 1231(1979).

刑罚目标经常相互冲突,并没有一种刑事责任标准能够同时实现威慑与报应的目标。在美国现行法律的框架之下,法人和有责任的代理人,有可能因为同一犯罪而都被判有罪,因而法人刑事责任和个人刑事责任是相互补充的,而非相互排斥的。

由美国法官和学者们所提出的不同法人刑事责任体制所具有的威慑效果有所不同。在联邦法院中处于支配地位的雇主责任论提供了最大的威慑力量,是美国法院采纳的第一种法人应受处罚理论。《模范刑法典》将法人犯罪分为违警罪,制定法规定的归责于法人的立法意图明确的以故意为要件的犯罪和不作为犯罪,以及归责于法人的立法意图不明确的以故意为要件的犯罪四种不同类型,所规定的归责模式包含三种不同的法人刑事责任体制。其中,归责于法人的立法意图不明确的以故意为要件的犯罪的法人刑事责任体制的威慑程度最低。这是因为,在此种场合,法人的刑事责任以法人董事会参与犯罪或者高级管理职员实施犯罪为前提,而如果这些人员没有参与或者实施犯罪,或者没有证据证实他们参与或者实施了犯罪,法人就可以逃避刑事责任。相反,其他三种类型的法人刑事责任体制则没有这样的限制,因而具有更大的威慑力。

法人预防过错说认为,作为雇主责任论和法人严格责任的道德理论基础,"应得惩罚"(just deserts)目标要求法人对每一个雇员的行为都承担刑事责任。"应得惩罚"的功能在不同的法人刑事责任体制中有着重大的区别。归责于法人的立法意图不明确的以犯意为要件的犯罪的法人刑事责任体制是建立在报应理论的基础之上,依据这种体制,法人只因高层职员的犯罪行为而受到谴责,更多地体现了"应得惩罚"的目标。而对于违警罪和制定法所规定的归责于法人的立法意图明确的犯罪而言,其归责模式则兼顾了雇主责任论与适当注意的抗辩,更重视法人在预防不法行为上的努力,具有重要的威慑意义。

法人预防过错说主张,应当建立以防止不法行为的法人惯例和程序为依据的法人责任新体制,该体制能更好反映法人的可谴责性。依据该体制,一方面,对代理人代表法人在雇佣范围内所实施的犯罪行为,法人应当承担刑事责任。另一方面,如果法人通过优势证据证明了其已经尽到了预防犯罪的适当注意,法人就可以免受刑事处罚。由于法人高级职员的行为很可能代表着法人的惯例和程序,因此,如果有制定政策的高级职员卷入犯罪活动,通常就意味着法人不具有适当注意的抗辩。依据这种体制,只有法人采取了同不法行为作斗争的严格程序,才能证实存在适当注意的积极抗辩。如此一来,有效的威慑目标就能达成。

法人预防过错说认为,为了具有适当注意的积极抗辩,法人应当证明它采用了两种法人犯罪预防措施:第一,法人明确地且令人信服地禁止不法行为。第二,法人已经制定和实施预防法人犯罪的合理防范措施,包括适当的评估程序、查获程序和补救程序。适当的评估程序为证明法人为预防犯罪采取了有效的防范措施提供了依据,这些程序包括对价格调整政策的定期评估程序等。适当的查获程序,使法人高层能够注意到危险状况和正在发生的违法行为,它包括外部审计程序和定期合规报告程序等。适当的补救程序包括惩戒不法行为人的程序,以及确保及时恢复容易引发犯罪的受损状态程序等。

法人预防过错说认为,以缺乏预防法人犯罪的合理努力为依据的法人刑事责任体制,将法人刑事责任建立在法人的可谴责性之上,能更有效地威慑法人犯罪。法人预防过错说提出,美国国会应当在修订的联邦刑法典中采纳法人预防犯罪的适当注意抗辩,并使之适用于所有的法人犯罪。即使国会在法典中只承认当前处于支配地位的雇主责任论,联邦法院也应当将法人的适当注意作为积极的辩护事由。依据传统刑事责任原则,惩罚应当以可谴责性为根据,而法人预防过错说正好符合该原则。而且,依据法人预防过错说,法院应当让被告法人证明法人惯例和法人程序的合理性,以表明其缺乏可谴责性。反过来,如果法人不能证明已经尽到了预防犯罪的适当注意,就表明法人对代理人在雇佣范围内,为了法人利益而实施的犯罪行为具有可谴责性,因而应当受刑事处罚。

法人预防过错说以刑罚的威慑和报应的双重目标为依据,对《模范刑法典》所规定的三种法人刑事责任体制进行了深入的分析,提出了法人的刑事责任应当建立在法人缺乏预防犯罪的合理努力之上,以表明法人具有可谴责性,与传统的刑事责任根据理论相一致。法人预防过错说将法人刑事责任根据,从雇主责任论中的雇主与雇员之间的一般关系,转向法人预防犯罪的制度和努力,使得法人刑事责任不再依赖于法人成员,而立足于法人自身。它既是对传统的雇主责任论和同一视论的反思和批判,也引发了多种组织体责任论的后续出现,在理论上具有不可替代的地位。

但是,法人预防过错说并没有如同它所声称的那样,将法人刑事责任建立在法人的可谴责性之上。这是因为,一方面,法人预防过错说并不排斥具有替代责任和严格责任倾向的雇主责任论,相反,它是以雇主责任论为前提的;另一方面,法人预防犯罪的制度和努力只是与法人犯罪有关的部分事实,该事实并不足以成为判断法人是否具有可谴责性的基本依据。

(二)法人反应过错(reactive corporate fault)说

费希(Brent Fisse)教授认为,从前的法人犯罪理论不能证实法人过错,是“法人理论最黑暗的洞穴”。他认为,实际上存在法人管理性犯意(managerial mens rea)、组合性犯意(composite mens rea)

与策略性犯意(strategic mens rea)三种不同的法人犯意。管理性犯意是指依据在较高管理层中代表法人进行行动的个人的犯罪心理状态作为法人的犯意。他认为,管理性犯意并不是真正的法人过错,而且往往很难被证明。所谓组合性犯意是将法人内部的不同人的明知加以拼凑而形成的法人犯意。这种心理状态容易被证明,但与法人的可谴责性之间并没有必然的联系。而策略性犯意则是指明示或者暗示的法人政策所表现出来的法人犯意。

他认为,只有策略性犯意反映了真实的法人的可谴责性,只是以前很少被证明。实际上,策略性犯意在一系列判例中已经得到了暗示,并被弗远奇(French)教授清楚地表达出来。弗远奇教授曾指出,通过法人政策,法人具有不可还原为决策者、高级职员或雇员的个人意图的法人意图。[①] 因此,尽管法人可能没有"人"的心理能力,但并不能因此而得出犯意对法人被告没有意义的结论。不过,虽然策略性犯意是一种真正的法人心理状态,但是如果要求控方证实,在危害行为实施之时或之前存在犯罪的法人政策,就会使证实法人的犯意变得异常困难。这是因为,法人通常不会以明确的政策支持犯罪行为,相反,法人往往在表面上有反对犯罪的政策指令,而且,即使想证实法人有暗示的犯罪政策也不容易。如果基于法人政策的法人犯意,不必被证明在危害行为发生时或之前就存在的话,那么,证明法人的策略性犯意的困难可能会显著地降低,从而具有可行性。具体地讲,在侵害行为引起了制定法人政策的高级职员的注意后,给予法人被告一个构建合规计划的合理机会。法人是否有过错,应当可以根据犯罪行为发生后,法人对犯罪行为的反应情况进

---

① See French, *The Corporation as a Moral Person*, American Philosophical Quarterly, Vol. 16:207, p. 211 – 212(1979).

行认定,而不是依据先前的正式的法人政策或者指令来评估。如果法人存在反应性过错,就意味着法人有犯意。

法人的反应性过错可以被广义地定义为,法人没有对职员代表法人而实施的犯罪行为采取令人满意的预防性或纠正性措施。根据法律目的的要求,法人反应性过错可以被更确切地限定为:其一,严重犯罪的反应不合规(reactive noncompliance),以法人有策略性犯意为判断标准。也就是说,在严重犯罪发生后,法人还有明示或者暗示实施严重犯罪的政策,有计划或者轻率地不遵守采取预防性或补救性的应对措施的法律义务,就表明法人对严重犯罪有策略性犯意。其二,不严重犯罪的反应不合规,以法人未遵守法定的应对义务为判断标准。也就是说,法人未遵守法定的应对义务表明了法人未尽到适当的注意,从而表明了法人对不严重的犯罪具有策略性犯意。而当法人证明了其为试图遵守法定的应对义务而尽了适当的注意时,就具有积极的辩护事由。

在法人反应过错说看来,虽然法人缺少自然人的心理能力,但是法人过错能以未尽到适当的注意的形式而表现出来。以该学说提出的方案追究法人刑事责任,将有利于促进法人预防犯罪。这是因为,它反映了社会期待所有公司制定和执行令人满意的预防或矫正犯罪的举措,以对犯罪行为作出积极的应对。

总之,法人对犯罪的应对状况反映了法人的活动方针,在对犯罪的应对不足时,就可以认定法人具有过错,它是对法人进行非难的基础[①]。法人的反应过错说将法人刑事责任归责于法人自身的犯意,舍弃了传统法人犯罪理论中的自然人因素,成为美国组织体责

---

① See Brent Fisse, *Reconstructing Corporate Criminal Law: Deterrence, Retribution, Fault, and Sanction*, Southern California Law Review, Vol. 56:1141, p. 1143(1983).

任论的重要理论流派。不过,依据法人在事后对犯罪的反应情况来判断法人过错是否存在,与英美刑法中的行为与犯意同时原则不相一致。而且,所谓的法人策略性犯意往往难以判断,在司法实务中推行起来将非常困难。

(三)法人文化(corporate ethos)说

长期以来,许多学者认为雇主责任论和《模范刑法典》中的综合责任模式都没有充分考虑法人的故意因素,巴思(Pamela H. Bucy)教授对此表示赞同。他认为,应当以新的模式判断并证明法人故意,并提出了新的法人刑事责任标准——法人文化标准。依据该标准,每个法人实体都有一个特别的并能够被确认的人格或"文化"。只有能够证明法人文化鼓励法人代理人实施犯罪行为,法院才能判决法人有罪。该标准的核心是,假定法人有独立于控制或者运作组织的特定个体的身份。在法人内部,在法人目标支配下的许多个体相互作用,共同形成了法人身份或者文化。法人身份或者文化类似于人体的活细胞。一个活细胞有独立于组成细胞的各个分子的身份,一个法人也具有独立于它的代理人的身份。

法人文化说仿效个人责任中的故意概念,认为法人只有在具有故意时,法人行为才成立犯罪。个人是否应负刑事责任,取决于在行为时是意外的还是故意的。如果是故意实施的,个人的行为构成犯罪;反之,则无罪。同样地,只有在法人鼓励犯罪时,才能对法人追究刑事责任。如果是这样,对于法人来说,犯罪行为就不是意外的,或者就不是持不同意见的雇员不可预见的行为。相反,在法人鼓励犯罪时,犯罪的实施是可预测的,并符合法人的经营目标、政策和文化。在法人实体的背景之中,法人文化就是故意。

依据法人文化标准,要认定法人有罪,政府必须"排除合理怀疑"地证明法人具备"法人文化"、"怂恿"、"犯罪行为"和"法人代理人实施犯罪”四个条件。

巴思教授认为,法人文化的独特性由法人的正式因素和非正式因素的复杂组合而表现出来,这些因素包括法人的营销环境、价值观、英雄观、仪式惯例和文化网络等。不同组合的法人文化对于违法行为具有怂恿或劝阻等不同作用,并且是可以认知的、可观察的和易改变的。

为了确定存在怂恿犯罪的法人文化,需要借助间接证据。为认定业已存在的法人文化是否会怂恿雇员实施犯罪,调查人员要查明多方面的事实。如果查明的事实表明存在法人怂恿犯罪的文化,那么政府就证明了法人犯意的存在。需要查明的事实分为法人内部的事实、正式和非正式的事实以及法人结构三个部分,具体包括法人层级,法人目标,教育雇员了解法律要求,对雇员守法的情况进行监督,调查现行犯罪,法人对已发生的违法行为、违法者的反应,补偿奖励适当的合法行为和对犯罪雇员的补偿(法人直接或通过保险公司向实施犯罪的管理人员补偿因受罚金处罚造成的损失或支付律师费用)八个方面的情况。

第一个方面是查明法人的层级情况。而在审查法人层级之前,调查人员还要调查董事对执行人员或管理层对雇员的监督是否拖延。

第二个方面是调查人员要调查法人传递给雇员的法人目标,并判断这些目标是否只有漠视法律才能达成。

第三和第四个方面的情况就是法人是否采取积极的措施来教育和监督雇员,比起其他事实,这些事实与法人故意更具相关性。在高技术领域,法人雇员每天都必须要在守法或违法之间作出选择。调查人员应当调查法人有没有对雇员进行教育,是否促使雇员犯罪。在高技术之外的其他领域,雇员在处理事务时很少会涉及法律,这些领域的公司就负有较小的教育雇员的责任,即使公司没有教育雇员,与法人故意之间也不会有很大的相关性。

第五个方面是现行犯罪的实施情况。为此,调查人员应当调查不法行为的情况,认定谁实施了该犯罪行为,谁促成了该犯罪行为,是否有更高层的管理人员默许该犯罪行为。如果有高层管理人员参与犯罪,证明存在怂恿犯罪的法人文化的概率就会增加。虽然这些管理人员参与或默许犯罪,对于证明存在怂恿犯罪的法人文化并不起决定性作用,但是比起低层人员参与实施犯罪,高层管理人员的行为与法人文化之间更具相关性。

第六个方面是查明法人对已经发生的犯罪行为的反应情况,进一步评估法人是鼓励还是劝阻雇员实施违法行为。法人对已经发生的犯罪行为的反应情况包括:违法者是受到了惩戒,还是被提拔?公司是否为违法者支付了法院判决所确定的与员工的支付能力相匹配的刑事或民事罚金,或是否为犯罪的雇员支付了律师费?为了防止以后再次发生此类行为,公司采取了什么措施,诸如公司是努力改变了导致犯罪的环境,还是试图掩盖违法行为?如果法人真诚地消除犯罪的原因,就表明不太可能存在怂恿犯罪的法人文化;相反,如果法人没有采取措施来改变这种环境,甚至试图掩盖犯罪行为,就表明怂恿犯罪的法人文化有可能存在。

第七个方面是法人对行为的奖励情况,即公司是对非法行为,还是对合法行为提供奖金、股票期权或其他福利等公司补偿方案,是判断是否存在怂恿犯罪的法人文化的重要因素。

第八个方面是补偿情况。补偿会最直接地影响雇员的行为,因而法人的补偿制度是判断是否存在怂恿犯罪的法人文化的最重要因素。几乎可以认定,每个为实施犯罪的雇员提供补偿的法人都有罪过。因为法人直接或通过保险公司,为犯罪的公司雇员支付罚金或律师费用,向其他雇员传递出犯罪行为得到了法人赞同的信息,也就证明了怂恿犯罪的法人文化的存在。

判断法人文化的第三个条件是法人文化怂恿了被认定为犯罪的行为。判断法人文化的第四个条件是法人代理人实施了违法行为。

总之,在法人文化说看来,如果在法人内部长期地存在法人文化,且法人文化确实起到了促进代理人实施犯罪的作用,就可认定法人具有犯意,从而使得法人刑事责任符合传统普通法中的犯意原则,扫除了追究法人刑事责任的理论障碍。而如果不存在促使代理人犯罪的法人文化,法人就没有犯意,即使法人代理人实施了犯罪行为,也不能处罚法人[①]。然而,能否依据法人文化判断法人犯意,不免存有疑问。而且,依据法人文化论,判断作为归责根据的怂恿犯罪的法人文化,需要考虑的因素非常多,不仅每种因素的内涵不够清晰,而且每种因素在判断怂恿犯罪的法人文化中的关系也不明确,因而对怂恿犯罪的法人文化的判断带来了不确定性。

(四)推定的法人过错(constructive corporate culpability)说

罗弗(William S. Laufer)教授指出,法人的替代责任已经在美国延续了近一个世纪之久,表明替代责任具有必要性,但是,替代责任的不当使用也已引发了严重的争议。迄今为止,还没有出现其他的法人刑事责任理论,能让联邦和州的立法机关都采纳。

自20世纪之初法人替代责任原则确立以来就很少改进。在理论上,对替代责任原则存有多种不同的看法。少数学者质疑替代性法人过错的观念(the notion of vicarious corporate fault),有些学者则认为替代责任适用过于宽泛。还有一些学者则认为,法人替代责任

---

① See Pamela H. Bucy, *Corporate Ethos: a Standard for Imposing Corporate Liability*, Minnesota Law Review, Vol. 75:1095, p. 1099(1991).

的范围仍过于狭窄,因为在法人的惯例和政策怂恿犯罪发生的场合,如果没有一个代理人被认定为具有应受处罚性,法人就不能被判定负有责任。

罗弗教授认为,在法人的背景下,事实上存在主要犯罪行为和故意,与次要犯罪行为和故意两种不同的情况。主要犯罪行为和故意是法人的犯罪行为和故意的产物。与已经牢固树立的社会决定观念(notion of social decisions)相一致,主要犯罪行为和故意不仅仅与法人有联系,而是法人的犯罪行为和故意。主要犯罪行为和故意是在代理人的行为与法人的程序、文化、目标、组织层级的相互作用中形成的。次要犯罪行为和故意是指属于单个行为人的、不反映法人的特征,且不足以单独地导致公司的刑事责任的行为和故意。

替代责任论不区分主要犯罪行为和故意与次要犯罪行为和故意。替代责任论将个人的故意对法人进行虚拟的转嫁,这并不妥当,而真正的法人可责性(genuine corporate culpability)理论也并不成熟。在过去十年,预防过错说、反应过错说、法人文化说和法人政策说等四种法人可责性理论相继出现。然而,预防过错说、反应过错说和法人文化说几乎都舍弃了查明法人犯意或者心理状态,不符合现行的联邦和州法律对查清犯罪人的心理状态的要求。

推定的法人过错说的核心是,法院应当确立法人可责性的层级性标准,去认定法人犯意的存在,以满足犯罪成立的犯意条件。而认定法人犯意,要借助合理的客观标准来完成,而不是借助替代责任论。它认为,法人犯意的判断需要考虑以下因素:(1)不借助不合理的虚拟归因和归责;(2)维持现行刑法的完整性;(3)使责任原则与美国量刑委员会制定的《联邦量刑指南》之间保持一致。

当证明了存在下列事实,就存在推定性的法人可责性和责任:(1)法人实施了非法行为(主要行为);(2)同时存在法人的犯罪心理状态。如果证明主要行为是由法人实施或者授权的证据充分,就满足了第一个条件。主要行为依据公司的规模、复杂性、形式、功能、决策程序和结构等客观标准进行判断,认定代理人的行为是否就是法人的行为。依据该标准则进行的判断,区分了法人的主要行为与个人的次要行为。它对主要行为的推定,明显区别于现行替代责任论对行为的转嫁。

对法人行为进行推定,事实上已经成为许多美国法院的做法。在 *Commonwealth v. Beneficial Finance Co.* 案中,[①]原审法院提出了认定法人责任的准则的指导意见,即依据实施犯罪的个人与法人之间的联系来判断个人的行为是否法人行为。马萨诸塞州法院对该指导意见给予了支持。代理人与法人的关系越密切,将个人的行为推定为法人行为就越合理。而代理人和法人的关系越密切,在达到一定程度后,行为人的人格特征,即对行为的个人选择和决定,就逐渐消失了。被授权的代理人依据一定职责履行自己的义务,代表法人并依据法人的目的和目标,为法人的利益而实施行为。依据代理人与法人之间的联系,推定性地判断出谁是行为人,而代理人的身份如何,决定着推定结论的合理程度。

在认定存在推定性的法人行为后,还要确认法人具有与之相对应和相一致的心理状态。依据美国现行联邦和州的法律,直接将代

---

① 被告 Beneficial Finance Co. 的两个分公司的两个雇员经合谋,对国家银行的管理人员行贿,以期获得优先处理其小额贷款业务的机会。在庭审中,被告辩称,两个雇员既不是被告公司的管理人员,也不控制被告公司。对此,法院作出裁定,只要法人将法人雇员安置于某个职位,具有处理公司某项业务的权限,若该雇员受到刑事起诉被判有罪,法人就要承担刑事责任。至于雇员的头衔是什么,对法人是否负刑事责任没有影响,即使该雇员是非管理性的低层职员,也是如此。法院作出判决,判决被告 Beneficial Finance Co. 的犯罪成立。参见 360 Mass. 188, 275 N. E. 2d 33(1971)。

理人的心理状态转嫁于法人，他认为，这种做法是不妥当的。如果法人代理人是法人的所有者或是高级职员，这个结论还能接受，但如果代理人是一个与公司并没有重要联系的职员，尽管是为了公司的利益而实施了犯罪行为，直接将其心理状态转嫁给法人，就值得怀疑。

法人可责性应当加以推定，即合理地考量与代理人行为有关的法人属性、特征、程序和结构等多种客观因素加以推定。

审查法人是否存在蓄意，要考虑的事实包括与蓄意有关的所有事实，即实施某种非法行为的意图的事实，以及预见到行为可能产生危害的事实。这些事实包括：(1)法人的政策或惯例明示或暗示或者通过执行，促进或鼓励法人代理人实施非法行为；(2)法人批准或认可违法的行为；(3)法人明示或默认的授权、批准、同意或支持非法行为。在推定法人的蓄意时，需要询问与该法人的规模、复杂性、目的和结构相近的一般公司，在特定环境中是否会蓄意地实施违法行为来加以判断。

在推定法人对行为、环境及后果等是否具有明知时，需要考虑的事实是，法人是否允许或容忍违法行为？假定有证据证明法人对之有实际认识、许可、容认或同意，则需要进一步查明与该法人规模和结构相近的一般公司是否认识到行为的性质。如果回答是肯定的，就可以推定法人具有明知的心理状态。

法人的轻率是指法人冒造成危害的风险。在推定法人的轻率时，参考标准是平均和相似的法人，在相近的环境中是否已经知道或者意识到造成危害的风险。如果回答是肯定的，就可以推定法人具有轻率的心理状态。

法人的疏忽表现为法人不经意地制造了一个本应该被预见到的严重和不合理的风险。对法人疏忽的推定，并不要求法人对风险有肯定的认识。如果法人未觉察风险,严重低于一般公司被社会期待的注意标准,法人就具有疏忽的心理状态。[①]

不难看出,推定的法人过错说主张,以一般的理性法人为标准推定法人的主观状态,具有明显的客观倾向,因而受到了学界的质疑。该判断标准不仅使得法人的主观状态变得没有意义,而且还有可能使缺乏期待可能性的法人也会受到处罚,因而背离了罪责的本质。

(五)三元框架(three-prong framework)说

夫斯奇勒(Ann Foerschler)教授指出,虽然法人刑事责任得到了美国法律的承认,但是仍然存有许多疑难问题。有些学者致力于探索法人刑事责任的正当性,有些学者对处罚法人进行分析,研究犯罪故意如何归属于法人。

他认为,起诉法人的根据在于法人体制有助于制造犯罪行为的假定,而该假定具有经验依据。只起诉个人的政策会鼓励法人管理层将特定个人视为"可牺牲的"对象。法人政策可能怂恿不法行为,而怂恿通常是暗示性的,如果只起诉个人,则无异于将那些被逮捕的个人抛弃于社会。在大型企业中,个人管理者也有可能被视为"可替换的货物"。有研究报告指出,有些公司设立在本质上被作为替罪羊的高级职员——"负责去监狱的副董事长"。只起诉个人的策略还忽视了由组织结构对个人所带来的压力。如果只有个人被起诉,那么,导向犯罪行为的激励机制仍然会完整地保留在法人中。因此,起诉个人不能威慑法人,而且如果法人为犯罪雇员提供补偿,还会否定对个人的威慑效果。他认为,组织激励犯罪的结构,引起

① See William S. Laufer, *Corporate Bodies and Guilty Minds*, Emory Law Journal, Vol. 43: 648, p. 723(1994).

或者至少促进了个人犯罪。现行法律规定既非难法人也非难个人，有罪判决的污名威慑价值对个人和法人都有效。

在许多法人和法人的从业人员一同被起诉的案件中,法院作出了一方有罪而另一方无罪的判决。对于不一致的判决,学界存有多种不同的批评意见。有人认为,不一致的判决反映了陪审团的态度反复无常。有人指出,不一致的判决表明,陪审团对判决法人代理人有罪使其受到惩罚的态度犹豫不决。还有人认为,不一致的判决是陪审团洞察到代理人犯罪是受到组织压力的结果。上诉法院则以多种不同的方式回应了不一致的判决的问题。法院也认为不一致的判断至少存在部分的不合理,陪审团意识到了现行法律体制忽视了法人过错不总是能还原成个人过错的问题。有些学者指出,将个人犯意归属于法人的传统普通法规则,是将法人结构的过度简单化的结果,削弱了刑法的威慑功能,认为应当引进组织理论,并提出了法人被认为具有形成犯意的能力的理论框架。

传统法人刑事责任原则要求将个人的犯意归属于法人,而法人结构的复杂性和法人结构中的责任分散,使查明对犯罪负有责任的个人变得非常复杂,有时几乎不可能。

法律关于法人的理论假设集中表现为整体论与原子论两种不同的范式。整体论将法人视为近似于个人,而原子论则视法人为个人的简单聚合。将个人的犯意归属于法人的原则就是以原子论为基础的。他认为,这两种范式都是不确切的。原子论低估了法人结构上的“复杂性和高深莫测”,而整体论则夸大了法人的统一性。他提出,应当抛弃整体论与原子论,在“与整体论相联系的神秘性”与原子论的“愚蠢的还原主义”之间开辟一条新路。

夫斯奇勒认为,为了提出认定法人刑事责任的精确理论,应当以组织理论为基础,将法人刑事责任建立在理解法人内部的决策过程的基础之上。在组织理论中，法人行动被视为组织结构的产物，而不是个人选择的结果。虽然对组织理论的哪一种决策模式具有可行性，还没有形成共识，但是有两种被最广泛接受的模式，即组织过程模式和官僚政治模式，它们都支持法人犯意的不可还原性。依据这两种模式，要将法人行为还原成法人内部的个人意图通常是非常困难的。一般来说，法人行为是个人选择、标准程序和组织结构之间的复杂的相互作用的结果。因此，法人政策和法人行为应当归因于整体的法人结构，并在理论上被看作独立于法人内部个人的犯意现象。如果法律的目标是规制所有的法人故意犯罪行为，那么，采用将法人的犯意还原为个人的犯意的法律规则就是过于狭窄的。法律应当关注的对象应当是法人的内部结构和决策程序。

他提出，应当抛弃将个人作为调查法人故意的焦点的理论框架，转而依赖法人的结构来认定法人故意的理论框架。他提出，该理论框架由三个准则组成：(1)法人的惯例和政策是否违反法令；(2)能否合理地预见到法人的惯例和政策会引起代理人违反法令；(3)代理人的违法行为是否为法人所接受。①

第一种准则适用于法人故意最为明确的法人刑事责任案件。在这些案件中，法人惯例和法人政策违反法律规定。然而，在判断什么是法人惯例和法人政策本身有时会遇到困难，此时应该求助于组织理论的决策模式。组织过程模式和官僚政治模式都应当纳入法人惯例和法人政策的概念，并依据案件的事实情况，决定采用何种模式进行判断。官僚政治模式将法人惯例和法人政策看作交易过程的结果。在这种模式之下，法人惯例或者法人政策的判断应当

---

① See Ann Foerschler, *Corporate Criminal Intent: Toward a Better Understanding of Corporate Misconduct*, California Law Review, Vol. 78:1289, p. 1304(1990).

以公司章程或者确立政策或者惯例的会议备忘录为依据。而假如两个法人政策相互冲突,则以实际实行的政策为“法人政策”。组织过程模式是在缺少书面证据的条件下判断法人政策的方式。在组织过程模式之下,陪审团会以法人在处理相似问题时所采用的标准运作程序为依据,来判断法人的政策或者惯例。

第二种准则适用于法人政策或者法人惯例虽然在表面上并不明显地违反法律,但是被设计为刺激违法行为发生的因素的案件。关于法人政策或者法人惯例导致违法行为发生的判断,需要考虑一系列因素,包括过去相近法人行为的历史、对相近法人行为的行业明知或者关注等。这些因素在不同的案件中会有所不同。依据这些因素,如果可以认定法人能够合理地预见到法人政策或者惯例会导致非法行为,法人就具有故意,应当承担刑事责任。在 *United States v. T. I. M. E.-D. C.,Inc.* 案中,被告法人 T. I. M. E.-D. C.,Inc. 因为违反《州际贸易法》关于因为疲惫或者生病的司机驾驶车辆是违法的规定,被法院判决犯罪成立。为了预防旷工,作为一家州际汽车运输商,该公司制定了一项管理制度,要求对没有提供即时医学证明的请病假的工人,发出无故旷工通知。虽然该项政策不违反《州际贸易法》,但是陪审团裁定,该公司对该政策将会导致违法行为的发生,是能够合理预见的,因而应当承担刑事责任。[①]

第三种准则适用于法人政策或者法人惯例并不刺激违法行为的发生,而是依据法人默许代理人的违法行为,将代理人的故意归属于法人的案件。在这种情况下追究法人的刑事责任,是为了预防法人对雇员不法行为采取放任的态度。依据这种方法,从代理人实施不法行为中获利的法人,应当承担承受刑事责任的风险。相应

① 381 F. Supp. 730 (W. D. Va. 1974).

地,法人明知地默许雇员的不法行为,被看成是法人"接受了刺激犯罪的政策"。

三元框架说以法人体制为基础,将法人刑事责任建立在法人结构之上,客观地反映了法人犯罪的本质。而将三种不同的准则分别适用于不同情形下的法人犯罪案件,较好地解决了因为法人的复杂结构而难以归责于法人的问题。不过,三元框架说中的三种准则的内涵仍不够明确,可操作性不强。

(六)法人合规计划(compliance program)辩护事由说

瓦希(Charles J walsh)和皮瑞奇(Alissa Pyrich)教授支持法人刑事责任。他们指出,改造、剥夺犯罪能力、威慑和报应四种刑罚目的,都支持对法人适用刑罚,对法人科处替代刑事责任具有正当性。而威慑是处罚法人的最主要的正当化根据。由于犯罪人在行动前会仔细考虑行为的利害得失,招致惩罚的可能性有可能会制止精于计算的潜在犯罪人实施犯罪,而法人就是一个精于计算的角色。因为法人的行为出发点是利益最大化,在实行行为前,法人比个人更有可能去衡量行为的得失。另外,对法人追究替代刑事责任也是刑罚报应目的的要求。法人从雇员的不当行为中获得利益,如果法人不为此承担责任,则显然是不公平的。

法人刑事责任具有必要性,因为在美国的社会生活中,法人是实力雄厚的经济和社会实体。法人比个人支配着更多的资源和资金,所以比起个人,法人具有造成更大危害的能力。法人的权利地位和社会影响力,要求法人付出负有更严厉的法律责任的代价。

他们认为,尽管依据法人雇员的行为和意图而追究法人刑事责任具有正当性,且深入人心,但是美国联邦法院采用的现行法人刑事责任规则存在缺陷。在理论上,法人被认为是拟制的,法人是通过代理人代表它进行决策,为法人思考的人代表法人,他的意思就是法人意思。但是,如何认定"法人意思",存在许多困难。有些学者认为,为法人思考的人只存在于监督和管理法人事务的董事或高级职员中。当法人的决策制定者实施或批准犯罪行为时,让法人对那些行为负担责任是合乎逻辑的。然而,依据美国现行法律,法人对缺乏明知或同意的雇员行为也要承担责任,即使该行为违背法人董事或高级职员制定的政策和正确的指示时也是如此。

他们认为,现存法人刑事责任原则违背了传统刑法理论。首先,现行法人刑事责任原则与罪责自负原则相矛盾。其次,法院依据雇员的行为判决法人承担刑事责任,无视犯罪人在法人组织中的地位,以及他是否代表法人进行思考或者表达法人意愿的人。最后,法院依据雇员的行为判决法人承担刑事责任,漠视以法人政策的形式所反映出的集体意志对犯罪行为是持禁止还是纵容的态度。

现行法人刑事责任原则的唯一依据应当是刑罚的威慑目的。然而,考虑到法人结构的存在方式,扩张的法人刑事责任范围是否真的能预防那些最有可能犯罪的人实施犯罪,不免存有疑问。因为法人往往会为犯罪人代为支付犯罪行为的经济支出,包括罚金、律师辩护费用等,因而处罚违法的雇员,不仅不会对违法者造成损失,反而会对其他人造成损失。因为法人为犯罪人支付的经济支出会被以利润减少的方式转移到股东身上,或者以临时解雇和减少收入的方式转移到雇员们身上,或者以高价的货物和服务的方式转移到消费者身上。

更重要的是,当法人已经采取措施去遵从法律时,潜在的刑罚制裁是否还能收到额外的预防犯罪的效果,显然也存在疑问。尽管法人采取预防犯罪的措施对雇员的行为具有相当的影响,但是却没有控制每一个雇员的思想和行为的能力。即使法人已经采取了所有合理的预防犯罪措施,仍然会有个别雇员抱着有利于法人的想法而实行不法行为。

法人合规计划是指规定法人不同层级雇员的义务、道德、法律和政策及其组合。它具有阻止法人内部的违法行为,以及提供法人进行内部管理和报告违法行为的方法两个基本机能。许多美国学者、司法人员和立法者都推荐法人采用这些规范。法人合规计划并没有通用的公式,合理的合规计划主要包含五项关键要素。

第一,作为门槛,法人合规政策应该明确地规定法人商业运营行为的标准。这些标准应当符合法人传统以及现行的行业标准。这些标准还应当关注最可能发生潜在不法行为的领域。为了达到最佳效果,法人的行为标准应当包括关于禁止不可接受的行为和命令应当做的行为的规定。另外,合规计划采纳的行为标准必须被有效地传达给雇员,并融入日常的工作环境之中。为了让所有的雇员都知晓行为标准,合规计划应当以容易理解的文字加以详细说明。法人可以要求雇员签署证实他们已经阅读和理解了法人合规计划的文书。

第二,合规计划一般会要求法人雇佣监督人员宣传和执行法人政策。这些合规官员负责向雇员发布信息、监管雇员行为以使雇员遵守纪律,更新和修改合规制度,以及在政府调查案件或提起公诉时能够作出适当的反应。同时,法律顾问常常被要求协助管理层实施该计划,并规劝不确定自己的行为是否恰当的雇员们。

第三,合规计划一般会要求法人报告违法行为。合规计划应当建立雇员可以将有疑问的或不恰当的行为报告给管理者的机制。相似地,在合规计划中还应当包括法人向执法人员报告疑似违法行为的程序。有效的合规计划要求法人审查由被指定的法人职员提供的审计报告或者调查报告。合规计划应当包含,一旦发生了错误行为,法人会有对错误行为造成的损害进行补救的措施。合规计划还应当包括法人内部调查的程序和协助政府调查的程序。合规计划还应当包括惩处违反法人行为标准的雇员的方案。而且,对错误行为的惩罚措施必须被清楚地加以说明,且容易被所有的雇员所理解。

第四,为了使其有效,合规计划必须得到法人管理者的支持。法人的最高决策官员应当参与合规计划的设计、批准和实施。

第五,法人合规计划应当包含内部检查程序。监督和审计程序应当被纳入合规计划,以确保该项制度能发挥适当的机能。合规计划必须被经常地检验和更新,使之跟上法律的新发展或法人的新业务的步伐。

采用法人合规计划的主要目的是预防、发现和惩罚不当行为,因而许多法人都希望合规计划能够成为针对罪责的辩护事由。有些法人提出,如果已经采取了合理的措施预防不法行为,在发生了不当行为时,法人就不应当承担刑事责任。然而,该主张并不为现行法律所支持。依据现行联邦法律的确定,即使雇员的不当行为违背法人政策或者管理层的直接命令,法人都有可能为之负刑事责任。因此,设计用于调查或防止不法的行为的法人合规计划并不能使法人免除刑事责任。

尽管有数个法院在判决中都提到了将被法人合规计划禁止的行为归责于法人是否适当的问题,但最后都婉拒了合规计划成为辩护事由。曾有早期案例为合规计划成为足够勤勉的辩护事由确立了理论根据,可惜的是没有得到延续。在 *Holland Furnace v. United States* 案中①,美国第六巡回法院认为,法人发布了多项关于遵守战

① 158 F. 2d 2 (6th Cir. 1946). 案情简介:Holland Furnace Company 及其高级销售员 William Boyd,明知消费者的证书是伪造的,仍将加热炉交付给消费者,因违反"战争生产委员会"发布的 L79 号一般限制令而受到指控,并被地区法院分别判处罚金 7500 美元和 1000 美元。两被告不服,提起上诉,第六巡回法院判决 Holland Furnace Company 犯罪不成立,但是维持了对 William Boyd 的有罪判决。

争生产法案的公报和书面命令,如果“基于该案件的事实”让法人对雇员的行为负担罪责,“会使法人承担的责任超越了……我们认为法人所应当承担刑事责任的界线”。基于此项理由,美国第六巡回法院作出裁定,法人对销售员的违法行为不负刑事责任。尽管有些学者认为 *Holland Furnace* 案确定的规则经得起检验,但是此后,不论是法官还是执法官员,都不愿意采纳该规则。例如,在作为美国法院在裁决法人刑事责任时普遍引用的判例——*United States v. Hilton Hotels Corp.* 案中,美国第九巡回法院认为,即使这家酒店的采购人员违反了经理和酒店管理层的明确命令,希尔顿(Hilton)酒店管理公司对违反《希尔曼法》(Sherman Act)的联合抵制行为也要承担刑事责任。法官在向陪审团提供指导意见时指出:“法人对于其代理人员在他们的职务范围内的行为或声明都负有责任,即使他们的行为可能与他们实际的指令或法人声明的政策相违背。”在希尔顿酒店案之后,美国法院都会判决法人对转嫁的犯罪行为负刑事责任,判决理由要么基于法人对雇员的监管责任,要么基于对刑罚威慑力的期望。

法人合规计划已经受到美国实务界的重视和肯定。在美国司法实践中,法人合规计划在决定起诉法人和裁量法人刑罚中发挥着重要作用。在刑事立法上,法人合规计划是《联邦量刑指南》所规定的影响量刑轻重的重要因素之一。事实上,检察官和法官正越来越普遍地接受美国司法部发布的《联邦起诉商业机构的原则》和美国量刑委员会起草、国会审查通过的《联邦量刑指南》,将有效的和真诚的法人合规计划作为减轻处罚的因素加以考虑。一旦发生了违反法律的行为,联邦和州检察官在决定是否提起公诉上拥有很大的自由裁决权,而预先的忠诚的合规努力是影响检察官作出决定的重要因素。在违法行为发生的场合,检察官一般不太愿意相信法人合规计划的有效性,但如果查明了法人有长久的、勤勉的合规计划,就会对检察官作出不起诉法人的决定产生重要影响。虽然自愿报告非法行为的法人并不能免予受到起诉,但是,美国司法部认为,起诉已经尽到了适当的注意去遵守法律,以及自愿地向政府报告了非法行为的法人,并不总是必要的或者适当的。司法部还推荐,在决定是否起诉违反环境法规的法人时,应当考虑法人勤勉的合规计划的事实。

考虑到美国现行法人刑事责任原则所面临的问题、相关研究成果和《联邦量刑指南》关于合规计划的规定,瓦希和皮瑞奇教授提出,如果法人能够证明在违法行为发生时,它有清晰而有效的合规计划的政策,且雇员的行为违反了该项政策,就应当成为对法人替代刑事责任的辩护事由。法人合规计划作为辩护理由,符合传统的刑事责任观,会鼓励法人自我规制,鼓励法人成为良好的"法人公民",并产生长期的成本收益,因而具有充足的理论依据。

为了成为积极的辩护事由,认定尽到了适当的注意的合规计划,需要具备以下 8 个方面的条件:(1)有足够长的持续时间;(2)被法人最高层所批准、实施和支持;(3)针对发生违法行为的领域;(4)被适合于法人的文化及相关的产业;(5)明确地传达出法人遵守法律的愿望,并宣示雇员实施被禁止的行为应当受到的惩罚;(6)对雇员们进行宣传,并融入他们日常的工作环境中;(7)法人执行政策以及惩戒违规行为人的努力;(8)定期地检查和更新合规计划。

他们认为,如果法人以优势证据证明了它有尽到了适当注意的合规计划,那么,法人就有权被宣告无罪。即使实施犯罪的雇员被追究刑事责任,雇员的犯罪行为也不应当被转嫁给法人。在审理法人犯罪案件中,如果法人合规计划的抗辩成功,就相当于认定法人雇员的行为超出了雇佣范围,或者雇员缺乏为了法人利益的目的。

从另一个角度看,采用法人合规计划的辩护事由,意味着允许法人证明它的真实意思,以及欠缺应受处罚的犯意。

他们认为,法人合规计划的辩护事由的目标并不是使法人完全免于对故意犯罪的刑事责任。相反,该辩护事由要求检方认识法人,要进行近距离和实际的调查,以判断雇员的行为是否与法人的理性选择相一致,如果雇员行为反映了法人意思,法人就应当受到处罚。而且,由于法人的决策者和最高领导构成了法人意思的核心,合规计划的辩护事由并不能使法人免予对他们的犯罪行为承担刑事责任。同样的情况是,如果法人支持、认可或是接受雇员的违法行为,那么法人合规计划的抗辩也将不会获得成功。

他们认为,只要制订和执行了合规计划,法人就具有尽了适当的注意的辩护理由,因而克服了雇主责任论存在的违反责任主义问题。同时,他们认为,法人合规计划辩护事由说是从法人本质中寻求处罚根据的法人犯罪理论。[①] 应当承认,法人合规计划辩护事由说对于推进美国公司的治理水平和合规水平具有重要的积极意义,因而它受到了广泛的推崇,并成功地推动了美国公司引进合规计划,使之成为美国公司的重要管理制度。然而,该理论并没有真正克服雇主责任论违反责任主义问题。因为,一方面,它是以违反责任主义的雇主责任论为理论前提的;另一方面,法人合规计划并不能直接地表达法人是否有犯意。更重要的是,它既承认雇主责任论,又考虑法人的合规计划,两者的关系是如何形成的,法人合规计划辩护事由说并没有作深入的分析。而在笔者看来,两者之间并不存在密切的逻辑关系,它只是对美国法人犯罪刑事司法现实的反映

---

① See Charles J walsh & Alissa Pyrich, *Corporate Compliance Program as a Defense to Criminal Liability: Can a Corporate Save Soul?*, Rutgers Law Review, Vol. 47:605, p. 689.

和改进,在理论的创新性和科学性上都存在不足。

(七)法人共犯(corporate complicity)说

在2004年5月的美国执法活动中,公司被判决有罪的案件超过1000件,而几乎所有被判有罪的被告人都是个人。2003年到2006年,有31家公司逃脱了起诉,而在该31家公司中有过半数公司中的个人受到了起诉。将起诉的目标对准个人而不是公司的理由之一,被认为是法人犯罪只是简单地反映了法人治理的委托代理问题。在该观点看来,管理人员和代理人都是根据自己的利益而行动,他们对个人目标的追求是导致法人犯罪的主要原因。公司的义务就是监管管理人员和代理人,防范他们追求其个人目标。而当法人犯罪发生时,法人过错在于法人的不作为,即法人没有控制代理人的行为。这种法人犯罪的传统观念在本质上是为法人开脱罪责。因为,在法人犯罪的传统观念看来,法人犯罪主要是由离经叛道的雇员实施的,法人因欠缺应受谴责性,只应承担很小的责任,遭受很少的道德谴责,而基于代理人的犯罪行为而起诉法人,并不是完全适当的。

莫尔(Geraldine Szott Moohr)教授不同意上述看法,认为委托代理理论有掩藏法人对犯罪的责任的倾向。他指出,认为法人犯罪都是由雇员的道德过错造成的理论假设是不全面的或者确切的。在组织文化中可以发现道德内涵,法人政策可以表现出法人过错和处罚法人的正当性。在许多法人犯罪中,公司的利益和个人的利益是结合在一起的,而代理人的行为也是受到了公司利益和个人利益的共同误导的结果。

他认为,法人背景和法人为股东创造收益的指令会限制个人的独立思考,而组织的机构力量和公司政策还会影响管理人员和代理人的价值观和行为。安然公司的业务活动就证实了法人对代理人的不法行为的影响。在 *United States v. Brown* 案中，被告人布朗（Brown）被判有罪。美林证券公司提供的财务报告表明，作为美林证券公司雇员的上诉人布朗，曾与安然公司的经理共同处理向美林证券公司出售停泊在尼日利亚海岸的三艘发电船的业务。然而，实际上该项业务并不存在。而为了掩盖真相，安然公司特意在此海岸停泊了不能发电的货船。不久，安然公司发布公告称销售业务也使美林证券公司的年收入增加了1200万美元，达到了上一年度预告的收入目标。检方起诉了被告美林证券公司合谋，导致安然公司雇员违反了向安然公司提供诚实服务的义务。而只要安然公司雇员没有披露该项业务的全部真实情况，义务的违反就发生了。被告人布朗被判犯罪成立。被告人布朗不服一审判决，提起上诉。基于陪审团作出的不区分财产欺诈与服务欺诈的裁决，上诉法院在判决书中裁定，安然公司雇员向公司提供了诚实的服务，检方指控的合谋超出了服务欺诈的范围，原审的有罪判决撤销。判决理由是，安然公司雇员是依照安然公司的要求而开展业务活动的，未违反提供诚实服务的义务；虽然安然公司的雇员因完成了该项业务而获得奖金，但是没有得到额外的个人利益，而他们工作是为了安然公司的利益，并非暗中中饱私囊。

莫尔教授分析了该案件，认为安然公司的高级管理职员深度地卷入欺诈交易和盈余错报。他们进行了策划，并指挥命令经理执行，后由首席金融官经过长时间的会议商谈，最终签署了协议。安然公司的高级管理职员还许可、怂恿雇员实施欺诈。另外，安然公司的政策也是导致不当行为发生的重要因素。除丰厚的薪酬外，该公司不考虑公司业务的长期绩效，只根据业务活动和对公司利润的贡献向雇员发放红利。除奖励“红萝卜”外，该公司还会依据“评级与封杀”的评估制度，对雇员挥动惩罚大棒迫使雇员实施不当行为。

该公司对雇员进行评比,进行由高到低的排序,而排名在最后15%的雇员有被解雇的风险。最后,安然公司的文化崇尚冒险、风险且收益高的业务,暗地里引导雇员实施踩红线的行为。

他提出,法人是法人犯罪的从犯。他以 *United States v. Brown* 案为例,认为法人行为并不只是承受着组织环境压力的代理人的自然倾向,相反,法人政策成为连接经理、雇员和公司三方利益的行为激励机制,例如,美林证券公司的高级职员怂恿并完成了不法行为的过程,而公司政策支持向犯罪的雇员支付酬劳。从犯责任原理为法人卷入代理人实施的犯罪的刑事责任,提供了理论依据。

从犯责任原理与帮助犯罪、教唆犯罪,都是建立在参与犯罪者与实施犯罪者都具有应谴责性并应当受到惩罚的道德直觉(moral intuitions)之上。在很早以前,从犯责任就已经在理论上被证明是根源于应受谴责的道德直觉。因此,从犯责任完全符合犯罪的定义。一般来说,刑法规制了帮助犯罪和教唆犯罪,刑法中的犯罪人包括主犯和从犯。从犯责任并不是一种犯罪行为,而是一种使行为人对主犯的犯罪行为承担责任的方法,也就是说,从犯的刑事责任依附于他人实施犯罪。帮助主犯实施欺诈的人,也犯有欺诈罪,会受到如同自己实施欺诈罪一样的处罚。然而,从犯责任既不是严格责任,也不是替代责任,因为被起诉的从犯在实施了帮助或者教唆行为的同时,具有追求犯罪得逞的应受谴责的心理状态。

他认为,在理论上,法人刑事责任与从犯责任相似。与雇主责任论一样,从犯责任也是建立在委托人和代理人之间的联系上。而且,从犯责任与替代责任还具有相同的理论根据:一个人实施的行为在特定的情形下可能施加于另一个人的身上,主犯是实际实施犯罪行为的个人。不过,法人的从犯责任不同于雇主责任论之下的替代责任。依据雇主责任论,个人雇员或者经理扮演代理人的角色,是从犯,而法人则是主犯。当代理人在权限范围内以法人的名义实施犯罪,作为主犯的法人就要承担责任。在从犯责任原理的视野中,法人犯罪中的法人扮演着从犯的角度,是犯罪行为中的“代理人”,而实施犯罪行为的经理和雇员是主犯。因此,法人与雇员、经理的地位和责任,在从犯责任原理与雇主责任论中完全相反。

从犯的危害行为的范围广泛,涵盖几乎所有协助、怂恿、诱导他人实施犯罪的行为。当为公司代言和象征着公司的管理人员指使下属实施犯罪时,法人就实施了怂恿、帮助和协助犯罪的从犯行为。此外,法人还通过自动执行的政策,实施从犯危害行为。具体来讲,法人的刑事责任可能建立在支持犯罪的政策,或者在犯罪发生之后未采取预防犯罪的政策之上。在判断法人的刑事责任上,有两个法人文化因素非常重要:其一,法人重视利润目标,以及无视达成目标的方法是否合法。其二,激励犯罪行为的薪酬结构。法人利润最大化的政策影响着经理和雇员的行为,在这种政策鼓励之下的法人雇员实施犯罪,应当视为得到了法人的批准,这为法人的从犯责任提供了正当理由。而薪酬结构激励法人犯罪的逻辑还适用于法人的补偿计划和评价体系。有理由将这些自动执行的法人政策视为法人怂恿、帮助雇员实施犯罪的行为,并且让法人对由法人政策导致的后果承担刑事责任。总之,将这些法人政策视为鼓励、教唆个人实施犯罪的行为,具有合理性。

法人刑事责任还与法人治理和刑法理论两个法律原理有关,而两者都为对法人科处刑罚设置了重大的理论障碍。尽管关于法人刑事责任仍然存在着理论争议,但是自1909年联邦最高法院在判例中确立了法人刑事责任原则以来,就一直延续至今,这就表明以追究法人刑事责任的方法控制强大法人的行为具有必要性。因此,理论争议不应当停留于讨论法人是否负刑事责任,而应当从法人如何负刑事责任开始起步。

基于过错的法人责任,虽然具有应受惩罚的道德直觉和雇主责任论等两个正当根据,但是仍然存在不足。法人的从犯责任虽然源自于代理人实施的犯罪,但是建立在法人的行为和应受惩罚性的基础之上的。法人通过政策和执行指令而实施犯罪,且法人对犯罪的实施具有故意,因而具有应受惩罚性。因此,从犯责任与传统刑法理论相一致,因为,法人在选择被禁止的行为上具有过错。

另外,如果不处罚作为从犯的法人,也是不公正的。对白领犯罪的行为人,尤其是没有认罪或者没有与政府合作的法人,不处以严厉的刑罚是不适当的。毋庸置疑,法人帮助犯罪和鼓励犯罪,不仅不能免除管理人员和雇员的责任,而且还表明法人促成了犯罪行为的发生。在法人帮助犯罪和鼓励犯罪的场合,让法人承担责任才是公正的。如果不是所有的有责任的人都受到公平的起诉,受犯罪行为和执法活动影响的社区民众就会出现焦虑感,而由不公平所培育出来的憎恨和嘲讽,还会阻碍鼓励守法的目标的实现,并妨害有效的执法。当人们看到作为预防犯罪的重要工具的法律和执法是公正的,他们才更有可能去遵守法律。而追究法人的从犯责任,就会以更直接的方式,符合刑罚威慑犯罪和预防犯罪的实用目标。因为,公正地执法,起诉所有有罪的人,会提供更加公正和有效的威慑犯罪机制。

追究严格和替代责任的雇主责任论在处罚根据上存在不足,其致命缺陷是它与刑法的基本要求——被告人必须具有应受惩罚性、行为必须符合“危害行为与犯意同时原则”——不相一致。现行法人刑事责任的联邦政策已经弱化了雇主责任论的功能,也证实了雇主责任论存在弱点。司法部作出规定,在决定是否起诉法人时,不仅要考虑雇主责任论,而且要考虑法人合规计划和其他预防犯罪的措施,而《联邦量刑指南》也规定了后者是裁量刑罚的重要因素。司法部的起诉规则和《联邦量刑指南》都考虑了法人采取的确保管理人员和雇员合规的努力,反映出对雇主责任论的运用的排斥。这一动向反映在司法实践上,司法部的起诉政策将起诉的风险转向管理人员和雇员而偏离公司。

采用从犯责任原理而不是采用雇主责任论,会加重检方证明法人有罪的负担,从而会使判决法人有罪变得更为困难。法人帮助犯罪和教唆犯罪以及对犯罪发生的故意,都必须得到排除合理怀疑的证明。只有被排除合理怀疑地证明参与了犯罪的法人才会受到刑事处罚,从而减少了起诉法人的机会。

与作为雇主责任论之下的严格责任相反,从犯责任是过错责任。采用从犯责任原理的优势之一是基于过错的有罪判决,比严格责任和替代责任更加令人信服。只有控方的证据证明了组织怂恿和诱导了犯罪行为的实施,并具有实施犯罪的意愿,法院才能判决法人犯罪成立。从犯责任的证据要求表明了为何法人应当受到刑罚处罚,在此基础上作出的有罪判决不大可能会被驳回。法人从犯责任的另一个优势是基于过错的刑事责任只处罚确有过错的人,这会将提升白领刑法的道德力量。

法人从犯责任标准明确了帮助犯罪也是犯罪,对教育从业人员具有积极作用,而这种作用在雇主责任论中是不可能存在的。*United States v. Brown* 案的原审和上诉审的判决表明了帮助犯罪和教唆犯罪都是犯罪行为,这会让法人了解应当避免何种行为,以及如何调整法人政策以避免鼓励或者诱导犯罪,从而更有力地威慑法人犯罪。

雇主责任论的责任原则是严格责任和替代责任,会让法人承担许多不应当的责任。基于过错的法人刑事责任则消除了替代责任和严格责任的专横性，不会过度扩张法人刑事责任的范围。

总之，如果代理人是“坏苹果”（bad apples），那么法人就是那棵结出坏苹果的“坏树”（bad trees），代理人和法人共同实施了法人犯罪。对于当前美国司法部将法人犯罪的起诉目标指向个人，而不起诉公司的做法，他明确地表示反对，认为应当同时起诉法人和代理人。①

法人从犯责任说试图将法人刑事责任构建为过错责任，以符合责任主义原则，因而具有重要的理论意义。然而，作为一个组织，法人是以何种方式以及如何与代理人进行犯意联系，从而形成共犯关系，该学说却没有作具体的说明和论证，因而说服力不强。

上述七种美国的组织体责任论虽然还不够成熟，存有诸多可商榷之处，但是它们都放弃了传统法人犯罪归责原理以自然人为中介的归责方法，以独立于自然人之外的法人自身特性说明法人犯罪处罚的根据，既在研究的方法上具有革命性，又避免了传统法人犯罪归责原理所存在的问题，代表了法人犯罪理论发展的基本方向。正因为如此，美国的组织体责任论不仅在美国得到了充分的展开，深刻地影响着美国的法人犯罪刑事司法体制，而且还对其他国家的法人犯罪理论和法律实务产生了广泛而深远的影响。

四、法人刑事责任否定论

所谓法人刑事责任否定论是指反对法人刑事责任，或者主张以法人民事责任或者个人刑事责任等取代法人刑事责任的学说。

---

① See Geraldine Szott Moohr, *Corporate*, *Criminality*: *Legal and Managerial Implication*: *why Punish*?: *of Bad Apples and Bad Trees*: *Considering Fault—Based Liability the Complicit Corporation*, American Criminal Law Review, Vol. 44:1343, p. 1363(2007).

在美国,尽管法人刑事责任得到了认可,且延续了近两个世纪之久,但是在理论上仍存在争议。受20世纪80年代《联邦量刑指南》出台,以及21世纪初多起法人犯罪案件被媒体深度报道的影响,学界对法人刑事责任问题又一次展开了激烈的论战,在出现了支持法人刑事责任的组织体责任论的同时,也出现了多种否定性观点,其中有些观点立足于报应刑论,另一些观点则立足于功利论。在立足于功利论的阵营内,除个别学者群立足于公共选择理论对法人刑事责任进行分析外,大多数学者仍聚集于对法人科处刑罚的效果。虽然否定法人刑事责任的学者的论证及理由并不一致,但是他们认为法人应当受民事制裁,而不是受刑事制裁[①]。其中,最有代表性的观点有法人民事责任说和法人惩罚性民事责任说。

(一)法人民事责任说

1. 对20世纪前美国法人刑事责任的原因解释

克汉娜(V. S. Khanna)教授将美国法人刑事责任的演变分为早期的公害罪阶段、中期的无犯罪故意要求的犯罪的阶段和后期的有犯罪故意要求的犯罪的阶段三个不同阶段。在早期阶段,虽然有少数学者对将法人替代责任扩展到无犯罪故意要求的犯罪表示质疑,但主流观点基于法人刑事责任服务于有用的目的,对其表示赞同。在中期阶段,许多学者对将法人刑事责任扩展到有犯罪故意要求的犯罪表示明确的反对,批判的力度明显高于早期阶段。在后期阶段,许多学者对法人刑事责任提出批评,认为法人刑事责任是替代过错责任而不是建立在自身过错的基础之上,让法人对

① See Sara Sun Beal & Adam G. Safwat, *What Developments in Western Europe Tell Us about American Critique of Corporate Criminal Liability*, Buffalo Criminal Law Review, Vol. 8:89, p. 99(2004).

有犯罪故意要求的犯罪负刑事责任，与道德上的应受谴责性的惩罚目标相互矛盾。

总体上讲，从前的法人刑事责任否定论分为两类，或者质疑将法人替代责任扩展到刑法领域，或者反对将法人刑事责任的范围扩展至有犯罪故意要求的犯罪。克汉娜教授赞同法人刑事责任否定说，“毕竟，法人不能被监禁。更重要的是，法人刑事责任是否影响法人行为的最好方法并不清楚”。[①] 而如果考虑到法人刑事责任主要都是借用法人民事责任原理，如雇主责任论等，法人刑事责任是否有存在的必要，就显得更为复杂。他进一步指出，以前的法人刑事责任否定论很少追问，在法人民事责任存在的条件下，为何还要有法人刑事责任，更没有作详尽的论证。

他认为，对法人追究刑事责任具有历史原因。绝大多数的早期法人刑事责任判例都是针对公共危害犯罪，如公害犯罪，而当时的私人诉讼对于威慑这些犯罪还不太有效。为了确保法人和其行为人适当地承担行为危害社会的代价，有必要对之进行公共执法。

对处理公共危害犯罪而言，通过公共执法追究个人刑事责任，无疑是一项选择。然而，当法人中应受处罚的个人无力履行判决或者难以确定时，追究法人的刑事责任就成为维持最有效威慑的必要方法。20 世纪早期之前，在美国还没有广泛的公共民事执法，因而法人刑事责任显然是同时满足公共执法和追究法人责任的双重需要的唯一选择，服务了有用的目标。

2. 分析的思路

他认为，即使法人刑事责任具有必要性，还要将追究法人刑事

---

① See V. S. Khanna, *Corporate Criminal Liability: What Purpose it Serve?*, Harvard Law Review, Vol. 109:1477, p. 1481(1996).

责任的净收益与其他责任策略的净收益加以比较，只有前者的净收益更大，才能得出追究法人的刑事责任符合社会期待的结论。其他责任策略包括法人的民事责任、管理者的民事责任、管理者的刑事责任和第三方的刑事或者民事责任等，而分析框架则包括不同责任策略之间的比较，以及责任策略与威慑目的之间的关系等两种路径。

关于责任策略的比较，他认为，首先要分析何时追究法人的刑事责任，而不是民事责任，才是可取的。如果法人民事责任的净收益在任何时候都高于法人刑事责任，法人民事责任就应当取代法人刑事责任。而如果法人刑事责任有时候比法人民事责任更可取，那么，法人刑事责任，还必须再与其他责任策略进行比较，看是否具有可取性。

法人刑事责任和法人民事责任的共同点表现为都追究法人的责任，目标都是威慑法人的不法行为。但是，两者在处罚、程序、执法和信息传递上各有不同特点。比起法人民事责任，法人刑事责任具有更强的程序保护，更有力的执行手段，更严厉和更特殊的惩罚（如污名化），以及更大的信息传递作用。

当然，这种简单的对比并不能得出法人刑事责任就是可取的责任策略的结论。因为，在法人刑事责任策略与法人民事责任策略之间，还存在许多种中间性的其他责任策略，如法人民事责任与个人刑事责任组合的策略等。只有与中间性的其他责任策略进行对比，而对比的结果表明法人刑事责任的所有特性都符合社会的期待，法人刑事责任策略才是最好的。为此，必须对法人刑事责任进一步追问两个问题：其一，何时法人刑事责任的特性符合社会的需求？其二，中间性的其他法人责任策略是否具有法人刑事责任的特性？对这些问题的回答，如果揭示出法人刑事责任的所有特性都符合社会期待,法人刑事责任才是社会所期待的。如果对这些问题的回答揭示出法人刑事责任的部分特性符合社会期待,只有集合了可取的特性并剔除了不可取的特性,法人刑事责任策略才是可取的。

3. 法人责任策略的合理性

关于法人责任与威慑目标之间的关系,他认为,为威慑法人代理人的行为,法人责任优于直接的个人责任。他认为,法人刑事责任和法人民事责任的目标是威慑,而不是报应。虽然法人责任看似与威慑的目标不相容,因为法人是虚拟的法律实体,自身不能被威慑,但是,法律威慑的对象是法人代理人的不法作为或者不作为,而法人就是通过代理人来开展活动的,因此,法人责任与威慑目标是相容的。从威慑的角度论证法人责任,必须证明比起直接的个人责任,法人责任对管理者和雇员产生的威慑作用更大。对实施不当行为的代理人追究个人责任,会直接地影响管理者和雇员的行为,而法人责任对之的威慑作用则是间接性的。因为,基于管理者和雇员的行为而处罚法人,会减少法人的净价值。但是,追究法人责任的间接性威慑,并不弱于个人责任的直接性威慑。这是因为,作为主要承担法人价值减少的后果的股东,会鼓励管理者采取避免发生不当行为的措施。股东有多种方法去影响法人管理者和雇员的行为,如通过修改雇佣合同,对未实施某种不当行为的人提供激励等,因而股东对经理和雇员的行为动机的影响力度与直接的个人责任相近似。

股东通过设立激励措施,影响管理者和雇员的行为的能力,会被对法人经理和雇员的活动的监管困难所削弱。如果股东能够以低成本监管雇员的行为,直接的个人责任就能如同法人民事责任的作用一样有效。然而,监管管理者的行为有时受到法律的禁止,成本昂贵,而且管理者的行为并不容易受到监管。在这种情形之下,就有理由采用法人责任策略。很可能采用法人责任而不是直接的个人责任的最好理由是,法人代理人没有履行判决的经济能力。如果采用个人责任策略,当代理人无力履行判决时,法人和代理人的犯罪成本会低于社会整体付出的代价,而且,法人会将犯罪发生率提升至超出了社会能够想象的水平。法人责任会导致法人利用财产,增强法人和代理人支付被判决的损害赔偿金的能力,以解决受到检方起诉的问题。因此,让法人承担责任,承受损害赔偿的代价,会激励法人管理者采取措施避免造成危害。在法人责任策略之下,由法人承担法人行为危害社会的代价,法人的生产成本将反映真实的经济成本,生产水平会接近最有利的水平。

法人责任还可能导致在法人和代理人之间进行更有效的风险分担。在理论上,比起由股东承担风险,由管理者个人承担包括法律风险在内的风险,效果会不佳。因为,承担法律风险的管理者很可能以风险保险费的形式对法人要求补偿,而由于股东能共同分担风险,法人向管理者提供的风险费数额,往往会大于法人向股东提供的风险费数额。因此,在不损害威慑目标的条件下,采取法人责任策略而不是个人责任策略,重新分配损失的风险,由股东承担对法人不法行为造成的危害支付赔偿金的风险,会更有利于社会利益。

总之,通过对法人责任与威慑目的之间关系的分析,他认为,虽然法人责任并不总是能单独地取得最优的威慑效果,直接责任仍有存在的必要,但是在大多数情况下,法人责任仍是最有效的责任策略,对法人犯罪应当追究法人责任。

4. 不同法人责任策略的比较

在确定了对法人犯罪追究法人责任的前提下,他进一步对不同法人责任策略组合,进行了惩罚、程序、执法和信息传递四个方面特点的分析。

(1)从不同责任策略的惩罚特点看,在多数情况下采用法人民事责任策略更合理

他认为,在惩罚上,不同的责任策略有不同的特点,而刑事惩罚的独特性在于刑罚的潜在污名效果。惩罚包括法律惩罚与社会惩罚等两个方面。在法律惩罚上,法官和行政机关可以对法人科处多种不同的处罚,包括现金罚金、缓刑监督、停止营业、吊销许可证和其他相关处罚。一般而论,在这些处罚方法中,现金罚金具有最大的优势,这是因为,虽然吊销许可证、停止营业和缓刑监督,在某些场合是最恰当的处罚方法,但是,比这些处罚方法,罚金更易于实施。科处罚金的成本只包括裁量刑罚的成本(行政成本)和判决后罚金支付的实现的成本(执行成本),而其他处罚会带来更大的行政成本和执行成本。但是,在被告法人不能在判决后及时支付罚金的全部数额时,现金罚金就不能实现最大限度的威慑。此时,科处其他的处罚,如吊销许可证,有可能会增强威慑的程度。因此,当法人没有足够的财产支付现金罚金,其他的刑罚如吊销许可证,可以对现金罚金起到补充的作用。而所有这些惩罚方法,也很容易在法人民事责任制度加以适用。

法人刑事责任的社会惩罚也不能表明其符合社会期待。向法人施加的最严厉的社会惩罚是使其丧失名誉或者污名化,然而在法人犯罪的背景下,任何形式的名誉损失都不符合社会的期待。理由主要有以下几点。

其一,在法人背景中的名誉损失具有复杂性。在法人背景中的名誉损失的内涵丰富,对于法人中的个人来说,名誉损失意味着羞耻感,以及其他人不愿意在未来与之开展商业活动,而对于法人来说,名誉损失只是意味着顾客和员工等在未来不愿意再与法人打交

道。对于法人来说,名誉意味着具有良好名誉的公司,能够以超强竞争力的价格向消费者出售商品,或者以较低的工资招收雇员。然而,在某些场合,名誉损失对于威慑法人来说是无效的。例如,有些行为,如污染环境,被伤害的对象是第三方,而不会伤害消费者,实施这些行为的法人的名誉不太可能会遭受损失。而且,那些原本就没有名誉的法人,如逃债的公司,更不会因为被判处刑罚而受到名誉损失。

其二,名誉惩罚只在某些窄小的领域符合社会需求。一旦股票市场的参与者了解法人犯有不法行为,有可能或者已经受到刑罚处罚,名誉惩罚就出现了。而且,政府对法人是提起诉讼还是采取其他法律行动,也有可能影响名誉惩罚的轻重程度。他认为,作为确保高质量的产品和服务的手段,名誉惩罚与现金罚金可以相互作用,也就是说,政府通过调节现金罚金的数额,对法人的名誉损失的程度也会产生不同的影响。

当对法人施加名誉惩罚时,应当进一步地追问,公司何时会投入资源,以塑造作为高质量产品和服务的提供商的名誉。他认为,对名誉降低的惧怕,会激励法人生产高质量的产品,并向消费者提供高质量的产品。另外,他还认为,其他处罚也能起到激励法人生产和提供高质量的产品的作用。为激励法人生产和提供高质量的产品,政府可以对生产低质量产品的法人科处现金罚金。现金罚金和名誉惩罚之间具有完全的替代性。当然,两者之间的替代不可能是完美的,因为政府难以裁量出准确的罚金数额,以替代名誉惩罚。

回答何时名誉惩罚才合乎社会需求,有两种方法:第一,将名誉惩罚与其他惩罚进行比较,判断何种惩罚的社会成本更低。经过分析,他认为,名誉惩罚的成本几乎高于所有的其他惩罚。第二,在名誉惩罚的成本很高的条件下,判断对法人实施名誉惩罚是否应当。

他认为,无论法人是否无力履行判决,由于名誉惩罚在刑事诉讼的早期就开始发挥作用,因此名誉惩罚是合乎社会需求的。这是因为,由于名誉惩罚很早就发挥作用,且并不会因为后来的判决有罪或者判决无罪而发生变化。因此,比起现金罚金,或者罚金与刑罚的其他组合,名誉惩罚是更受期待的制裁。然而,除了运用名誉惩罚,也还存在其他方法可以增加对制裁的社会预期。例如,可以使法人对责任的抗辩更为困难,或者使法人高级职员受到更严厉的处罚。这两种方法比名誉惩罚更好,因为它们的处罚成本更低,也能够更精确地裁量。

因此,在诉讼的早期施加名誉惩罚只是在某些窄小的领域符合社会需求。但是,仅有这种符合性,还不足以成为追究法人刑事责任的基础,因为施加名誉惩罚是通过民事诉讼程序还是通过刑事诉讼程序,有必要作出选择。

其三,采用民事责任的法人名誉损失策略更可取。有学者提出,在民事和刑事等两种不同的诉讼程序中,法人受到的名誉惩罚并没有大的区别。他认为,该结论从直觉上看就是适当的。因为,消费者不会因为诉讼程序类型的不同,而决定是否将污名施加于法人。例如,E 公司因为某种违反环境法的犯罪行为而被判定有罪,并被判罚金 1000 万元,S 公司在民事诉讼中因为同样的行为而被判决负有民事责任,并被判支付 1000 万元的损害赔偿金。社会公众不可能会感到这两个公司的行为造成的危害有多大的不同。在应当严厉地制裁法人的场合,而严厉制裁在其他的法律制裁或者民事制裁中不能实现,不能带来名誉惩罚,此时如果只有法人刑事责任才能实现严厉的制裁及其名誉惩罚,法人刑事责任才是可取的。然而,名誉惩罚在法人民事责任和法人刑事责任中却是相同的。

另外,即使希望在诉讼程序的早期施加惩罚以节省执法资源,也只有在法人民事责任中的名誉惩罚不足以实现最佳威慑时,法人的刑事责任才具有合理性。然而,为此而对法人采用刑事诉讼程序却是荒谬的。这是因为,一般认为,高成本的刑事审判之所以具有正当性,是因为通过刑事审判可以实施严厉的制裁,而采用刑事审判的理由是严厉的名誉惩罚会在诉讼的早期发生,然而,这样一来就会减少对刑事审判的需求,显然在两者之间是相互矛盾的。他认为,应当采取替代性方法以避免这一矛盾,即在民事诉讼程序的早期采用惩罚性措施。例如,增加民事诉讼的答辩成本,这样做可以鼓励更早地解决争议,并避免昂贵的民事审理和名誉惩罚的高制裁成本。

其四,采用管理者民事诉讼程序中的名誉损失更可取。长期以来,有观点认为,法人被判有罪,具有损害法人顶层管理者的名誉的功能,而法人在民事诉讼中被判负有责任,则缺乏该功能。即使只有在刑事诉讼中法人被判有罪,才确实存在该名誉损害的功能,还必须进一步判断,是否为实现威慑的目标而有必要采用刑事制裁。作出此判断,需要考虑法人民事责任策略和个人责任策略的威慑的特点。在采用法人民事责任或者个人刑事责任策略的条件下,只有在有责任的代理人无力履行判决,或者难以查明或者被判有罪的条件下,法人民事责任策略和个人刑事责任策略才会存在威慑不足的问题。在这种场合,采取法人刑事策略以对顶层管理者施加名誉惩罚,就会鼓励他们更小心地监视下属的行为,并劝阻他们避免策划法人不法行为。然而,运用法人民事责任或者个人责任策略,也会产生如同科处名誉惩罚的威慑功能,而且,民事责任策略还可以在不证明他们做了何种坏事情的条件下,直接对顶层管理人员进行处罚,因而社会成本更低。例如,对于某些种类的法人不法行为,可以依据严格责任规则,对顶层的管理者科处财产性惩罚。这种方法比起通过科处自由刑所带来的间接性名誉损害更可取,这是因为,财产性处罚的社会成本低于名誉损害,且其裁量比名誉损害能更加易于实现精确化。

有人认为,在法人管理者的可供执行的财产小于不法行为的最大损害的场合,科处名誉惩罚有可能更可取。然而,即使在这种场合,科处名誉惩罚也不可取。理由主要有:首先,管理者如果通过与法人谈判,拿到了高薪酬,就有能力赔偿不法行为造成的最大损害。其次,在管理者不能通过谈判拿到高薪酬的条件下,科处严格责任罚款,比采用法人刑事责任策略,对顶层管理者科以包含名誉惩罚的刑罚更为可取。因为采用严格责任的罚款并让法人为顶层管理者投保,顶层管理者就有能力支付不法行为的损害赔偿。最后,在犯罪行为的发生与受到起诉之间存在时间间隔,而其间受到起诉的顶层管理者的身份还可能发生改变。当发生这种改变时,名誉惩罚会惩罚到不该受到处罚的人,从而加重了管理层的不利风险。

总之,采用法人刑事责任策略以施加名誉惩罚必须具有七个先决条件:法人民事责任不足以威慑;管理性保险的条件不是最佳的;顶层管理者没有能力履行判决;顶层管理者具有承受名誉损害的能力;真正的有责任管理者不能被查明和判决有罪;名誉损害的惩罚的收益将比其成本(不精确和处罚的成本)更大;名誉损害惩罚的净收益,比其他处罚选择的净收益更大。显然,这些前提条件的存在,使需要施加名誉惩罚的情形变得极为罕见。

施加名誉惩罚,而不考虑它处罚的对象是法人还是顶层的管理者,很难符合社会的需求,因此,应该选择社会成本更低的法律制裁。在多种不同的法律制裁中,应该优先选择现金罚款,而不是其他如吊销许可证等的处罚。在大多数情形中,采用科处现金罚款、并由吊销许可证加以补充的法人民事责任,比法人刑事责任更可取。

(2)从程序保护措施看,刑事诉讼程序不适用于处罚法人

他认为,不同的责任策略具有不同的程序特点。传统刑事诉讼常规中的保护刑事被告人的程序措施,包括较高的证明标准、禁止双重追诉、接受陪审团审理的权利和大陪审团起诉的条件等。保护刑事被告人的程序措施的主要目标是防止或者纠正错误的有罪判决。虽然有必要为自然人被告人提供这些程序保护,但是对于社会来说,错误判决法人有罪并不存在如同错误判决个人有罪那样的严重问题。

在刑事诉讼程序中,作出有罪判决的基本条件是检方必须排除合理怀疑地证明犯罪事实的存在。而在民事诉讼程序中,采用的是更为宽松的优势证据标准。对于法人的不法行为,采用要求较低的民事证明标准更符合社会需求,这是因为,在民事判决中对法人适用现金罚款,是低成本的法律制裁。禁止双重追诉的程序保护措施对法人来说意义也不大。因为,一方面,采用禁止双重追诉原则的理由本来就似是而非;另一方面,法律明确地界定了不同的犯罪行为,法人依据法律的规定就能轻松地避免受到双重追诉。陪审团审理对于法人犯罪来说,不具有可适用性。因为,陪审团审理具有多重目标,包括减少错案、由同伴审理案件使被告人免受政府的压力,以及陪审团在法律适用上采取社区标准等,这些目标对自然人来说具有重要的保护作用,但是对于受起诉的法人来说意义不大。虽然大陪审团审理具有剔除可疑案件和收集信息两个功能,但是,大陪审团审理并不太可能真的会减少错判有罪的机会,而且公开的民事诉讼也具有相类似的收集信息功能。

总之,刑事诉讼程序的保护措施在法人犯罪的背景中不太可取。只有在处罚非常严厉和认定犯罪的标准非常不确定,以致会抑制正当行为时,或者在其他纠正或者减少错误的方法的效率不高

时，采取这些保护措施才是可取的。采用刑事诉讼程序的保护措施，会使作出法人有罪判决变得更为困难，且成本更高，因而会削弱惩罚的威慑功能，而且还会在没有大的补偿收益条件下增加社会成本。

(3)从责任策略的执法特点看，法人民事责任对于威慑法人的不当行为来说更为可取

他认为，不同的责任策略有不同的执法特点。法人刑事责任策略有四个重要执行特点：由公共机构执法、起诉人在起诉前享有收集信息的权力、刑事责任和民事责任的并行以及通过提起两个相同类型的诉讼会减少社会成本。关于起诉的方式，他对公共执法与私人执法进行了比较。他认为，只有在"法人犯罪……具有可确定的被害人，并且……使被害人知道违法行为和违法者的身份"时，私人执法才最具有效率。如果这些条件得不到满足，公共执法就会比私人执法更有效率。他提出，在一般情况下，刑事诉讼程序中的政府收集信息的权力，比民事诉讼程序具有更大的威慑力，但是，从立法的趋势看，公共民事执行有可能会有与刑事诉讼相近的收集信息权力。

对于刑事责任和民事责任的并行，他指出，对法人提起两种性质的诉讼，会为社会带来策略利益和纠正错误的利益。关于策略利益，追究法人的民事责任和刑事责任将使法人陷于策略性的艰难地位。首先，法人被告人可能会在原审过程中披露某些应诉策略，而政府会利用对法人应诉策略的了解，在后来的诉讼中获得优势。其次，为了增加免予被判有罪的机会，法人可能会有输掉民事诉讼的动机。在两种诉讼中，并行责任的可能性有助于起诉人或者原告参与法庭审理、进行辩诉交易或者进行和解，因而会从并行责任中获得利益。然而，平行责任与拥有强大的信息收集权的公共执法相比，社会成本更高，而拥有强大的信息收集权的公共执法又与无此

权力的公共执法相比,社会成本更高,因而平行责任的社会成本最大。因此,在享有强大的信息收集权的公共执法制度之下,只有在有罪判决难以获得时,平行责任才具有可取性。而在难以获得有罪判决的条件下,还需要分析两种民事程序(法人诉讼程序和个人民事程序的组合)是否能够具有与平行责任相等的优势,如果两者相等的优势,仍然没有必要采用并行的责任策略。

对认为并行责任的优势是泄露法人的抗辩策略,有利于随后的民事诉讼的成功的观点,他表示质疑。他反驳道,为何第一个案件必须是刑事案件呢?第一个案件也可以是民事案件,作为第一个案件的民事诉讼也会可能会提供相同的策略优势。因此,平行责任的优势不是追究法人的刑事和民事双重责任的理由。还有观点认为,由于刑事处罚比民事处罚严厉得多,平行责任就具有另一个优势,即法人为避免输掉刑事案件,有可能会有意输掉民事诉讼,从而有利于原告。他也对此观点表示反对,因为在刑事诉讼程序中的更严厉的制裁,有可能在民事诉讼中被复制。如果有可能在民事案件中使用严厉的民事处罚去诱导法人解决纠纷,只追究法人的民事责任,比起提起昂贵的并行诉讼,就更具有可取性。

传统观点认为并行责任可能具有纠错的利益,因为利用法人在原审案件中对抗辩策略的披露,后继案件的起诉可能纠正早先的错误的无罪判决或者无责任的认定。后继案件有两种纠正错误的方法:其一,基于法人在后继的民事案件中被判定负有责任,先前的刑事审判的错误判决有可能被纠正。其二,法人在先被提起的民事案件中败诉,后继的刑事诉讼可能会纠正先前的民事诉讼的错误判决。他认为,这两种情形都没有为法人刑事责任提供足够的支持,相反,两个民事诉讼的组合而不是刑事诉讼和民事诉讼的组合,才具有纠正错误的优势。

不同责任策略在成本节省和起诉便宜上有着不同的特点。当起诉人分别针对法人和管理者提起两个刑事诉讼,比对雇员提起刑事诉讼和对法人提起民事诉讼,成本更为低廉。因为如果个人管理者被判决负有刑事责任,采用雇主责任论,会很容易将民事责任或者刑事责任转嫁给法人。而且,如果两个诉讼都是刑事诉讼,就很可能是由司法部对法人和个人管理者一同提起诉讼,而由一个法官审理。而如果一个诉讼是刑事诉讼,另一个诉讼是民事诉讼,那么就需要由司法部和另一个政府部门等两个机构分别提起诉讼,并由两个法官审理。因此,追究个人、法人刑事责任的起诉和司法资源的消耗具有经济性,且不会影响威慑的水平。

然而,如果没有任何一种责任策略能完全地消除名誉损害,而追究法人刑事责任的名誉损害又大于法人民事责任,那么,法人刑事责任的处罚成本就会比法人民事责任更大。为此,必须对执法成本的节省与惩罚成本的损失进行权衡。如果对名誉惩罚的依赖程度不高,权衡的结论通常会支持节省执法的成本,也就是说,支持法人民事责任策略。另外,还有观点认为,由于对被告人的程序性保护,对法人提起刑事起诉往往难以指控成功,它之所以是有利的,只是因为对于检方来说,提起刑事诉讼极为简便。他认为,未来的法人民事责任有可能会复制法人刑事责任的经济性。若该复制是可能的,法人民事责任就会比法人刑事责任更可取,因为民事责任的处罚成本更低。

因此,在大多数的情况下,由享有民事调查和提起并行民事诉讼的裁量权的政府机构追诉法人民事责任是最可取的。

(4)从不同责任策略的信息传递特点看,在大多数的情形下,法人民事责任或者个人责任策略比法人刑事责任策略更有效

传统观点认为,刑法的功能之一是塑造偏爱(shape preferences)

和传达社会对某种行为的谴责，而刑事责任是与社会进行交流的有价值方式，因而法人刑事责任是正确的。他对该传统观点表示质疑，因为法人刑事责任并不是向社会传递法人行为信息的唯一方法。政府可能使用召开新闻发布会、追究法人的民事责任和管理者的刑事责任等其他方法，来实现该目标，而其他的方法更为重要，因为法人刑事责任并不是精确地传递信息的方法。对某种行为贴上犯罪的标签可以向社会传达该行为是不可取的信息，然而，国民会认为对虚拟的实体追究刑事责任是胡闹，追究法人的刑事责任会降低对其他犯罪类型的标定效果。

要想采用其他工具传递谴责法人不法行为的信息，就必须追问两个问题。

其一，何时信息需要传递？在这个问题上，答案是不清楚的。假如每个人已经认识到法人的不法行为是不可取的，或者传递信息并不会使人们对该行为产生厌恶，就没有必要传递该信息。

其二，传递信息应当使用何种工具？如果通过审理案件传递信息，符合社会的需要，还要考量对法人贴犯罪的标签，是否比采用法人民事责任策略，或者发布广泛宣传的信件谴责法人的行为，或者只追究管理者的刑事责任，能更有效地传递信息？由于昂贵的程序保护和严厉的名誉惩罚成本，通过法人刑事诉讼传递信息，会比通过法人民事责任耗费更多的社会资源。在大多数的情形中，追究法人民事责任辅之以某种宣传，或者追究个人刑事责任，会比法人刑事责任能更有效地传递信息。

总之，不仅法人刑事责任的特性不完全符合社会需求，而且追究法人刑事责任还会导致社会承担太高的处罚成本。因此，为了避免承担不必要的处罚成本，应当改用其他责任策略。由于在大多数的情况下，法人民事责任更符合社会需求，因而应当采用法人民事责任策略以取代法人刑事责任策略。

法人民事责任说深入地分析了各种不同责任策略的特点,并从处罚成本和威慑目标出发,对不同责任策略的利弊得失进行了细致的评估,得出了否定法人刑事责任、改用法人民事责任的结论。应当认为,法人民事责任说对于正确认识法人刑事责任开启了新的视野,具有重要的方法论意义。但是,该学说忽视了刑罚的惩罚本质,仅从处罚成本和威慑的目标论证法人责任的方式并不全面。同时,它对法人刑事责任的威慑功能的评价并不中肯,而以未来的法人民事责任有可能复制法人刑事责任的特性为理由来论证法人民事责任的可行性也并不可靠,因为美国未来的民事责任很有可能不会复制刑事责任的特性。

(二)法人惩罚性民事责任说

费斯切尔(Daniel R. Fischel)和斯克斯(Alan O. Sykes)教授认为,追究法人惩罚性的民事责任能够实现强制法人内化法人犯罪的成本的需要,对法人没有必要追究刑事责任和动用刑事诉讼程序。法人刑事责任原则并不具有正当的理论根据。[①]

由于法人不能被监禁而只能被强制支付赔偿金,因而法人刑事责任的关键问题是,刑法在调节赔偿金中能否扮演有用的角色。它又分为两个问题:其一,何时应当由政府,而不是由私人起诉追究法人的赔偿责任?其二,在政府作为原告的案件中,何时应当是刑事起诉而不是民事起诉?他们指出,有学者研究过前一个问题,对后一个问题则无人问津。

他们认为,法人刑事责任肯定论是幼稚的。法人刑事责任肯定

---

① See Daniel R. Fischel & Alan O. Sykes, *Corporate Crime*, Journal of Legal Studies, Vol. 25:319, p. 319 – 320(1996).

论有两个基本理由:其一,法人被视为不同的法律实体,享有许多法律权利。其二,依据侵权法中的雇主责任原理,法人应当对雇员的侵权行为承担责任。而让法人为雇员的犯罪行为承担刑事责任,不过是雇主责任原理的细微扩张而已。法人刑事责任肯定论还得到了经济学理论的支持。经济学理论认为,追究法人刑事责任会正确地激励法人投入成本,采取合理的预防措施,以预防犯罪的发生;追究法人刑事责任还会强制法人将犯罪成本加以内化,引导法人在正确的范围内运行;当要在对法人科处罚金与监禁犯罪的雇员之间作出选择时,经济学理论会支持对法人科处罚金,因为罚金具有较低的行政成本和机会成本;追究法人刑事责任还会增加国库收入,产生额外收益,使政府节省执法成本。

费斯切尔和斯克斯认为,经济学观点不是法人刑事责任理论,而只不过是关于财产惩罚的理论;关于法人刑事责任的经济学观点是片面的,也是没有说服力的。他们认为,在并行的民事诉讼也可科处财产性惩罚的场合,刑事处罚不仅仅是多余的,而且是有害的。他们的分析和论证包含三个部分。

1.法人承担责任的目标

他们认为,法人刑事责任不同于个人的刑事责任,两者的适用并不相同。首先,当个人没有足够的财产去履行财产刑判决时,个人的刑事责任仍然是有用的。具体地讲,在个人无力支付时,财产刑对其缺乏有效的威慑,此时,国家可以采用监禁和其他相近的措施惩罚个人。然而,在法人没有履行财产性惩罚的能力时,监禁却不可能适用于法人。其次,针对个人的监禁具有正当性。因为被监禁的个人在很大程度上被剥夺了实施犯罪行为的能力。但是,对于法人来说,即使某个法人雇佣了具有再犯习性的雇员,针对法人的刑罚也不包括监禁这些雇员,因而无法剥夺法人再犯罪的能力。最后,刑事司法体系不可能将刑罚量调节到等同于犯罪的危害。而当处罚的对象为法人时,如果处罚与犯罪的危害程度不相称时,就有可能造成非常严重的社会后果。

在他们看来,人的行为分为三类:第一类是没有造成危害或者没有增加危害的风险的行为,这种行为不受处罚;第二类是既造成对他人危害又带来利益的行为,针对这种行为的法律规制目标是有条件的威慑,即只有当行为对他人造成的损失大于收益时,才对该行为进行威慑;第三类是对他人造成危害,却很少有或者没有补偿收益的行为。对于第三类行为来说,除需考虑行为的危害外,还要考虑附带的行政成本,因而威慑该行为不用担心惩罚过重的问题,超过实际危害的惩罚性赔偿金和严厉刑罚具有重要意义。

然而,对法人的第三类行为调节惩罚时,必须避免过度威慑的问题。法人是由基于共同利益而捆绑在一起的个体所组成的合同性网络。法人犯罪通常是由某些雇员实施的,而公司内的其他人对之并不知晓或者没有同意。因此,对法人犯罪制定法律规则会遇到的问题是,未参与实施犯罪的人应当受到何种处罚?换言之,什么水平的替代责任才是适当的呢?这主要取决于未参与犯罪的监管人员,应当投入多大力量去预防参与者实施犯罪。显然,投入无穷的资源去预防雇员参与犯罪,对于公司来说是不值得的。相反,当监管的边际成本略高于因为减少了犯罪危害而表现出来的社会边际收益,法人采取措施监管雇员的犯罪行为才是值得的。因此,法律的任务就是创造措施,激励法人进行该水平的监管。如果犯罪行为有逃脱监管的可能性时,就有必要对适用于犯罪雇员的刑罚量进行调节,以激励法人采取措施监管雇员犯罪。

在发生了代理人实施犯罪的条件下,只有法人会受到与该犯罪的社会成本相等的刑罚处罚,公司能预期到监管的私人收益会与社会收益相等,才会激励法人投入适当的资源去监管雇员的犯罪。而如果刑罚明显重于犯罪的社会成本,将使法人从监管中获得的私人收益大于社会收益,就会激励法人在监管上进行无效的过度资源投入。而由于过度的监管成本会以提高产品或者服务的价格的方式得到补偿,过度严厉的刑罚就会造成额外的无效率。而且,更重的刑罚还会升高诉讼的利害关系程度,从而产生无益的社会诉讼成本。当下层雇员未得到董事会的明知、批准或者同意而实施犯罪行为时,刑罚的过度威慑问题表现得更为明显,因为过高的赔偿金会导致管理者投入更多资源进行监管,以避免未来对雇员的犯罪行为承担刑事责任。

实际上,经董事会批准由雇员实施的不法行为的情形并不多见。由于必须与公司分享从犯罪中得到的收益,却要承担受刑罚处罚的全部风险,法人代理人犯罪受到的激励,显然小于自然人犯罪。综合考虑这些因素,以及法人高层承担不利风险和面临额外的刑罚(如名誉损害和职业前景),经董事会批准而由雇员实施的不法行为的情形只会是极个别的事件。

因此,法人只应当承担与犯罪危害的社会成本相当的刑罚威慑,并依据逃脱监管的可能性和过度监管的原因对刑罚量进行调节。对于法人来说,如果犯罪的期待成本超过社会成本,将激励有可能受到牵累的董事会成员或者高层管理者会采取过度的预防措施。更重要的是,当刑罚的严重程度超过犯罪的社会危害时,过高的产品或者服务价格和昂贵的诉讼成本等社会问题将会再次出现。

2. 法人责任的程度必须受到限制

总体刑罚与犯罪的社会成本相等,且依据逃脱监管的可能性加以减轻,是调节刑罚的最合适的经验法则。法人责任的程度必须符合五个条件:其一,法人只对与法人活动相关的犯罪行为承担责任。

应当适当地划清法人犯罪与个人犯罪之间的界限,将法人责任的范围限制为雇员在“雇佣范围内”的犯罪行为。

其二,社会成本包括被害人损失的直接成本和刑事司法系统的执法成本。与犯罪的社会成本相等的刑罚,分摊社会成本的某些部分。

其三,由被害人损失的直接成本和执法成本构成的社会成本总额,应当反应边际刑罚的变化。如果加重刑罚会导致执法成本的增加,有时需要将刑罚调整至低于犯罪的社会成本。不过,需要注意的是,刑罚超过犯罪的社会成本,具有更大的威慑力度,会减少犯罪的数量,进而减少总体的执法成本。因此,减轻刑罚量也应当谨慎。在法人从内部监管活动中得到的信息被政府用于起诉法人的场合,为了与这种情况下起诉法人的可能性增加相一致,就应当减轻法人的刑罚,使法人从努力监管中得到补偿,否则内部监管的私人价值就会低于内部监管的社会价值。

其四,为以最小的成本实现适度的威慑目标,在监管不足的情况下,应当就法人代理人的犯罪未遂行为而处罚法人。处罚犯罪未遂增加了法人行为受处罚的可能性,有利于使犯罪的预期刑罚等同于犯罪的社会成本。

其五,法人责任的程度必须考虑代理人受处罚的情况。在法院作出有罪判决的情况下,法人履行财产刑的义务,并提高可能受到处罚的代理人的工资数额,共同将犯罪成本加以内化。替代侵权责任研究的共识是,在处罚法人的责任和处罚雇员的责任的总和与雇员的危害行为的社会成本相等时,才会实现威慑适度的目标。因此,当处罚法人代理人的刑罚加重时,处罚法人的刑罚水平就应当降低。

他们也认为法人责任的性质是严格责任。不过,法人责任不是对雇员犯罪行为的“严格”责任,而是因法人未采取适当的措施劝阻法人雇员实施犯罪而承担的“严格”责任。在雇员的不法行为发生在雇佣范围内的条件下,如果还将法人刑事责任限制在因为法人过失而未预防犯罪行为的范围内,就会使法人行为的某些社会成本被外化。如果因为犯罪的雇员无支付财产刑罚的能力,或者不能准确地证实哪一个雇员有罪过的,或者其他原因,犯罪的雇员未被强制对犯罪的危害承担社会成本,也会出现法人犯罪的成本外化的问题。因此,在雇员的犯罪被视为法人活动的成本的条件下,法人应当为犯罪的社会成本承担严格责任。即便是雇员个人承担刑事责任需要具备过失,法人对雇员在雇佣范围内实施的侵权行为的责任却是严格责任。

3. 规制法人不法行为应当采用民事司法体制

他们将法人责任的性质与诉讼程序相联系。他们认为,在许多情况下犯罪被害人都是法人案件的起诉人,因此法人责任具有补偿被害人的优势。对于有些学者以“如果被害人的损失得到了补偿,对被害人自我保护的激励就会减少”为理由,认为不应当判决法人向被害人给付赔偿金的观点,他们表示反对。

然而,在有些类型案件中,政府在追索法人犯罪的赔偿上发挥着重要的作用。第一种类型是雇员犯罪的主要被害人是政府的案件,如税收犯罪案、国防采购案和医疗欺诈案等。第二种类型是违反制定法要求但却未发生危害结果和没有被害人的案件。第三种类型是影响不大、被害人分散的法人犯罪案件。

他们认为,虽然政府介入这些类型的案件确有必要,但是不能证明有处罚法人的必要,因为政府完全可以作为私人性的民事原告,依据民事诉讼程序对法人提起民事诉讼。对法人处以财产惩罚的标签,无论是民事的还是刑事的,只要惩罚量不变,相互之间的差异并不大。他们认为,民事司法制度是处理法人不法行为的更适当的体制,其理由主要有以下几点。

首先,有效地控制法人犯罪,必须依据犯罪危害的社会成本来调节惩罚量。在传统上,民事司法体制就是将危害程度作为裁量补偿的标准,并包含防止损害双重赔偿的措施,确保了惩罚不会过重。相反,根据传统刑事司法体制,惩罚量与犯罪的危害程度之间的联系并不紧密,即使真的存在联系,当法人和法人代理人都是被起诉的对象时,反对损害双重赔偿的规则并不会限制国家从法人那里获得损害赔偿。因此,依据现行的法律,民事司法体制更适合于对惩罚量作适当的调节。

其次,虽然法人犯罪的刑罚会依据逃脱监管的可能性进行适当的调节,但是刑罚调节的必要性,并不能为对法人提起刑事指控提供正当理由。相反,在民事诉讼程序中,法院判决的惩罚性赔偿金,可以就法人监管不足而对被害人作出赔偿,而且事实上,在侵权赔偿制度中,监管不足经常为法院作出惩罚性赔偿金的判决提供正当理由。民事司法体制完全能够依据危害的程度而调节惩罚的严厉程度。

最后,民事司法体制比刑事司法体制更适合于法人犯罪案件。强制犯罪成本的内化和适当水平的内部监管,既是从法人那里得到财产救济的正当理由,也是使法人对与其活动有关的意外伤害予以赔偿的正当理由。在法人雇员被指控实施犯罪的案件中,复杂的刑事诉讼程序,尤其是排除合理怀疑的证明标准,会使判决法人有罪变得非常困难,因而没有必要性。而且,对法人犯罪来说,监禁没有意义,因为法律的目标只是强制内化成本,而民事证明标准和其他民事程序规则会具有良好的强制内化成本功能。

被判有罪的法人会遭受严重的名誉损害。支持将刑法的适用范围扩展到法人行为的学者,认为污名是刑事执法的有价值的副产品。因为只有法人犯罪人被贴上"犯罪人"的标签,公众才会知道真相。但是,在他们看来,判决法人有罪,并没有民事判决所不具有的功能。虽然有罪判决向消费者披露了法人不法行为,或者会鼓励大批私人原告提起民事诉讼,从而会降低法人的价值,但是,相同的效果也会出现在政府对法人提起的民事诉讼或者私人对法人提起的民事诉讼之中。更重要的是,法人的有罪判决会比民事判决对市场产生更大影响,而这种影响并不可取。另外,有罪判决对法人造成额外的污名化后果不仅没有意义,而且还会如同巨额的罚金或者赔偿金一样,导致过度的威慑。

总之,他们认为,对法人提起刑事诉讼是存有疑问的。在刑事司法体制为国家起诉代理人犯罪提供了可能性时,强制法人内化犯罪成本的任务应当完整地交给民事司法系统。

法人惩罚性民事责任说主要从惩罚的威慑目标出发,以成本收益的经济学方法,深入地比较刑事司法体制与民事司法体制在规制法人不法行为上的差异,研究视角新颖,在研究方法上具有独到性。然而,它否定法人刑事责任,并不是立足于刑法原则,未从罪责的角度出发研究法人犯罪的处罚依据,因而应当认为,法人惩罚性民事责任说没有推进法人犯罪理论研究的深化。

（三）其他否定性观点

在严格意义上讲,法人民事责任说和法人惩罚性民事责任说,也可以归入公共选择理论否定说,但是考虑到它们对于法人责任问题提出了新的见解和复杂的论证,本书视之为独立的法人刑事责任学说。除法人民事责任说和法人惩罚性民事责任说外,否定法人刑事责任的观点还包括基于报应刑论的否定说和基于公共选择理论的否定说两类。

其一，基于报应刑论的否定说。立足于报应主义立场，否定法人刑事责任的观点，自法人刑事责任出现之时就存在。近期，仍有学者支持这种观点。他们认为，法人在任何意义上都不可能对犯罪行为具有犯意，或者有罪过，因此，刑法的形式和功能均不适用于法人。[①] 追究法人刑事责任借助了侵权法中的雇主责任原理，并不在建立个人责任的基础之上。法人刑事责任掩盖了刑法的道德内涵，因而运用刑事司法体制判决法人有罪和处罚法人是不可取的。[②]

基于报应刑论的否定说是一种传统的否定法人刑事责任的观点，而该研究也没有提出新的理由和论证方法。它立足于传统的刑法原则，检视美国法人刑事责任制度，指出了法人刑事责任的理论缺陷。但是，对于应当如何回应社会公众对严厉规制法人犯罪的诉求，基于报应刑论的否定说却没有提出新的解决方案。

其二，基于公共选择理论的否定说。近期出现的基于公共选择理论的否定说认为，从法人的角度看，对法人科处刑罚对于法人来说是成本最小的惩罚，刑事责任难以威慑法人不法行为。[③] 该观点的理论基础来自公共选择理论，[④]其社会背景则是美国商界不反对法人刑事责任的扩张，却反对加重法人的民事责任或者法人高级职

---

① V. S. Khanna, *Is the Notion of Corporate Fault a Faulty Notion?: The Case of Corporate Mens Rea*, Boston University Law Review, Vol. 79:355, p. 356 (1999).

② John Baker, *Corporations Aren't Criminals*, Wall Street Journal-Eastern Edition, 22 April, 2002, at A18.

③ Vikramaditya S. Khanna, *Corporate Crime Legislation: A Political Economy Analysis*, Washington University Law Quarterly, Vol. 1:82, p. 97－98(2004).

④ Daniel A. Farber & Philip P. Frickey, *Law and Public Choice: A Critical Introduction*, University of Chicago Press, 1991, p. 12－37.

员和雇员的刑事责任。[①]

基于公共选择理论的否定说采用了许多关于刑事处罚对法人无效的论据：首先，与私人民事起诉的执法相比，法人受到刑事起诉的案件数量很少。如果政府和私人都参与对法人的民事诉讼，对法人的民事执法会更有力量，而法人支出的民事诉讼成本往往会高于刑事诉讼成本。[②] 而且，法院对法人判决的刑事罚金数额，也低于民事惩罚性赔偿金。[③] 其次，由于在法人刑事司法体制之下只有政府才能执行刑法，商界会对国会进行暗中游说，通过限制政府机关的执法预算来达成限制政府对法人的执法行动。与之相反，商界却不能干预私人提起民事诉讼。[④] 最后，在刑事诉讼程序中，政府只有克服了刑事司法体制对法人的程序保护措施的障碍，查明了犯罪事实，才能获得胜诉，因而获胜的概率不高。[⑤] 由于这些理由的存在，在社会公众要求立法对法人的不当行为作出反应时，商界并不认为设立和扩张法人刑事责任有多么可怕。

公共选择理论作为以经济学的理论和方法研究政治决策等政治过程的政治学分支学科，以理性人为理论假设，重视进行成本—效益的分析。以公共选择理论为理论依据，运用成本—效益的分析方

---

① Vikramaditya S. Khanna, *Corporate Crime Legislation*: *A Political Economy Analysis*, Washington University Law Quarterly, Vol. 1:82, p. 114 – 116(2004).

② Vikramaditya S. Khanna, *Corporate Crime Legislation*: *A Political Economy Analysis*, Washington University Law Quarterly, Vol. 1:82, p. 105 – 107(2004).

③ Vikramaditya S. Khanna, *Corporate Crime Legislation*: *A Political Economy Analysis*, Washington University Law Quarterly, Vol. 1:82, p. 106 – 108(2004).

④ Vikramaditya S. Khanna, *Corporate Crime Legislation*: *A Political Economy Analysis*, Washington University Law Quarterly, Vol. 1:82, p. 110 – 112(2004).

⑤ Vikramaditya S. Khanna, *Corporate Crime Legislation*: *A Political Economy Analysis*, Washington University Law Quarterly, Vol. 1:82, p. 112 – 113(2004).

法,对法人刑事责任制度进行研究,丰富了法人刑事责任的研究方法,开阔了法人刑事责任理论的研究视野,对于深化法人犯罪的理论研究具有重要的意义。

然而,刑事责任作为制裁犯罪行为的法律责任,内含深厚的社会道德意义,反映了主流社会的价值观和期待。而基于公共选择理论的否定说只以成本与效益的分析方法研究法人刑事问题,显然是将复杂问题简单化,因而不可能正确地回答法人刑事责任是否正当,以及应当如何规制法人不法行为的问题。

五、法人刑事责任限制论

在肯定法人刑事责任论和法人刑事责任否定论两种对立的观点之间还存在折中性的观点,即法人刑事责任限制论。所谓法人刑事责任限制论是指在肯定法人刑事责任的同时,认为应当以一定的方法限制法人刑事责任范围的理论学说。法人刑事责任限制论的代表性观点主要有以下几种。

(一)内层(inner circle)说

莫勒(Gerhard O. W. Mueller)是20世纪中期质疑法人刑事责任最为著名的美国学者之一,他提出了限制法人刑事责任范围的主张,可以称之为内层说[①]。内层说的基本观点如下。

1.美国法人刑事责任制度缺乏理论依据

他批评《模范刑法典》关于法人刑事责任的规定,认为该规定欠缺理论根据。“在刑法的法学园地生长了许多种子。在这些种子中

① See Gerhard O. W. Mueller, *Mens Rea and the Corporation: a Study of the Model Penal Code Position on Corporate Criminal Liability*, University of Pittsburgh Law Review, Vol. 19:21, p. 48(1957).

间有作为替代责任、绝对责任和犯意(虽然是严重退化的犯意)的混合物的种子,一些基因来自侵权法,一些基因来自商业协会法。这个种子就是法人刑事责任。没人繁殖,没人培育,没人种植,它只是不停地生长。”这段关于法人刑事责任的形象化论述在美国刑法学界产生了广泛的共鸣,并被许多研究者广为引用。他这段著名的文字,一针见血地指出了《模范刑法典》关于法人刑事责任的规定仅被功利所驱动,理由仅仅在于法人刑事责任具有必要性和有用性,法理依据明显不足。他还指出,在美国的法人犯罪判例中,很少出现对法人刑事责任的根据的回答,绝大多数法院只是简单地依据先例,判决法人承担刑事责任,而这些先例的绝大部分都可以追溯到古老的民事替代责任判例。在理论研究上,法人刑事责任也缺乏相应的实证数据支持。

2. 法人刑事责任的理论障碍

他认为,《模范刑法典》关于法人犯罪的规定只是沿袭了以前的法人刑事责任制度,美国法律协会的成员没有对以前的法人刑事责任原则的推理过程进行过评估。他认为,盎格鲁—美利坚法适用于惩罚自然人的刑事责任原则,对法人刑事责任设置了最为坚固的理论和技术障碍。因为,普通法以因果关系规则将个人与有害的结果相联系,并通过认定危害是否可归责于个人行为,进而确定是否存在个人责任。刑法中的行为由心理自我引导和身体运动两个部分构成。传统普通法的一致共识是,对那些在缺乏道德过错的条件下实施行为的人科处刑罚是不公正的和无效的。刑法的唯一目标是,通过刑罚的立法威慑和司法适用,强制违法者遵守各种社会标准以促进社会安宁。

美国的法人刑事责任被人为地掺入司法原理之中,因而必然会面临许多困难,而最大的两个困难是:法人能否实施行为,以及法人行为能否赋予道德过错和法律过错的色彩。他认为，法人必须能够行为，否则整个法人理论就不会有任何意义。而只要法人任命了董事会作为它的主要代理人，法人就有行为。因此，第一个理论障碍可以被克服。然而，法人刑事责任的第二个理论障碍难以被逾越。因为，对无大脑和无灵魂的实体赋予精神—伦理的法律过错和应受谴责性，与刑事责任必须建立在个人有意识的不当行为之上的普通法传统之间，存在着无法调和的矛盾。

3. 法人刑事责任应当被限制在法人的“内层”人员的行为的范围内

他认为，应当通过严谨的逻辑推理去解决上述的理论障碍。具体地讲，通过惩罚的威慑，可以强制法人的投资人、股东谨慎地选择和监管管理性代理人，如董事会等，因此对法人科处罚金，造成股东的损失，就是对股东的轻率和缺乏关注的惩罚。这样一来，法人刑事责任就会与刑法的过错原则完全一致。进行该推理的大前提包括：其一，股东享有选择和监管董事会的权力。其二，只要进行了谨慎的选择和监管，违法行为就不会发生。其三，科处罚金对法人造成的损失，不会传递给消费者。其四，犯罪行为是董事会成员的行为。

调和上述矛盾的第一个步骤是，应当避免将法人刑事责任的性质定义为绝对责任和替代责任。为此，必须将法人刑事责任限制在只有在股东能够控制董事会的场合，因为在此场合，实施犯罪行为的董事会成员是从犯，法人是主犯，而作为主犯的法人，为之承担替代刑事责任，就会与作为普通法基础的犯意原则相一致。

第二个步骤是论证法人如何实施犯罪。他认为，法人中负有最重要责任的人被法人的所有者或者股东委托以管理的权限，法人正是通过这些负有最重要责任的人来思考和行为，后者的危害行为和犯意是法人的危害行为和犯意。因此,法人只对股东选任的高级职员,即董事会的成员在其适当的领域内相互配合或者分别地实施的行为承担责任。他还认为,《模范刑法典》第 2.07 条第 1 款第(c)项,关于将法人刑事责任的范围扩展至包括对其他高级管理性代理人的行为的规定,也是完全正确的。因为,如何取得法人的高级职位并不重要,只有受到委托和被赋予权力,才是判断法人刑事责任范围的正确标准。股东同等地了解所有管理性代理人,包括选任的管理性代理人与非选任的管理性代理人,他们共同构成法人的"内层",应当受到同等的对待。如果非股东选任的管理性代理人有放弃职责的迹象,股东应该向其施加压力,使其从指挥的职位上被换下来,或者至少要限制他实施不当行为。因此,所有的法人高级职员,无论是股东选任的还是法人任命的,只要是在其商业领域和政策的范围内指挥、监督和管理法人的高级职员,都应当被称为法人的"内层"。他们就是法人的意图、心理和神经。总之,从刑法的目的出发,法人的内层代表着法人。作为政策、诉讼便宜和逻辑,法人内层成员的行为都是使法人承担刑事责任的法人行为。依据《模范刑法典》规定,不仅该团体成员的直接行为会导致法人刑事责任,而且被这些高级职员所授权、要求和命令的行为,也会导致法人刑事责任,该规定是完全正确的。

然而,他反对《模范刑法典》第 2.07 条扩大法人刑事责任范围的规定。依据第 2.07 条第 1 款第(a)项的规定,法人承担刑事责任的范围被扩展到法人低层雇员的行为,使法人为它非故意、没有指挥或者没有授权的行为承担刑事责任。在这种情形中,法人不仅缺乏犯意,甚至缺乏心理的自我指导。《模范刑法典》规定法人对低层雇员的行为承担刑事责任,其性质是替代责任,完全缺乏法人的犯意,因而违背了普通法中的犯意原则。

内层说坚持犯意原则，试图将法人刑事责任建立在罪责的基础之上，对于维持法人刑事责任与个人刑事责任之间的一致性，以及维护刑法的基本原理具有重要意义。它认为法人对低层雇员的犯罪行为缺乏犯意，反对法人对低层雇员的犯罪行为承担刑事责任，对于保护法人及其投资人的利益具有重要意义。内层说认为，法人的高级职员作为法人的内层人员，其行为和犯意就是法人的行为和犯意，法人应当对其行为承担刑事责任，这种主张与同一视论如出一辙。即使它使用了“内层”这样一个新的语汇加以包装，也改变不了它属于同一视论的本质。因而，同一视论所存在的问题也同样存在于内层说。

(二)善意(good faith)积极辩护事由说[1]

受安然公司案等多起公司丑闻被揭露的影响，2002 年美国成立了“总统法人欺诈特别工作小组”，司法部也开始了加强对法人犯罪的执法。美国国会通过立法，对法人施加了更严格的合规义务和更严厉的监视措施，以应对法人犯罪的挑战。美国大多数公司为符合新的法律规定，建立起有效的合规计划，以“预防和监管犯罪行为”。然而，在现行的法律制度框架下，即使法人有最好的“适当的注意”，建立和维持了合规制度，但是只要发生了任何违法行为，最终仍被认为不存在真实有效的合规计划。因此，美国公司即使有最好的动机、最好的努力和最好的“适当的注意”，仍然会受到刑事起诉。

帕德格尔(Ellen S. Podgor)教授指出，曾经有许多学者都提出过，应当在法人领域采用“善意”制度。例如，1993 年雷芬逊(Laurie Levenson)教授曾提出，应当对严格责任犯罪采用善意的辩护事由。

① See Ellen S. Podgor, *A New Corporate World Mandates a "Good Faith" Affirrnative Defense*, American Criminal Review, Vol. 44:1537, p.1537(2007).

布朗(H. Lowell Brown)检察长认为,应当改变将起诉交给检方进行自由裁量,以作出是否起诉法人决定的做法,并将善意积极辩护事由适用于法人。赫弗(Kevin Hoff)教授也赞同在法庭审理中采纳法人善意的证据,认为陪审团应当考虑不羁的雇员有可能是导致法人不法行为的原因,不能将雇员的任何犯罪都归责于法人。

近期六个方面的新立法加重了法人的负担,使法人合规的困难不断增加。六个方面的新立法包括刑事制定法的增加、《萨班斯法》对法人制度提出的新要求①、州对法人的执法活动不断增强、许多新的刑事制定法删除了犯意条款、采用集合明知原理和面临刑事处罚的美国公司在国际竞争中处于劣势等。

尽管在新的形势下,美国法人的负担和责任已经增加,但是美国立法机关并没有减轻法人在合规上的负担。美国法官在民事审判中确立的善意积极抗辩规则,还没有在刑法中加以复制。在 *Burlington Industries, Inc. v. Ellerth* 案中②,美国联邦最高法院就雇主对管理人员实施的性骚扰行为,是否承担替代责任进行了分析。在认定雇主能否具有善意积极抗辩时,法院裁定"该抗辩由两个因素构成:(a)雇主在预防和纠正突然性的任何性骚扰行为上,尽到了

---

① 该法律强化了对法人金融活动的监督,加重了美国公司的经营成本,对许多美国公司产生了重要影响,引发了许多学者对该法律的批评。

② Ellerth 是 Burlington Industries 公司的雇员。1994 年在联邦地区法院提起诉讼,宣称 Burlington Industries 公司卷入了性骚扰案件,迫使她被推定解雇(constructive discharge,即因无法忍受的工作条件而辞职)。Ellerth 指控作为她的非直接性的监管员 Ted Slowick 对她进行了持续的性骚扰。Burlington Industries 公司辩称,它制定了明确的禁止性骚扰的政策,并且在雇佣期间,Ellerth 并未向公司报告受到了性骚扰。联邦地区法院判决 Burlington Industries 公司对 Ted Slowick 的性骚扰行为不负责任。Ellerth 不服原审判决,提起上诉。联邦上诉法院法官作出一致的判决,撤销原审判决。Burlington Industries 公司不服,上诉至联邦最高法院。联邦最高法院作出判决,维持联邦上诉法院的判决。

合理的注意;(b)原告雇员没有利用雇主提供的预防性和纠正性机会,或者没有以其他方法回避危害,是不合理的”,认定 Burlington Industries, Inc. 具有善意积极抗辩,并判决 Burlington Industries, Inc. 对管理人员的性行为不负损害赔偿的责任。该案确立的善意积极抗辩规则,回报了作出了善意地努力去预防不当行为的公司。

他认为,对公司提起刑事起诉的社会后果非常严重,完全有可能摧毁公司。如果因为个别雇员的犯罪行为,公司被判犯罪成立,致使公司解散,就会造成使无辜的股东遭受财产损失和雇员被迫失业的后果。在法人为确保合规而作出了善意努力的情形下,让无辜的人支付高额的代价是不正当的。他认为,应当为作出了适当的合规努力的公司提供善意积极辩护事由,为这些无辜的人提供必要的保护。

善意积极辩护事由说认为,在法人为确保合规而作出了善意努力的情况下,应当免除法人的刑事责任,从而限制法人刑事责任的范围,对于保护法人的利益和相关人员的利益具有积极意义。然而,善意积极辩护事由与有效的合规计划、犯意原则之间的关系如何,为何可以成为积极辩护事由,该学说并没有展开深入的分析。它仅从法人刑事责任的严重后果上,也就是说,从刑事政策的角度说明确立善意积极辩护事由的必要性,理由并不充分,缺乏说服力。

(三)良善公司公民(good corporate citizens)辩护事由说[①]

巴斯(Pamela H. Bucy)教授赞同法人刑事责任,认为应当将刑事责任扩展至法人行为。法人刑事责任具有两个理由:其一,法人经常实施伤害公众的行为,错标药品、运输污染食品和向水体倾倒

---

① See Pamela H. Bucy, *Corporate Criminal Liability: When does it Make Sence?*, American Criminal Law Review, Vol. 46:1437, p. 1443(2009).

污染物等都是常见的法人行为。刑事起诉是社会拥有的最具潜力的规制机制,任何侵害如此广泛的对象和具有潜在危害社会的行为都应当受到刑事起诉,法人也不能例外。其二,法人复杂的组织结构,使得法人有导致不法行为发生的大量机会。比起自然人犯罪,控制组织犯罪的发生更加困难。

组织结构的两个特点,会导致犯罪行为的发生:第一,团体的力量能使得个人放弃自己的独立判断,忽视自己的谨慎感。为保住工作的压力,或者为了取悦于老板和同事,在工作场所存在“跟着一起走”的强烈诱导。第二,组织结构的分散性,制造了犯罪发生和缺乏持续监管的条件。法人中的个人只对自己的职责范围内的事项负责,对法人的活动缺乏全面的认识,难以发现某种事情出现异常。因此,应当对发生犯罪的法人提起刑事起诉。

作为虚拟实体,法人的三个特征使得刑事起诉是对法人活动进行社会控制的有力工具。它们虽然不是起诉法人的正当理由,却具有说服力。第一,起诉法人对法人行为具有高度的威慑力。第二,起诉法人比起诉个人更容易。第三,判决法人有罪提供了补救犯罪危害、赔偿被害人和预防潜在法人犯罪的机会。与此同时,他承认也有些理由不支持起诉法人,或者至少是要极为小心地起诉法人。首先,刑事起诉对公司和从业人员(他们的大多数对不当行为没有过错)会构成严重的困扰。而法人刑事责任的标准宽松和检方适用该标准的裁量权扩张,更加重了这种困扰。其次,与法人刑事责任的标准宽松和检方适用该标准的裁量权扩张有关的是,刑事起诉或者潜在的刑事起诉可能会威胁公司适当和必要的创业精神和风险承担。由于恐惧于会受到检方积极的刑事起诉,公司活动会变得过分谨慎,并放弃开发新的商业模式和机会。最后,积极的刑事起诉和刑事起诉的不可预测性,会劝诫外国公司避免到美国开展业务。

这三个问题的存在,迫切要求美国法律制度采用公平和合理的起诉法人的方法。

他认为,美国现行法人刑事责任标准是不适当的。现行法人刑事责任的标准包含三个条件,而其中的两个条件,也就是“雇佣范围内”和“为法人利益的意图”,对于限制法人的刑事责任,几乎没有任何意义。现行法人刑事责任标准主要存在三个问题:其一,刑事责任范围的广泛性。在现行法律框架之下,即使法人采取了合理的预防犯罪措施,如果实际发生了犯罪行为,仍然要受到起诉。而该标准也没有对法人应当如何做才能保护自己,提供任何的指导意见。其二,法人刑事责任标准被随意适用。某公司是否被调查、起诉、给予达成延迟起诉协议或者不起诉协议的机会,都由作为起诉人的检方决定。其三,法人刑事责任标准没有很好地服务社会。该标准没有考虑法人为合规而做出的忠诚努力,没有对投入资源去建立有效的合规计划的法人提供激励。该标准也没有考虑法人的文化、合规计划、鼓励合规行为的努力,或者法人鼓励违法的机制等因素。

他认为,只能对具有怂恿成员犯罪的文化的法人追究刑事责任。“良善的公司公民”,即采取了所有合理的措施劝阻非法行为和鼓励合规的公司,即使发生了犯罪行为,也不应当受到刑事起诉。该学说主张对现行法人刑事责任标准附加“良善的公司公民”的辩护事由。添加“良善的公司公民”的辩护事由可以弥补现行法人刑事责任标准的两个缺陷:法人刑事责任的过于广泛,以及不能区分“好”的公司公民和“坏”的公司公民。他还提出,美国法律应当作出相应的修改。

他认为,有效的法人合规计划的内容包括:接受合规的法人治理结构,适用于雇员及其职责的行为的一般标准和特定标准,法人合规计划中的高级雇员的合规事项,在雇佣、补偿和惩戒雇员时对法人合规的强调，对董事、高级职员和雇员进行法律和规则的培训，建立对不合规事件的报告机制，执行合规的审计，对合并和兼并之前的目标企业的“合规健康”进行评估，更新合规制度的规则，以及对不合规的行为进行调查并作出反应十个方面的因素。这些因素都是起诉人在作出是否起诉、达成延迟起诉协议或者不起诉协议的决定时，需要考虑的因素。如果检方提起了刑事诉讼或者法院开庭审理，法人被告人要对这些因素承担证明的义务。如果法人证明了存在这些因素，它就是“良善的公司公民”，具有积极的辩护事由，对雇员实施的犯罪行为不承担刑事责任。

良善公司公民辩护事由说提出对美国现行法人刑事责任标准附加良善的法人公民的辩护事由，以限制法人刑事责任的范围，对于维护法人的利益和股东、雇员的利益具有重要意义。然而，该学说是在肯定法人刑事责任原则的前提下，对该原则进行的局部修正，并没有正面回答法人刑事责任原则的正当性根据。它以美国现行法人刑事责任存在的问题为主要理由，从刑事政策的角度，论证现行法人刑事责任原则需要予以修正，理由并不充分，而且，也没有阐明与有效的合规计划之间的关系，因而该学说不可能成为有影响力的法人刑事责任理论。

(四)《模范刑法典》规则说

南达(Ved P. Nanda)教授指出，学界对美国现行过于宽泛的法人刑事责任原则提出了许多的批评，而批评的主要理由是法人不能自我行为和形成犯罪故意，法人刑事责任原则缺乏正当根据。还有学者认为，即使替代刑事责任在历史上的存在确有必要，但是现在它也“已经被州制定的规章的增长严重地破坏”。他呼吁“立法者、学者和从业者更深刻地认识到现行制度的危害和副作用，抓住机会进行改革”。[①]

在理论上,有许多学者都提出了多种不同的针对现行法人刑事责任原则的改革方案,如帕德格尔教授的“善意积极辩护事由说”,赫林(Hennin)教授的改造目的说,威斯曼和纽曼教授的“政府承担证明负担说”,费斯切尔和斯克斯教授的“法人惩罚性民事责任说”等。

美国司法部对起诉法人犯罪进行了辩护,给出的理由是,“对有不当行为的法人的强有力的刑事执法,只要是适当的,就会对执行法律和社会公众产生巨大的利益,尤其是在白领犯罪的领域。起诉有不当行为的法人,会使政府成为改变法人文化的积极力量,以及预防、发现和惩罚严重犯罪的积极力量”。在美国司法部所称的公众利益中,包含“大规模威慑法人犯罪的唯一机会”(当法人因实施行业内常见的犯罪行为而受到刑事起诉时)。另外,起诉法人对改变法人的文化和雇员的行为还具有特殊的威慑作用。更重要的是,在环境犯罪和各种金融欺诈等具有危害公众的巨大风险的犯罪中,起诉法人还会带来重大的联邦利益。

南达教授认为,法人在社会生活中扮演着中心角色,行使着巨大的权力,有许多法人都陷入严重的犯罪。法人刑事责任反映了社会要求法人谨慎服从法律规则的心声,具有达成执法目标的积极功能。因此,法人刑事责任原则具有合理性。但另外,他认为,现行美国法律体系中深深地扎根于替代责任的法人刑事责任原则,必须得到改变。而《模范刑法典》提倡的法人刑事责任规则,能很好地满足了社会对有效地规制法人行为的要求,以及缓和法人对现行法人刑

① See Ved P. Nanda, *Corporate Criminal Liability in the United States: Is a New Approach Warranted?*, American Journal of Comparative Law, Vol. 58:605, p. 608(2010).

事责任过于宽泛的担扰。

《模范刑法典》规定的法人刑事责任分为三种不同的情形。在科处雇主责任的立法目的明显的场合,《模范刑法典》对法人刑事责任采取了雇主责任标准,并确立了适当注意的辩护事由。依据该标准,如果具有监管职责的高级管理性代理人,为防止犯罪的发生尽到了适当的注意,就不会产生法人刑事责任。更重要的是,如果缺乏制定法的规定,就不能因为雇员的不当行为而将刑事责任归责于法人。在董事会和高级管理性代理人在自己的职权和雇佣范围内代表法人实施不法行为的场合,法人应当对董事会和高级管理性代理人的不法行为承担刑事责任。延迟起诉协议、不起诉协议与国会立法提出的改革措施[①]相互结合,共同对因检方享有的过度裁量权而导致的潜在的起诉滥用,形成了必要的制约,从而保护法人的正当利益。总之,《模范刑法典》规定的法人刑事责任标准具有可行性。

南达教授主张采用《模范刑法典》确定的法人刑事责任标准的观点,对于推动美国联邦司法系统改弦更张,废止当下建立在雇主责任论之上的归责规则,而采用更合理的法人刑事责任标准,具有积极意义。然而,只以雇主责任论的不足为理由加以论证,并不能证明《模范刑法典》确立的法人刑事责任综合模式是正确的。因此,该学说显然不具有说服力。

---

① 旨在规制延迟起诉协议和不起诉协议的国会立法的众议院1947年法案,“2009年关于延迟起诉中的应受惩罚性法”,2009年4月4日在美国众议院获得通过。该法案与往届国会通过的法案——众议院6492号法案相近似,它要求总检察长“对延迟起诉协议和不起诉协议公开发行书面指南”。指南应当确定独立的监管人正当地监督被调查法人的运作及其义务的情形;限制确立这种协议的条款和条件的方法,包括刑罚;等等。该法案还要求增加对延迟起诉协议和不起诉协议的公开披露。

(五)政府承担证明负担说

1.美国法人刑事责任制度存在的问题

在威斯曼(Andrew Weissmann)和纽曼(David Newman)看来,[①]采用雇主责任论追究法人刑事责任的理论逻辑是法人拟制说,即只在法律上才是人的法人,并不是真实的存在,它只能通过雇员行为,因而应当为雇员的行为承担责任。

他们认为,在法人刑事责任中全面地采用替代责任原则,存在着刑事责任观的障碍。严格责任制度在刑法中没有存在的空间,不能因为雇员部分或者全部地出于为法人谋利的目的,在雇佣范围内实施了犯罪行为,就对法人追究刑事责任。严格责任与刑法的威慑和报应的双重目标相矛盾。在传统的刑事责任观中,刑事责任只与个人有关,而与法人无关,并且,只支持在犯意与危害行为同时存在的条件下追究个人的刑事责任,一般不会承认严格责任。

他们认为,当法人具有有效的威慑和查获雇员的犯罪行为的政策和程序时,就没有理由追究法人的刑事责任。在2009年9月美国第七大公司"安然公司"事件爆发后,美国联邦和州政府增加资源投入,加强对白领犯罪的起诉。美国国会和政府机构的领导人致力于追查证券和会计违法行为。例如,美国司法部和证券交易委员会等机构立即认识到,为推进负责任的"公司公民"成长,有必要展开更大的执法活动。因此,检方和联邦调查局在全国范围内增加力量,对法人及其管理者进行调查。在安然公司倒闭后,政府和公司之间签订的延迟起诉协议迅速增加。在这些协议中,政府一般都会责令

① 威斯曼是Jenner & Block LLP律师事务所的纽约分部的合伙人,也曾是司法部"安然特别工作小组"的前主任和纽约东区美国联邦检察官办公室刑事部部长。纽曼是司法部"安然特别工作小组"的实习生。

法人建立强有力的合规制度,并规定了法人必须采取的预防犯罪措施。延迟起诉协议还包括法人遵守延迟起诉协议,被任命的监督人员进行监督以规劝法人遵守协议,以及监督人员向司法部报告改革完成的情况等条款。

导致延迟起诉协议的大幅度增长的原因主要有两个:在安然事件后,检方对白领犯罪的关注度增加,以及法人为规避被起诉带来的可怕后果,同意签订协议的意愿增加。而法人同意签订协议的意愿增加,主要是因为政府与公司之间的权力差距太大,完全不成比例。而检方的巨大权力则来自于雇主责任论。依据雇主责任论,只要发生了雇员的犯罪,就可能导致法人承担刑事责任,因此,只要这种归责原理还继续存在,法人就很少能承担得起受到起诉和审判的后果。刑事起诉还会对法人带来巨大的社会后果,因为,追究法人的刑事责任事实上等于对法人宣告死刑,甚至有可能引发市场风险。在雇主责任论之下,法人没有选择的余地,只得接受政府的要求。在司法实践中,司法部制定的起诉规则倾向于过度积极起诉法人,对误导法人和不道德地起诉却缺乏制度性控制。

2. 雇主责任论存在缺陷

他们认为,在法人已经采取所有合理措施使雇员的行为符合法律的场合,无论是依据刑法的传统目标,还是认定个人犯罪的刑法基础,将雇主责任论适用于法人都得不到支持。因为,刑法只适用于那些危害社会并应当予以严厉处罚的行为,而刑法的目标就是威慑和惩罚这种行为。威慑分为一般威慑与特殊威慑两个方面。虽然监禁不能适用于法人,但是特殊威慑有可能导致法人解体,等同于宣告法人死刑,或者禁止法人永久或者在一定时期内从事某些商业活动,或者使法人在缓刑监督期间的活动受到限制和法院的监督。一般威慑则适合用于威慑法人犯罪行为,因为,法人通常通过董事会、内外部顾问特别关注先前的判例,以正式的周密程序,深思熟虑地判断行为的风险和回报。

刑法通过惩罚逾越社会区分“正确与错误”和“良善与邪恶”之间的界限的违法行为人,发挥着报应功能。侵犯该界限的法人与个人一样,也要受到报应。然而,在法人报应与个人报应之间存在着不同。认定个人犯罪的基本原则包括对个人故意、行为和自愿等因素的判断。而认定法人犯罪则变得更为困难。要判决法人对雇员的犯罪行为承担刑事责任,刑法的报应目标要求对法人是否实施了犯罪行为,以及实施何种犯罪行为作出判断。当雇员受到法人的怂恿而实施犯罪行为,判决法人承担刑事责任不存在理论障碍。但是,当法人合理地采取了预防雇员犯罪的所有措施时,就会面临着重大的理论问题:法人是否负责任呢?是法人承担民事责任就足够了,还是法人的作为或者不作为应当受到刑事谴责呢?这些问题都需要得到澄清。

他们认为,对采取了所有预防和查获雇员犯罪的措施的法人追究刑事责任,不会增进威慑和惩罚等两个刑法目标的实现。这种法人无须受到特殊威慑。而被判决有罪后独立地建立了预防和查获雇员犯罪的政策和程序的法人,也无须再受到特殊威慑。同理,一般威慑对于这种法人也是不适当的。而且,一般威慑还会向具有有效的合规计划的法人传递相反的信息,也就是说,即使他们的行为良好,也会受到处罚。简言之,对具有有效的合规计划的法人、既不必要进行一般威慑,也没有必要进行特殊威慑。基于相同的理由,惩罚这种法人在很大程度上也不存在合法的报应价值。因为在法人为预防犯罪行为采取了所有合理措施却仍然发生了雇员不法行为的场合,法人缺乏应受惩罚性。

在限制刑事责任的范围上,法人也不同于个人。对于个人来说,只要具有刑事责任能力,就具有控制自己行为的能力。而法人却不可能绝对地控制所有雇员的行为。如果只要雇员实施了犯罪就处罚法人,实际上就是惩罚没有履行义务的能力的人,这种惩罚显然缺乏刑法的道德根据。美国司法部已经认识到法人缺乏控制每一个雇员行为的能力,不应当为所有雇员的行为负责。

现行严格的法人替代刑事责任制度,不仅不利于刑法目标的实现,而且还取消了对法人实施有效的合规制度的重要激励。依据现行法律制度,如果犯罪最终还是发生了,即使建立和执行了最好的内部合规计划,法人也得不到利益。当然,在现行制度之下,公司仍然会受到激励去创建这样的合规计划以预防或者至少减少犯罪,因为雇员犯罪的发生率仍然会影响公司的利益和被起诉的风险。但是,如果有效的合规计划具有使法人免受刑事起诉以及不被起诉人的恣意所困扰的作用,激励法人创建合规计划的力度就会更大。

3. 证明被告法人没有有效的威慑和查获雇员犯罪的政策的负担应当由政府承担

应当将法人刑事责任限制在法人本应当但没有采取合理措施阻止雇员的犯罪的场合。对法人刑事责任作出这种限制会增加政府和法人双方的利益。从考虑预防法人犯罪和赔偿法人犯罪造成的损失的角度看,对法人刑事责任作出这种限制,政府的利益是显而易见的。因为,起诉人不可能无处不在,即使社会公众认为是可取的,起诉人也不可能监视所有的美国法人的行为。依据法人是否采取所有的预防和监视雇员犯罪的合理措施,作为限制法人刑事责任的标准,将有力地激励法人进行有意义和必要的自我规制。寻求避免被起诉的公司具有强有力的理由去实施有效的合规计划,既威慑犯罪行为,又在犯罪发生时作为盾牌(保护措施)使之免受刑事起诉。美国联邦最高法院已经认识到,鼓励负责任的法人合规的责任理论,有利于实现制定法致力于预防危害的目的,而不是使原告的经济利益不受损失。

对于法人来说,由于具有根除受到欺诈和检方不当起诉的潜在保护作用,这种新的法人刑事责任标准,即将法人刑事责任的范围限制在法人本应当但却没有采取合理措施阻止雇员的犯罪行为的场合,会极大地增加法人实施有效的合规计划的理由。

对于合理的合规计划的具体内容,有多种不同的规则提供了指导。

首先,2003 年,司法部就是否起诉法人时要考虑的因素发布了新的起诉指南《联邦起诉商业组织的原则》[对 1999 年《对商业组织的起诉》的修改,又称为《萨波逊备忘录》(Thompson Memorandum)]。《萨波逊备忘录》是依据当时的美国副总检察长的名字命名的。它列举了联邦起诉人在起诉法人时要考虑一系列因素,包括法人犯罪的历史,起诉可能导致的附带后果,法人雇员犯罪的严重程度和雇员的地位,以及有效的法人合规计划等。该备忘录还特别强调了法人与政府合作所采取的具体措施。该备忘录清楚地规定,未有效地被雇员内化和未成为法人文化的组成部分的法人合规计划,不被认为是有效的合规计划。

其次,在安然公司案件后,检方和公司签订的多个延迟起诉协议也是判断有效的法人合规计划的重要依据。这些协议补充规定了能够证明法人尽了最大的努力去预防和查获犯罪的措施。这些措施包括在高风险领域建立专门委员会以审查所有拟议的交易,拟议的交易包括年终交易和全部或者大部分地用于抵销全部或者大部分风险的"背靠背"交易。延迟起诉协议还禁止所有的公司进行已知或者相信是用于有误导薪水、收入和平衡资产负债表效应的交易。另外,它还禁止所有的口头协议。延迟起诉协议还对交易结算室的合规职员，授予否决专门委员会审查通过的任何交易的权力。

再次，美国量刑委员会《联邦量刑指南》关于有效的合规计划的特征的规定。《组织犯罪的量刑》详细规定了有效的合规计划的具体内容，并规定法人要得到减轻处罚，就必须具有有效的合规计划。2011年《联邦量刑指南》修正版对第八章《组织犯罪的量刑》B部分第2节第1条的规定再次进行了修改，将合规计划修改为合规伦理计划。依据量刑指南第8章B部分第2节第1条的规定，组织具有有效的合规伦理计划的目的包括尽到预防和查处犯罪的适当注意与推行鼓励道德行为和承诺合规的组织文化等两个方面。合规伦理计划应当被合理地设计、执行和强制推行，使该制度在总体上能有效地预防和查获犯罪行为。然而，没有预防和查获即决犯罪，并不必然意味该制度对预防和查获犯罪行为在总体上的无效。合规伦理计划包括七个方面的要求。[①] 在这些要求的执行过程中，组织还应当定期地评估犯罪发生的风险，并采取适当措施设计、执行和修改上述要求的内涵，以降低犯罪发生的风险。

最后，美国证券交易委员会作出的法人决议案，也为判断什么是有效的合规计划提供了依据。证券交易委员会在很大程度上是依据法人自我规制的行动，作出不起诉法人的决定。

他们认为，证明被告法人缺乏有效的威慑和查获雇员犯罪的政策的负担，应当由政府负责。在理论上，瓦希和皮瑞奇教授曾经提出，证明合规计划的有效性的负担，应当由被告法人承担。其理论根据是，了解更多或者唯一了解事实的一方，应当适当地承担证明

① 具体内容详见本书的第四章的相关部分。

的负担。[1] 但是,他们不同意该观点。他们认为,虽然该证明责任理论根据在民法中具有重要意义,但却不能成为刑法原则。在民事诉讼中,在提起诉讼之前原告不可能了解全部的事实,证明负担的分配考虑原告和被告对案件事实的了解情况是合理的。民事诉讼原告在提起诉讼前,不大可能对法人缺乏有效的合规计划获得了足够的证据,如果要求原告必须提供这样的证据,显然会严重地阻碍诉讼的进行。但是,刑事诉讼程序则完全不同,因为刑事起诉人具有让民事原告羡慕而又缺乏的收集信息的方法。起诉人通过大陪审团的传票,具有很多种的发现案件真相的方法。例如,起诉人可以调取所有与合规计划有关的法人记录,甚至虽然与之无关但是有可能导向相关证据的法人记录。起诉人还可以将许多法人高级职员带到大陪审团面前,就合规计划的有效性问题作证。而不遵守大陪审团的传票的法人,有可能因为蔑视法庭而受到惩罚,招致被科处罚金和监禁的严重后果。而在实践中,政府也有足够的能力承担证明负担。

总之,他们认为,采取了所有合理的措施预防雇员犯罪的法人,不应当对雇员实施的犯罪行为承担刑事责任。而证明被告法人缺乏有效的威慑和查获雇员犯罪的政策的负担,应当由政府承担。如果由被告承担证明合规计划有效的负担,则会动摇检方承担证明重要构成要素的负担这一基本理念。[2]

政府承担证明负担说认为,应当排除采取了所有合理措施使雇员的行为符合法律的法人对雇员犯罪的刑事责任,以限制法人刑事

---

① See Charles J. walsh & Alissa Pyrich, *Corporate Compliance Program as a Defense to Criminal Liability: Can a Corporate Save Soul?*, Rutgers Law Review, Vol:47:605, p. 634(1995).

② See Andrew Weissmann & David Newman, *Rethinking Criminal Corporate Liability*, Indiana Law Journal, Vol. 82:411, p. 449(2007).

责任的范围。在限制法人刑事责任的范围上,它与善意积极辩护事由说基本一致,所不同的是,它提出证明被告法人缺乏有效的合规计划的负担应当由政府承担。该主张对于保护法人的利益当然具有重要的意义,但是合规计划毕竟是一种辩护事由,在理论上应当有被告人承担证明的负担。因此,政府承担证明负担说如何协调它与传统的刑法原则之间的关系,仍是有待解决的理论问题。

六、新近的法人刑事责任肯定论

雇主责任论、同一视论和组织体责任论都是美国最为著名的法人刑事责任肯定论。除此之外,在20世纪末至21世纪初,对于新出现的法人刑事责任否定论,有些学者提出反对意见,为法人刑事责任辩护,成为新近的法人刑事责任肯定论。有些学者以刑法的表达功能和社会意义为依据,有些人则以法人刑事责任有助于刑法执法等更为实际的理由为依据。[1]

(一)法人刑事责任合理说[2]

比尔(Sara Sun Beale)教授认为,法人并不是虚拟的,相反,它是非常强大和真实的行为人,经常对个人利益和社会利益造成严重的危害。而且,现代社会中的公司掌握的权力既巨大,又不可预测。法人还往往通过游说国会议员更直接地操纵权力[3]。由于规模巨

① Sara Sun Beal & Adam G. Safwat, *What Developments in Western Europe Tell us about American Critique of Corporate Criminal liability*, Buffalo Criminal Law Review, Vol. 8: 89, p. 91 (2004).

② Sara Sun Beal, *a Response to the Critics of Corporate Criminal Liability*, 46 American Criminal Law Review, Vol. 46: 1481, p. 1482(2009).

③ Sara Sun Beal, *Solutions: Is Corporate Criminal Liability Unique*? America Criminal Law Review, Vol. 44: 1503, p. 1518(2007).

大、结构复杂和掌握巨额的资源,法人具有实施不法行为的能力,且为个人所遥不可及。在司法实践中,有些跨国公司设立行贿基金,向外国政府官员行贿,行贿数额高达数百万美元。

他认为,法人刑事责任否定论不成立:首先,作为法律实体,公司与投资人相互分离,每个公司都有自己的财产和责任。股东从公司的经营成功,包括以行贿和支付回扣的手段获得的经营成功中获得收益。如果公司实施了民事违法行为,没有人会否认公司应当为之承担民事责任。虽然如果公司因犯罪而被判处罚金,无辜的股东就会损失股权,但是必须注意的是,处罚公司所影响的是股东的股权而不是股东的个人财产。那种认为对法人处以罚金,事实上惩罚了无辜的股东等观点是难以成立的。因为民事责任中的惩罚性赔偿金以及对法人的其他财产处罚,同样减少了股东的股权,而对这些财产性处罚,从来没有人认为受到损失的股东是无辜的。不能认为,保护无辜的股东意味着他们可以从法人的成功中获得收益,却不承担法人错误所带来的损害后果。

其次,追究法人的刑事责任可能比民事规制更为有效。批评法人刑事责任的学者的理由主要有:其一,民事责任足够严厉并且更有效率,法人刑事责任不具有必要性。其二,法人刑事责任的范围太宽,有些法人犯罪不具有应受谴责性。其三,法人刑事责任的惩罚过于严厉。其四,在现行制度之下,起诉人享有太多权力。比尔教授认为,在这些理由中,有些是不真实的,有些虽然是真实的,但是它们是美国刑法的通病,并非为法人刑事责任制度所独有。以刑事责任规制法人不法行为,显然比民事规制更为有效。而对严厉刑罚的依赖是美国法的核心特征,法人刑事责任并不是美国法律过度依赖刑罚的唯一例证。

法人刑事责任肯定论和法人刑事责任否定论都假定民事责任

和刑事责任之间存在不同，并有观点认为现行联邦法律在法人缺乏可谴责性时追究法人的刑事责任。他认为，美国刑法中的犯罪和辩护事由，并非都是在道德上具有可谴责性的行为，如精神病辩护、从犯责任和入境犯罪等。例如，患有精神分裂症的被告人，不可能有控制行为的能力，但是依据现行联邦法，有时他却不具有辩护事由。从犯，即使未打算协助或者实际上并未协助主犯，也可能被判有罪。而法人刑事责任只是美国刑法过度依赖刑罚的具体表现之一。

再次，起诉人的权力太大，并非专门针对法人。法人刑事责任否定说的另一个理由是，法人没有抗衡起诉人提起刑事起诉的能力，只得被迫认罪，甚至成为调查和起诉法人高级职员和雇员的起诉方的代理人。他承认，被告法人与检方合作以使检方在是否起诉上作出让步，是美国联邦法和州法律中客观存在的现象。这是因为，美国联邦法院存在弃权文化，该文化扩展到所有案件，并不限于法人案件。在美国，有超过95%的被告认罪并放弃所有的诉讼权利。依据司法部《联邦起诉商业组织的原则》，如果被告法人同意认罪，起诉人就有权作出延迟起诉的决定，以及与被告进行辩诉交易或者达成协议。《联邦量刑指南》还以降低犯罪等级为奖励措施，激励被告认罪。

最后，法人责任的附带后果并不只是法人刑事责任的独有特征。他承认，对法人的有罪判决经常导致附带的后果，往往比刑事处罚的影响还要大。事实上，附带后果的风险具有积极意义，会推动法人签订延迟起诉协议去了结案件。而且，严重的附带后果与法人刑事责任之间并没有必然的联系。即使法人受到民事或者行政起诉，或者只是公司的代理人受到刑事起诉等，也会发生严重附带的后果。而且，个人被判决有罪也可能发生严重的附带后果，而这些附带的后果从来没有被认为是否定个人刑事责任的理由。

总之,法人刑事责任存在的问题只是美国法律普遍存在的问题的一部分,虽然有些问题可以通过修改法律的方法加以完善,但是并不构成否定法人刑事责任的充足理由。

法人刑事责任合理说,以法人在社会生活中的重要地位和法人行为对社会生活的重要影响为依据,认为法人刑事责任具有合理性。比尔教授还针对法人刑事责任否定论的各种理由进行了逐一的辩驳,并认为法人刑事责任存在的问题只是美国刑法存在的问题的一部分,因而不能脱离美国刑法的背景,单独地否定法人刑事责任。但是,法人刑事责任合理说对法人刑事责任的正当性的论证还不充分,论证方法也缺乏新意。

(二)表达报应根据(expressive rationale for retribution)说①

弗雷德曼(Lawrence Friedman)教授指出,虽然在美国联邦和州的法律中法人刑事责任具有普遍性,但是学界对法人刑事责任的正当根据很少进行研究,并且还有许多学者持否定说。他认为,法人刑事责任否定论的基础性前提存在着错误,因而不能成立。法人刑事责任否定说仅从刑罚的威慑目标出发,将结论的前提建立在法人刑事责任威慑不法行为的无效上,却忽视了刑罚的报应根据。他认为,在法人案件中,道德谴责仍然是刑法的合法目标,而现代法人的特征为法人能够且应当因实施违法的行为而受到道德谴责,提供了现实依据。

在传统理论上,威慑、改造和剥夺犯罪能力都被认为是刑事责任的核心根据。作为刑事责任的结果主义根据,威慑与促成“合乎社会要求的结果”或者“良好的”目标有关。法人刑事责任否定说一

---

① Lawrence Friedman, *In Defense of Corporate Criminal Liability*, Harvard Journal of Law & Public Policy, Vol. 23: 833, p. 833(2000).

般对法人责任采用经济学分析的方法,比较不同的法律责任的成本与收益,认为民事责任比刑事责任对法人不法行为具有更大的威慑作用,因而应当采用法人民事责任的策略。然而,威慑从来就不是刑事责任的唯一正当理由,而报应被学界一致认为是刑事责任的基本依据。

他认为,表达理论(expressive theory)为法人刑事责任的报应依据提供了更适当的理由。表达理论认为,为了保护被害人和社会的利益,社会通过法律,表达了错误的犯罪行为应当受到否定的意义。依据表达理论,不尊重他人及其财物价值的行为就是犯罪行为。追究犯罪行为的刑事责任,既明确了正当行为的标准,也表达了对错误行为人的行为的社会谴责。表达报应主义的意义表现为,在正当的行为标准遭受否定时宣告道德的真实。而追究犯罪的刑事责任正是通过回击不当行为人的傲慢和宣告被害人的真实价值,宣告了道德的真实。与威慑理论一样,表达理论也是工具性理论。表达的目标是以某种方式强化社会成员对人和财物的价值的理解,从而为社会确立"良善"的标准。

表达理论不同康德的报应刑论。在康德看来,刑事责任的正当理由与市民的道德素质有关。它假设市民社会中的错误行为人与其他人是平等的,享有为之提供内在价值的固有尊严,而个人尊严超越所有的其他价值,应当拒绝不平等。对不法行为科处刑罚,是为了也只是为了使个人的内在价值神圣化。如果没有惩罚,个人的平等、尊严就会遭到否定。与康德的理论不同,表达理论中的表达根据主要与错误行为人通过行为表达出来的对特定个人和财物的评价有关,而刑事诉讼程序的目标就是击败这种错误的评价。因此,表达理论只是关于错误行为人的部分问题的理论。共同体中的个人通过其行为,表达出他对特定的个人或者财物,是持赞同的态度,持反对的态度,还是评价适当的态度。因此,假如共同体中的法人有一个特定的身份,即法人具区别于所有者、经营者和雇员的身份,就具有表达的可能性。对于表达理论的表达目标来说,法人与个人具有类似的地位。

为了实现表达的报应目标,法人必须具有共同体能够有意义地加以关注的身份。作为复杂的创造物,现代法人至少具有可确认的人格,以及在公共领域中表达道德判断的能力两个特征,因而具有明显区别于所有者、管理者和雇员的独立身份。依据这样的理解,法人在本质上并不能免予表达的报应。法人在公众中具有特定的身份,而法人的表达行为在公众中可以加以确认,因而法人符合错误行为人的概念。因此,法人自身可以因错误行为被判有罪和受处罚,而承受道德谴责,使被法人行为贬低的他人和财物的真实价值得到适当的评价。在表达理论的视野中,法人行为与个人行为没有本质的差异,政府指控法人犯罪、法人被判决有罪的案件,可以被视为作为表达报应的实现。

表达报应的目标是反击错误行为人对他人或者事物的错误评价,它在民事责任制度中不可能更有效地实现。尽管民事责任的某些方式(如惩罚性赔偿金)也具有报应的特性,但是,只有刑事责任才被理解为对刑法规定的社会规范的根据的违反标志,传达出表达报应所期待的道德谴责。

民事责任中的责任判断所传达的内容和刑事责任具有不同的社会含义。民事责任以过错为前提的赔偿金等方式,以金钱的数额表达人和财物的价值。刑事责任是以明知和故意等为前提,表达被指控的行为与人、财物的价值在事实上和法律上的联系。

由于民事责任和刑事责任表达的社会含义不同,对道德谴责的目标来说,民事责任不可能替换刑事责任。表达道德谴责的根据不能以金钱来衡量,而必须是依据共同体以法律的形式确认和表达出的个人和财物的固有价值必须受到尊重而加以体现。为了反对错误行为人对个人和财物的错误评价,对行为的报应必须以确认错误行为人已经否定了个人和财物的固有价值为条件。

表达报应的根据同时包含责任和惩罚的意义,报应目标实现的关键是判决错误行为的行为有罪。如果法人实施了错误行为却没有承担刑事责任的可能性,法人就会逃避道德谴责,这对于共同体来说,刑事责任的报应意义也会丧失。因此,法人应当对不法行为承担刑事责任。

表达报应根据说从法哲学的层面,立足于刑法的报应目标,对法人刑事责任的正当性根据进行了富有哲理性的论证,对于开阔法人刑事责任理论的视野具有重要的积极意义。但是,它只是从社会表达道德谴责的侧面,论证了法人刑事责任的正当性,而没有从法人的罪责角度入手,因而难以证成法人刑事责任的正当性。

第二节 中国单位犯罪理论

如前所述,1979 年以前中国的经济结构是以全民所有制和集体所有制为基本形式,此时,不存在真正意义上的企业利益。在这一时期,因受到苏联的刑法理论不承认法人犯罪的影响,法人犯罪否定论在我国几乎成为一致的声音和没有异议的观点。1979 年后,我国开始实行改革开放政策,不仅国有企业和集体企业逐步走向市场,企业的自主权和企业的利益受到了肯定,并得到了政策和法律的保护,而且国家还鼓励和引导个体经济和私营经济的健康发展。由于此时在经济领域中出现了大量的企业、事业单位实行走私、投机倒把等犯罪活动,从20世纪80年代初期至90年代前期,我国学界对法人犯罪问题展开了深入的研究,发表了大量的学术论文,出版了多部法人犯罪专著,发生了法人犯罪否定论与法人犯罪肯定论之间的激烈论战。

法人犯罪否定论认为,法人不是犯罪的主体。其理由主要有:(1)把法人作为犯罪主体追究刑事责任,不符合我国法人的社会主义性质和法律特征,不利于我国法人制度的健全和巩固。(2)法人不可能有像自然人那样的意识和意志能力,不可能有犯罪的故意和过失。(3)把法人作为犯罪主体违背罪责自负的原则,容易放纵犯罪和株连无辜。(4)不符合我国的刑罚目的。我国的刑罚目的是教育、改造罪犯,将法人作为犯罪主体与刑罚目的不一致。①

法人犯罪肯定说认为,法人能够成为犯罪主体。其理由主要有:(1)法人犯罪是一种客观存在的事实,社会危害性极大。(2)承认并惩罚法人犯罪,不违背我国的社会主义性质和法律特征,而且有利于健全和巩固我国的法人制度。(3)违法与犯罪之间只有量的差异而无质的不同,两者并无绝对的界限。既然法人可以作为违法的主体,当然也可以成为犯罪的主体。(4)法人的决策机关如同法人的大脑,指挥法人从事各种活动,法人决策机构的决策反映法人的意志,反映法人的主观心理状态。(5)在刑罚上,承认法人作为犯罪主体,由法人承担刑事责任,而不由其他的法人或自然人负责,正是罪责自负原则的体现。(6)惩罚犯罪的法人,可以起到预防法人犯罪的作用。②

总体上讲,法人犯罪否定说是前期的主流学说,在肯定单位犯

① 参见《关于法人不应成为犯罪主体的思考》,载《法学研究》1989年第5期。

② 参见崔庆森:《也论法人犯罪》,载《法学研究》1990年第5期。

罪的《海关法》出台后，法人犯罪肯定说开始逐渐取得主导地位。在1997年《刑法》施行后，我国学者更加关注单位犯罪问题，对之展开了新阶段的理论研究，研究焦点不再围绕是否应当承认单位犯罪，而是正面地探索单位犯罪的处罚根据、单位犯罪的认定或处罚问题。在新阶段的单位犯罪研究热潮中，涌现许多从不同的视角肯定单位犯罪的理论观点，如双重主体论、连带责任论和复合主体论，等等。不过，在该阶段仍有个别学者对单位犯罪持否定的看法。[①]

在两个阶段单位犯罪理论研究的过程中，系统性的单位犯罪理论即全面地研究单位犯罪的处罚根据、单位犯罪的认定和处罚的理论却不多见，主要有以下三种。

一、人格化社会系统责任论

何秉松教授以系统论的理论和方法创立了人格化社会系统责任论。他认为，作为一个由自然人组成的有机整体，法人是一个人格化的社会责任系统。在法人犯罪中，实际上是一个犯罪（法人整体犯罪），两个犯罪主体（法人和作为法人构成要素的自然人）和两个刑罚主体（两罚制）或一个刑罚主体（单罚制）。何教授认为，作为一个系统，法人具有整体性、结构性和层次性。从法人的结构性看，虽然从整体上看，法人系统整体对其构成要素起着统率的主导作用，规定自然人的性能，但是，从法人的内部结构看，法人又是以自然人为中心，依赖并从属于自然人的。自然人的性能如何，特别是掌握法人领导权的自然人的性能如何，对于法人系统的性能有着重要影响，在一定条件下甚至起着决定作用。自然人之所以成为单独

① 参见张克文：《拟制犯罪和拟制刑事责任——法人犯罪否定论之回归》，载《法学研究》2009年第3期。

的犯罪主体,是因为“法人是一个由自然人组成的有机整体,法人的运动或活动是通过作为法人构成要素的自然人的自觉活动来实现的”。“在这两个犯罪主体的关系上,从整体上看法人起着主导作用,作为法人要素的自然人,处于从属地位,但是如果深入其内部结构,则自然人主体起着主要的决定性的作用,而法人又从属于他。因此,在法人犯罪中,法人主体与自然人主体是相互依存不可分割的。”而“为了有效地遏制法人犯罪,除了必须追究法人整体的刑事责任外,在法人系统内部,对那些在法人犯罪中起重要作用和负有重大责任的法人成员,也要追究刑事责任”。①

人格化社会系统责任论反映了法人犯罪作为有别于自然人犯罪的新犯罪类型的客观现实,是我国最早论证法人犯罪的系统性理论,对于推动我国单位犯罪立法和促进单位犯罪的理论研究,都起到了不可替代的作用。但是,该理论也有值得继续研究的地方。例如,它认为,法人犯罪是一个犯罪却有着两个犯罪主体和两个刑罚主体,这在理论上难以令人信服。首先,违背关于犯罪主体与刑罚主体的理论常规。一般认为,犯罪是刑罚的原因,刑罚是犯罪的结果,相应地,犯罪主体与刑罚主体应当是相互对应的。既然法人犯罪是一个犯罪行为,那么法人犯罪的犯罪主体应当只有一个,刑罚主体也应当是一个。而该观点却认为一个法人犯罪有两个犯罪主体和刑罚主体,这显然是违背理论常规的。其次,关于法人与其中的自然人的关系的论述难以成立。依据该观点,在法人犯罪中,自然人与法人都是法人的犯罪主体。然而,被剥离了自然人后,法人还剩下了什么呢?只不过是一堆财产和规章制度。而没有了自然人的法人不可能还有犯罪能力,怎么可能是另一个独立的犯罪主体

① 何秉松主编:《法人犯罪与刑事责任》,中国法制出版社1991年版,第472~476页。

呢？最后，与我国单位犯罪的立法不相符合。依据刑法的规定，单位犯罪是由单位实施的，单位犯罪的主体就是单位，而单位犯罪中的直接责任人员并非犯罪主体，只是受处罚的对象之一。

二、组织体刑事责任论

该理论是黎宏教授所主张的。他认为，我国传统的法人犯罪肯定论存在着多方面的不足。首先，我国的传统法人犯罪肯定论“难以划清单位代表或机关成员的犯罪和单位自身犯罪之间的界限”。因为，传统的法人犯罪肯定论是将单位代表或单位机关的犯罪意思直接转嫁给单位自身，成为单位的意思，那么，单位犯罪的范围就不应当存在着其他限制，杀人、放火、非法拘禁这些通常意义上的自然人犯罪都可以成为单位犯罪的范围。而且，既然如此，也就没有必要承认单位犯罪。同时，作为预防犯罪的对策，也只需要处罚单位中的自然人即可，也没有必要再处罚单位自身，从而衍生出单位犯罪的悖论而否定单位犯罪。其次，“有扩大或缩小单位负刑事责任的范围之虞”。再次，“不符合现实社会中的单位犯罪的实际情况”。他认为，单位犯罪有三种不同的行为类型：其一，单位代表或机关成员直接组织、策划、实施的犯罪。其二，单位的一般的从业人员在从事单位的业务活动中所引起的危害社会的活动。其三，单位自身的原因导致危害结果发生的情况，如单位的目标过高迫使成员违法，或者诱导、鼓励、默认成员犯罪的单位运营机制导致单位成员犯罪。传统的法人犯罪肯定论只是反映了其中的第一种情况，后面两种情形都被弃置于单位犯罪之外。最后，“无法适用于规模较大的现代企业”。因为在较大的企业中，业务决策与实施都分散于各个职能部门或分支机构中，无法确定单位代表或机关成员与单位成员业务活动之间的联系。因而传统的法人犯罪肯定论不能适用于规模大的企业犯罪,只是比较适用于规模小的企业所实施的犯罪。

为解决这些问题,日本刑法学者提出了对法人独立处罚论和企业组织体责任论。但是,这两种理论都存在绝对责任的倾向。为了避免这两种学说上述的不足,他提出应当以与责任主义相调和的形式重构法人固有的刑事责任论。他将自己的主张称为组织体刑事责任论。组织体刑事责任论的出发点是,不依托作为单位组成人员的自然人,从单位组织体的结构、制度、文化氛围、精神气质等因素中推导出单位自身构成犯罪并承担刑事责任的根据。[①] 依据组织体刑事责任论,“在考虑单位固有责任的场合,也应当坚持主、客观相统一的原则,从单位客观上是否实施了犯罪行为及主观上是否具有罪过两方面来进行考虑”。(1)“单位必须实施了应当负刑事责任程度的危害社会的行为,这是单位负刑事责任的前提。”单位实施的危害行为首先表现为通过自然人来实施,并且应当以单位成员的行为是否和单位自身的业务相关的方面为条件来进行考察。(2)“该单位组成人员的行为必须是单位自身意志的真实体现,它是单位负刑事责任的实质要件。”关于单位自身的意志应当从两个方面来判断:一是单位代表或机关成员在业务活动上所作的决定。二是单位的规章制度、目标、政策、激励机制等,它们是单位人格的具体体现之一。[②]

近期,黎宏教授进一步论证了组织体刑事责任论的现实意义,并在此基础上具体阐述了单位犯罪的成立要件。其一,在客观方面上,单位组成人员在单位业务活动中实施了违法犯罪行为。所有单位组成人员的行为,只要发生在单位业务活动范围之内或者单位业

① 参见黎宏:《单位刑事责任论》,清华大学出版社 2001 年版,第 214 页。

② 参见黎宏:《单位刑事责任论》,清华大学出版社 2001 年版,第 319 ~ 329 页。

务活动过程中,均可视为单位的实行行为;只要有一个人的行为满足了具体犯罪的法益侵害要素,即可说符合了单位犯罪的客观要件;任何个人的行为均未达到刑法分则具体犯罪的法益侵害程度要求,但将全体人员的行为集合起来作整体评价时能达到法益侵害程度要求的,也可以说满足了具体单位犯罪的客观要件。其二,在责任方面,单位必须具有主观罪过,即具体犯罪所要求的故意、过失乃至特定目的。单位决策人员或者经其授权的人,在其职务范围之内,决定实施某种违法行为的,推定单位具有故意;在单位的营业目标、政策方针、科层结构、处罚措施中,有鼓励、纵容或者默许其组成人员违法犯罪的内容时,推定单位具有故意;单位选任不恰当的岗位人选,采用有先天缺陷的工艺操作流程,或者应当建立相关制度而没有建立,或者尽管建立了相关制度却疏于执行的场合,可以推定单位具有过失;可以通过客观外在要素的变化来推定单位是否具备具体犯罪所要求的特定目的。[①]

组织体刑事责任论吸收了日本企业组织体责任论的长处,并坚持了责任主义原则,提出了单位犯罪的成立条件及其判断方法,具有重要的理论价值和实践价值,应当给予充分的肯定。前期的组织体刑事责任论存在着两个需要作进一步研究的问题:其一,虽然它宣称该理论是法人固有的刑事责任论,但是,它同时认为单位实施的危害行为又必须通过自然人的违法行为来实现,因此,它并未完全切断与以自然人为媒介的传统归责理论之间的密切联系。其二,关于单位意志的判断依据还有待进一步的论证。前期的组织体刑事责任论认为,单位自身的意志从单位机关的决定和单位的规章制度等制度性因素、政策两个方面来判断,同时“单位代表或机关(包

---

① 参见黎宏:《组织体刑事责任论及其应用》,载《法学研究》2020 年第 2 期。

括单位负责人)所做出的决定是主要的,单位自身的特征是判断单位代表或机关所作的决定是否单位自身意志的真实表现的辅助材料”。而单位意志为何要从这两个方面作判断,而当这两个因素在认定单位意志时发生冲突又应当如何处理呢?则没有作具体的分析。

近期的组织体刑事责任论提出,以“推定的方式”判断单位罪过,推定单位罪过的基础事实则包括单位决策人员或者经其授权的人的违法行为,单位的营业目标、政策方针、科层结构、处罚措施,多种不同的制度缺陷,以及客观外在要素的变化等,而推定事实或者结论既包括单位故意,也包括单位过失和特定目的。但是,单位罪过的认定是否应当无视单位机关的意思?作为推定单位罪过的四个方面的基础事实,性质各不相同,为何都可以成为推定单位罪过的基础事实?当依据不同的基础事实推定的结论不相同时,应当如何认定单位罪过?以及在这四个方面的基础事实之外,是否还存在其他推定单位罪过的基础事实?等等,还值得作进一步的研究。

三、规范的双重证明理论

这是由冯军教授提出的学说。他认为,单位犯罪肯定论与单位犯罪否定论和组织体刑事责任论都没有解决单位犯罪的可罚性问题。他主张,“人们应当致力于创造一种没有人格缺陷的组织”。他认为,1997年《刑法》之所以规定单位犯罪,不是为了谴责单位,而是为了实现规范的双重证明:首先是为了通过法律的外在强制来实现对单位人格同一性的证明;其次是通过缴除单位代表人个体的善良行动根据来保障刑法规范牢不可破的效力。其中,前者是刑法规定单位犯罪的首要目的,后者是次要的目的。关于“通过法律的外在强制来实现对单位人格同一性的证明”,他认为,“因为单位是现代社会中对社会的发展与进步起着最重要推动作用的社会组织，所以，必须证明单位忠诚于法规范的人格同一性。如果不能证明单位忠诚于法规范的内在本质，一切最重要的社会生活都会陷入混乱之中”，通过法律的外在强制来实现对单位人格同一性的证明具有两个原因：“第一个原因是单位与行动相联系的间接性。第二是单位代表人对单位具有形式的强制性。”关于“通过缴除单位代表人个体的善良行动根据来保障刑法规范牢不可破的效力”，他认为，所谓单位代表人的善良行动根据是指“为单位谋利”。为了能够避免单位犯罪，“必须有另一种根据证明这种行动根据的非善良性”，“能够证明单位代表人的行动根据其实并不善良，并用一种有效的外在形式缴除它表面的善良意义的，只能是具有法规范含义的措施，即应该在刑法上采取‘将单位代表人违反单位章程、违反法律为单位谋取利益的行为宣布为单位犯罪并使单位被判处刑罚’这种规范措施”。[①]

应当认为，规范的双重证明理论致力于创造没有人格缺陷的组织，从法规范证明的角度论证规定处罚单位犯罪的必要性，不仅视角独特，而且理论观点和论证方法令人耳目一新，具有重要的理论价值。但是，只是从法规范证明的角度，论证单位犯罪的可罚性是否充分，则不免存有疑问。作为一种独立的犯罪形态，单位犯罪的刑事责任内容丰富，涵盖单位犯罪的可罚性根据与成立条件和处罚等问题，而对这些问题的回答，只有基于单位犯罪的事实特征并考虑到法规范的要求，进行深入的分析和充分的论证，才能形成有说服力的系统性理论。

---

① 冯军：《新刑法中的单位犯罪》，载高铭暄主编：《刑法论丛》第9卷，法律出版社2005年版，第75～76页。

第三节 法人犯罪理论的三维比较

如前所述,中美两国刑法学界关于单位(法人)犯罪的理论学说,流派众多,观点纷呈,难以作个别性的对比,只宜进行总体性的比较。总体上看,两国单位(法人)犯罪理论的差异主要表现为理论类型、表现形式和影响力三个方面。

一、法人犯罪理论类型比较

(一)法人犯罪理论的类型差异

美国法人犯罪理论的类型具有三个基本特点:其一,理论流派林立。美国法人犯罪理论有多种不同的类型,不仅有法人刑事责任肯定论,而且有法人刑事责任否定论和法人刑事责任限制论,而在三种类型的法人犯罪理论之内又有多种不同的学说。因此,美国法人犯罪理论的类型极为多样化。其二,研究方法多样化。美国法人犯罪理论除了运用法学的研究方法,立足于刑罚目的对法人刑事责任进行论证或者反驳外,还有学者运用经济学和公共政策学理论和方法研究该问题。其三,美国法人犯罪理论研究的焦点是法人的刑事责任,关注的是法人是否应当对法人犯罪承担刑事责任,以及承担多大范围的刑事责任。对于作为一种特殊的犯罪类型的法人犯罪的其他问题,如法人犯罪的停止形态问题、法人犯罪的共同犯罪问题等,美国学界研究的并不多。

我国单位犯罪理论的理论类型分为两个不同阶段。在1997年《刑法》施行前,单位犯罪肯定论与单位犯罪否定论相互对垒,一度以单位犯罪否定论为主流观点。然而,在1997年《刑法》施行后,单位犯罪肯定论为通说，崛起了许多单位犯罪学说，单位犯罪否定论成为个别人的见解。当下，我国刑法理论对单位犯罪的关注点，主要是单位犯罪的处罚根据，以及单位犯罪的认定标准和单位犯罪的处罚问题。

对比中美两国单位（法人）犯罪理论的类型，可以发现主要的差异表现为：其一，理论流派的阵容存在差异。其二，研究方法不同。其三，研究焦点不同。美国法人犯罪理论的焦点是法人刑事责任，我国单位犯罪理论将单位犯罪作为一种独立的犯罪类型展开系统性的理论研究，理论研究的领域更为全面。

（二）两国法人犯罪理论类型差异的原因分析

之所以两国的理论研究存在上述差异，究其原因，主要有：其一，理论研究与立法的关联性差异。在普通法传统之下，美国法人犯罪理论研究的技术属性明显，立法变化对学术研究的影响有限，这为美国法人犯罪理论的繁荣和发展创造了宽容的社会条件。在中国，受到大陆法系的法律传统影响很深，单位犯罪的理论研究对立法的依赖性较强，多进行刑法教义学研究，理论研究的主要方向是对现行立法进行诠释。因此，刑事立法的变化对刑法理论研究的影响较大。当刑事立法改变后，刑法理论的研究方向往往会随之发生变化。在单位犯罪不被立法承认时，单位犯罪否定论是主流学说，而在单位犯罪实现法典化后，单位犯罪肯定论就逐渐成为通说。其二，理论研究的社会背景不同。美国法人犯罪研究的时间跨度很大，在不同的社会历史阶段会出现不同的社会问题和社会需求，对法人犯罪理论研究提供了不同的课题。对这些不同社会历史阶段的课题的研究，往往会形成不同的法人犯罪理论。例如，在法人犯罪理论的早期，要解决的问题是否应对法人归责，由此展开的研究造就了雇主责任论；在 20 世纪 70 年代后，对组织归责的正当根据成为研究的焦点,由此产生了多种不同的组织体责任论。在中国,单位犯罪理论研究与中国社会经济条件同样密不可分。在改革开放前,计划经济体制使企业、事业单位没有自身利益,单位也没有实施犯罪的客观条件,这就决定了在这一时期很难发生单位犯罪,因而不存在研究单位犯罪的社会需求,导致学界接受苏联刑法理论对法人犯罪的否定。在改革开放后,中国社会经济体制开始发生转型,单位犯罪不断出现并逐渐成为严重危害社会的行为类型,国家和社会必须对之作出合适的应对。与此相适应,单位犯罪问题在这一时期也成为重要的理论研究对象,多种单位犯罪理论应运而生。

二、法人犯罪理论形式比较

(一)两国法人犯罪理论形式差异

受到法律传统文化和普通法的影响,美国法人犯罪理论的研究主体除学者外,法官也是重要力量。美国法人犯罪理论的表现形式既表现为学者撰写的论文和著作,也表现为法官在判决书中撰写的法官意见。在中国,单位犯罪理论的形式是学术论文和著作,而研究人员主要是学者,也包括少数理论素养高的司法人员。

两国法人犯罪理论形式的差异集中表现为美国的法官意见是法人犯罪理论形式,而我国不存在这种情况。部分美国法人犯罪理论表现为法官的意见,对于法人犯罪理论的发展起到了非常重要的作用。虽然立法可以具有一定的超前性,但是受人类认识能力存有局限和立法程序复杂等因素的限制,在多数情况下法律通常滞后于社会现实。而且,现实中的案件千姿百态,情节迥异,抽象的法律条文与具体案件之间并非总是相互吻合的。面对新出现的案件应当如何处理,制定法有时未作出明确的规定,此时法官如何适用法律就变得非常重要。在英美法系中,对于新出现的复杂案件,法官会针对案件的特殊情况展开具体的分析,并对裁判结论进行论证,除援用制定法外,论证的方法通常表现为引用以前的判例或者学者的论著,以论证待处理的行为是有罪或者无罪的。如果既无判例可以直接引用,也无制定法作为依据,法官还可以对相关案件进行分析和评论,作出不同于以往判例的新判决,从而形成新的判例,确立新的法律规则。而新规则的确立,则为以后处理相同或者相近的案件提供了规范依据。如果说大陆法系的法律适用方法是演绎法,那么,英美刑法适用的方法就是归纳法。从某种意义上讲,英美法系的判决书就是法官的论文,而法官也会在判决书上署名。如果法官意见有分歧,则以多数人的意见作出判决,但是少数人的不同意见可以附卷,以作为以后处理同类案件的参考。如果在法人犯罪判例中,法官意见提出并论证了一项新的具有重大理论意义的法律规则,就有可能创立了新的法人犯罪理论。

(二)两国法人犯罪理论形式差异的原因分析

美国之所以会出现以法官意见形式呈现的法人犯罪理论,而中国却没有,这与两国的法律文化传统有关。美国法属于重视经验的英美法系,普通法是重要的法律渊源。英美法系法官的司法活动具有“造法”的功能,法官的意见有可能确立新的法律规则,从而成为法学理论的组成部分。替代责任论和同一视论以及许多其他法人犯罪规则,都是由英国、美国的法官创造的。相反,中国法律深受大陆法系法律传统的影响,以成文法为法律的唯一渊源,法官审理案件只能依据法律规定对案件进行演绎性裁判。一般来说,法官的裁判意见较为简单,通常也不会展开复杂的理论论证,说理性不强,因而难以成为法人犯罪理论的表现形式。如果司法人员想研究单位犯罪问题,创立单位犯罪理论,也必须与理论工作者一样,通过撰写、发表学术论文或者出版学术著作的形式来实现。[①]

三、法人犯罪理论影响力比较

（一）两国法人犯罪理论影响力差异

如前所述，美国学界对于法人犯罪的理论研究不仅历史悠久，学派众多，而且研究成果丰富。与之不同的是，中国刑法学界对单位犯罪的研究不仅时间较短，而且研究的深度和广度都比较有限。受此影响，两国的法人犯罪理论研究对刑事立法和刑事司法的影响程度和方式有所不同。美国法人犯罪理论研究对于刑事立法和刑事司法具有直接和重要的影响力。有些美国法人犯罪理论本身就源于法官意见，如雇主责任论和同一视论。源自法官意见的法人犯罪理论一旦诞生，与之相伴的便是法律规则的改变和判决结果的更新。有些美国法人犯罪理论虽然不是源于判例，但是也对法人犯罪的刑事立法和刑事司法产生了重要影响。以组织体责任论为例，该理论重视从法人的自身特征寻找处罚法人的依据，许多观点在美国的《组织犯罪的量刑》和司法部起诉法人规则都得到了体现，如《组织犯罪的量刑》关于合规计划的规定，司法部起诉法人规则关于起诉法人要考虑法人不法行为的历史、法人合规计划等规定。

中国的单位犯罪理论研究成果对立法进程、司法解释和司法裁判结论的影响较有限，即使能够产生一定的影响，基本上也是间接的。也就是说，立法机关工作人员和司法工作人员通过学历教育、职业训练和业余自学等途径，接受了学者提出的单位犯罪理论，进而反映在所从事的立法、司法解释和司法裁判之中。单位犯罪理论的研究成

① 参见熊选国、牛克乾：《试论单位犯罪的主体结构——“新复合主体论”之提倡》，载《法学研究》2003 年第 4 期。

果不会对立法、司法解释的制定或者案件的裁判产生直接的影响。

(二)两国法人犯罪理论影响力差异的原因分析

中美两国在单位(法人)犯罪上的理论研究影响力的差异形成的原因主要有:其一,社会经济发展状况的差异。美国自成立之日起就处于资本主义阶段,市场经济发达,法人活动对社会的危害日趋严重,规制法人行为是社会生活的迫切需要。这为法人犯罪理论的研究和发展奠定了坚实的社会基础。与之相反的是,我国在新中国成立后的很长一段时间实行计划经济,企业没有自主权和经营权,缺乏犯罪的内在动力。直到20世纪70年代末后中国开始进行经济体制改革,这一局面才得以发生改变,随之出现了大量的单位犯罪,才催生出中国的单位犯罪理论。如果撇开中国旧的刑法理论研究,中国单位犯罪理论的研究时间不过40余年,只是美国长达200多年的研究历史的近1/5。其二,中国单位犯罪理论研究受到大陆法系理论的影响深。以往大陆法系国家刑法理论普遍否定法人的犯罪能力,不承认法人犯罪,认为应当将法人的违法行为认定为法人成员的个人犯罪或者法人行政违法行为予以处罚。中国当代的刑法理论研究,深受德国、日本和苏联刑法理论主流学说不承认法人犯罪的影响,也是严重地制约中国单位犯罪理论研究发展的重要因素。其三,文化制度环境的差异。美国文化崇尚实用主义,政府和社会对于能够解决现实问题的方案往往持开放性态度,一般不会拘泥于某种固有观念而不动摇。因此,只要法人犯罪理论具有实用性,能够解决遇到的现实问题,就很容易得到立法者和司法人员的支持和应用。这为法人犯罪理论的发展提供了良好的激励机制。而中国传统文化有中庸的倾向,人们习惯于信赖处于主导地位的传统理论,对于新出现的理论主张容易产生怀疑心理,在实践中也不会主动加以运用,在一定程度上也会制约单位犯罪理论研究的发展。

第三章　法人犯罪的成立条件比较

法人犯罪的成立条件是认定法人犯罪成立的法律标准，在刑事司法实践中具有重要的地位。由于受到法律文化传统和社会现实等因素的影响，中国的单位犯罪的成立条件与美国的法人犯罪存在重大的差异。通过对两者的内涵的评介和比较，可以发现各自的特点和成因，并为借鉴对方之所长奠定基础。

第一节　美国法人犯罪的成立条件

一、美国法人犯罪的归责原理

（一）理论争议

关于美国法院所适用的法人犯罪归责原理，在理论上存有两种不同的观点：其一，雇主责任论。拉菲弗（Wayne R. LaFave）教授认为，美国的法人刑事责任是将民事侵权法中的雇主责任原理，适用于对法人犯罪的归责，其性质是替代责任。[①] 其二，雇主责任论和同一视论说。即认为雇主责任论和同一视论都是美国法人犯罪的归

---

① Wayne R. LaFave, *Criminal Law*, *Fourth Edition*, West Press, 2004, p. 705.

责原理。有学者对美国法院采用的法人犯罪归责原理进行了具体的分析，认为美国联邦法院对法人犯罪归责采用雇主责任论，而州法院采用的法人犯罪的归责原理则呈现多样化特点。美国州法院适用的归责原理有雇主责任论、同一视论，以及《模范刑法典》采用的雇主责任论和同一视论相组合的综合体制等不同归责原理。①

（二）美国法人犯罪归责原理的多样性

应当说，后一种观点对美国法院采用的法人犯罪的归责原理的分析更为准确。而之所以会出现前一种观点，有可能是因为雇主责任论涵摄的范围更广，因为凡能为同一视论归责的行为，必定符合雇主责任论。然而，雇主责任论与同一视论毕竟是两种不同性质的归责原理，不能因为两者的适用范围存在包容关系，就将依据同一视论进行归责的情形也归结为采用雇主责任论。况且，作为联邦制国家，美国的各州都享有立法权，也不太可能都统一地遵循雇主责任论。

二、美国法人犯罪的成立条件

由于美国联邦法院和各个州法院采用的法人归责原理不同，以及不同州的刑法典的相关规定不同，联邦法院和不同州的法院判决法人犯罪成立的条件各不相同，难以穷尽。

关于雇主责任论之下法人犯罪的成立条件在理论上存有不同的看法。美国司法部起诉规则《联邦对公司的起诉》（1999 年 6 月）第 1 条规定，“要使法人对代理人的不法行为承担责任，检方必须证明：法人代理人的行为必须（1）发生职责范围内；（2）至少部分地出于为法人谋利的目的”。在表面上看，法人犯罪的成立条件只需要

---

① 参见［日］松原久利等：《诸外国法人处罚的动向》，载日本《刑法杂志》第 41 卷第 1 号。

具备两个条件,但是在该两个条件之前还存在一个前提条件,即代理人的不法行为。因此,实际上,美国法人犯罪的成立条件包括“代理人实施不法行为”、“发生在职责范围或者雇佣范围内”以及“出于为法人谋利的目的”三个条件。但是,如果采用同一视论对法人归责,法人犯罪的成立条件则有所不同。

在理论研究上,许多学者认为,美国法院采用雇主责任论的法人犯罪成立的条件包括以下三个。

(一)代理人的行为是发生在职务或者雇佣(employment)范围内

1909年美国联邦最高法院在 *New York Central & Hudson River Railroad Co. v. United States* 案中,第一次确立了法人应当对法人代理人(agent)在职务范围内的行为承担刑事责任的规则。近期,在更多判例中,如 *United States v. Route* 2, *Box* 472[①],法院作出裁定,只要法人从业人员(employees)的行为发生在权限(authority)范围内,并且意图为法人的利益,法人应当为之替代地(vicariously)承担刑事责任。依据《模范刑法典》的规定,代理人是指法人或者非法人团体中的任何董事(director)、高级管理人员(officer)、雇员(servant)、从业人员(employee)和其他被授权代表法人的人员(other person authorized to act in behalf of the corporation)。而根据《联邦量刑指南》的规定,代理人是指法人代表、高层管理人员、一般从业人员及包括独立承包人在内的为了法人利益而被赋予活动权限的个人。

以前,一般认为,代理人必须是特定的,即只有能够认定某个特定的代理人在职务范围内为了法人的利益而实施犯罪,才能判决法人有罪。后来,在具体的判例中代理人的范围有所扩大,并且

① 60 F. 3d 1523,1527(11th Cir. 1995).

在不能具体确定实施法人犯罪的代理人时,也能够认定法人犯罪的成立。法人犯罪依赖于特定的法人代理人行为的状况已经有所改变。

作为一个非身体性的法律实体,法人不能实施或者意欲实施行为。相应地,法院只能关注法人的雇员,将他们的危害行为和犯意归责于法人。只要雇员在特定的行为中具有实际权限(actual authority)或者明显权限(apparent authority),就满足了该条件。而当法人明知或者故意授权给雇员,法人雇员就具备实际权限。法院判例认为,实际权限的表现形式广泛,那些可能不被法人所容许但是在代理人的权限范围内所发生的行为也被包括在其中。而当第三人有理由相信法人代理人具有实施某行为的权限时,该法人雇员就具备明显权限。

即使法人执行了明确禁止犯罪的政策,雇员的行为仍能归责于法人。虽然有学者认为,当代理人与法人行为之间缺乏有意义的联系时,判令法人为代理人的犯罪行为承担替代责任是不公平的。然而,美国联邦第四巡回审判庭审理的 *United States v. Basic Construction Co.* 案确立了联邦法律中的法人刑事责任普遍原则。[①]在法庭审理中,被告人辩称,操纵投标的行为都是下属雇员所为,高层管理人员对此根本不知情,并且公司章程严格禁止这样的行为。对此法院裁定,只要雇员在其职权或明显的职权的范围内,为了法人的利益而行为……即使违反法人政策或者明确的命令,法人也应当为由雇员实施的违反《反托拉斯法》的行为承担刑事法律责任。依据《谢尔曼法》关于操纵州道路建设合同投标的规定,法院判决基础建设公司(Basic Construction Co.)的犯罪成立。此后,在美国,法

① 711 F.2d 570 (4th Cir. 1983).

人刑事责任原则得到了更为广泛的承认。[①]

当然,如果法人证明了已经建立致力于减少犯罪的法人政策,法人就有资格得到减轻处罚。这一以预防犯罪为目标的政策是为免除法人的责任而设计的合规计划(compliance program)的一部分。但是,具有合规计划并不禁止法院判处法人的刑事责任。

许多州法院不采用雇主责任论,而是依据制定法规定,采用同一视论,认为法人只对由“高级管理代理人”(high managerial agent)所实施的犯罪行为承担刑事责任。同时,还有些州法院接受了这样的规则:法人对代理人所实施的行为承担刑事责任,并不要求该行为得到了法人的董事、经理或者其他高级管理人员的批准。[②]

法人的独立承包商(independent contractors)实施的犯罪也可以归责于法人。至少有一个法院认为,独立的承包商为了法人的利益而实施犯罪,可以将独立承包商的行为归属于法人,法人应当为之承担刑事责任。这一规则阻止了法人通过将商业活动中更危险的部分发包给他人而逃避刑事责任。在 *United States v. Parfait Power Puff Co.* 案中,被告人(Parfait Power Puff Co.)与独立的承包商之间签订了一份协议,由后者制造和销售被告人的化妆品。为被告人所不知的是,独立的承包商使用了不被《食品、药品和化妆品条例》所允许的成分生产化妆品。被告人提出,是承包商而不是被告人实施了犯罪行为,因而作为被告人的法人不应当承担刑事责任。美国联邦第七巡回法庭驳回了被告人的申辩,认为当法人签订合同将生产和销售的责任转移给承包商时,被告人就应当承担由此带来的风险。

---

① William S. Laufer, *Corporate Bodies and Guilty Minds*, Emory Law Journal, Vol. 43:648, p.651(1994).

② Jonathan C. Poling & Kimberly Murphy White, *Corporate Criminal Liability*, American Criminal Law Review, Vol. 38:532, p.533(2001).

(二)出于为法人谋利的目的(for benefiting the corporate)

雇员为了法人的利益而实施不法行为,而满足这一条件,并不要求法人实际上得到了利益,只要雇员具有为法人谋利的意图,就符合该条件。同时,为了法人的利益并不要求雇员的主要目的是法人的利益,只要其次要的目的是法人的利益就足够了,因为许多雇员在思想上往往是优先考虑个人的利益而行动的。在一些判例中,法院认为,即使法人没有从雇员的行为中获得实际的利益,雇员违反法人明确的指导或者政策的行为也可以归责于法人。除了法人是贪污或者非法骗取手续费之类的犯罪的被害人外,法人代理人的行为都能满足"为了法人的利益"这一条件。①

如果雇员所实施的犯罪明显不符合法人的利益,法人就不应当为之承担刑事责任。在 *Standard Oil Co. v. United States* 案中,第五巡回法庭拒绝支持针对美孚石油(Standard Oil)公司的有罪判决,因为代理人所实施的犯罪行为是为了第三方的利益,而不是为了上诉人美孚石油公司的利益。法院指出:"该法人不具有明知或者对承担责任而言十分关键的心理状态,不忠实的雇员所实施的行为为雇主之外的其他人谋取了利益。"因此,法人雇员的行为背叛了其对法人的信托义务,法人不承担刑事责任。

该成立条件起到了保护法人的作用,免除法人为违反法人利益或者只是单纯为了另一个人的利益的雇员行为而承担刑事责任。

(三)代理人的故意归责于法人(imputing the intent of the individuals to the corporation)

只有代理人具有法定的犯罪心态,代理人实施的犯罪行为才能归责于法人。代理人实施犯罪行为的客观事实,判断起来较为容

---

① 参见[日]松原久利等:《外国法人处罚人动向》,载日本《刑法杂志》第41卷第1号。

易，困难的是在法人犯罪背景下代理人的犯罪心态应当如何判断，因而代理人的故意成为法人犯罪认定中的重要问题。为此，美国法院提出了多种将代理人的明知归属于法人的规则，其实质是认定代理人具有构成某种犯罪必须具备的法定的犯罪心态。认定代理人的犯罪心态主要的规则如下。

第一，集合明知原理(collective knowledge doctrine)。集合明知原理是依据数个人代理人的认识内容之和，如果能够认定对犯罪事实具有认识，就能判定法人有罪的规则。[①] 当没有一个单独的雇员具有过错时，联邦法院通过将全部或者部分法人雇员的明知的总和视为代理人的明知，认定法人为之承担刑事责任。隐藏在该原理背后的法理是，为了防止法人通过将义务部门化和分割化而逃避刑事责任。因为，在面临刑事指控时，法人有可能以被部门化或者分割化的雇员行为存在疏忽，法人本身没有犯意为借口而进行辩护。在规模大的法人所实施的犯罪中，有时难以证明某个代理人是在法律规定的犯意之下实施了违法行为。为了解决在此种情形下法人犯罪的认定，法院就依据集合明知原理来进行判断。但是，集合明知原理也具有适用范围的例外，即对要求有欺诈意图或者共谋意图等特别主观要素的犯罪不能适用。在此类犯罪中仍然至少需要有一个代理人完整具有这种特别的主观要素，才能成立法人犯罪。[②]

第二，恶意漠视原理(willful blindness doctrine)。依据传统刑法中的恶意漠视原理，如果被告人已经意识到或者怀疑存在犯罪，有

---

① 参见[日]川崎友已：《企业的刑事责任的新展开——企业(法人)处罚立法论的检讨》，载日本《同志社法学》第53卷第8号。

② 参见黎宏：《论单位犯罪的刑事责任》，载《法律科学》2001年第4期。

可能而没有作进一步的核实，那么，被告人就是出于明知。[①] 恶意漠视原理适用于对法人归责的情形是，法人怀疑代理人实施犯罪行为，但为了逃避责任而有意不去设法减轻犯罪的损害或者对犯罪作进一步的调查。这种情形表明法人对代理人的犯罪是明知的。*United States. v. Bank of New England*, *N. A.* 案就是运用恶意漠视原理归责的判例。顾客麦克唐纳（McDonough）在被告人新英格兰银行（Bank of New England）的一家分行提取了数额超过 1 万美元的现金。该银行的代理人没有按照联邦法律的要求，在 15 日内填写《现金业务报告》予以登记，事后该银行也没有对这一事件展开调查。被告人新英格兰银行因为违反《现金业务报告法》而遭到了起诉，并被判犯罪成立。被告人不服有罪判决，并提起了上诉。第一巡回法庭支持了有罪判决，认为上诉人新英格兰银行（管理性代理人）故意地无视法律所规定的登记要求，并冷漠地对待报告义务，应当为之承担刑事责任[②]。

第三，共谋（conspiracies）责任原则。依据该原则，对于代理人之间的犯罪共谋，或者代理人与非代理人之间的犯罪共谋，法人应当承担刑事责任。在传统刑法中，犯罪共谋是指两个或两个以上的人为了实施犯罪，或者非法行为，或者用犯罪手段来完成一个本身不是犯罪的行为，而进行的协议。[③] 在 *United States. v. Hughes Aircraft* 案中，被告人休斯飞机公司（Hughes Aircraft Co.）的代理人纳若（Donald LaRue）负责管理公司所生产的微电子元件的测试工

① A. P. Simester & G. R . Sullivan, *Criminal Law Theory and Doctrine*, Hart Publishing, 2004, p. 147.

② See Cynthia E. Carrasco & Michael K. Dupee, *Corporate Criminal Liability*, American Criminal Law Review, Vol. 36:445, p. 454(1999).

③ 参见储槐植：《美国刑法》（第 2 版），北京大学出版社 1996 年版，第 149 页。

作,确保每个微电子元件的精确性。然而,纳若对微电子元件不作测试,就为之贴上已经通过全部测试项目的标识。当他的助理向纳若的上级领导反映,并请他注意这一问题时,得到的回答却是纳若的决定由他自己负责,不必过问。被告人休斯飞机公司和代理人纳若,因为共谋欺骗和虚假陈述而遭到起诉。被告人休斯飞机公司辩解说,犯罪共谋的成立要求两个或者两个以上的人或者商业机构之间达成协议,法人与其代理人之间不可能成立犯罪共谋,因此自己不应当承担共谋的刑事责任。考虑到如果接受该辩解,将没有任何法人为犯罪共谋承担刑事责任,第九巡回法庭没有接受由被告人休斯飞机公司所提出的所谓法人内部不存在犯罪共谋的辩解。依据联邦法律关于只要一个代理人欺骗政府,并引起了监管人员的注意或者为监管人员所漠视就成立法人犯罪共谋的规定,该巡回法庭判决被告人休斯飞机公司的犯罪成立。[①]

第四,合并(mergers)和解散(dissolution)的责任原则。法人还可能为它所兼并的公司以前的不法行为承担刑事责任。在提起任何起诉之前,如果随着法人兼并而发生了巨大的人事变动和重新组合,作为继承者的法人在抗辩上会面临特别的困难。

许多法人因为所兼并的公司以前所实施的犯罪行为或者违反秩序的行为而受到起诉。对针对以前的公司在兼并前的共谋的起诉,法人不得不为之进行抗辩。在决定法人是否为所兼并的法人以前的行为承担责任时,联邦法院有可能需要适用州的公司法,以确定以前法人的责任。

与此相近的是,即使法人解散发生在起诉之前,法人也不可能

---

① 参见[美]凯瑟琳·F.布里基:《公司犯罪与白领犯罪:案例与资料》,中信出版社 2003 年版,第 93~94 页。

总是因为解散而逃避刑事责任。依据一些州的法律,那些濒临倒闭的法人有时也不得不针对刑事起诉而进行抗辩。

第五,包庇重罪(misprision of felony)原理。包庇重罪的成立需要符合四个条件:一是主犯犯有重罪;二是法人被告人明知主犯犯有重罪;三是法人被告人明知主犯犯有重罪而没有尽快地向官方举报;四是法人被告人实施了积极的行为掩盖重罪。实施积极的掩盖重罪的行为是成立包庇重罪的必要条件,如果只是没有及时向官方举报,或者只是意图掩盖重罪,而没有实施积极的掩盖重罪的行为,则不以构成包庇重罪。1996 年,在 *United States v. The Daiwa Bank. Ltd.* 案中,大和银行(Daiwa Bank. Ltd.)成为第一个因为包庇重罪而受到刑事起诉的法人。检方指控,大和银行的高级职员只要知道有贸易损失,就以篡改贸易记录和卖出未经授权的由大和银行客户所持有的股票为手段,迅速加以隐瞒,以防止客户和美联储发现其贸易损失。在 11 年的时间内,大和银行所隐瞒的贸易损失数额累计达 1.1 亿美元。大和银行因包庇重罪而遭到起诉。在诉讼过程中,大和银行要求法庭驳回政府针对其包庇重罪的起诉,并提出三点辩解理由:首先,复杂的金融犯罪是难以了解和证实的,并且对股东所负有的信托义务要求它在举报犯罪之前进行彻底的调查。只要调查证实了发生重罪行为,大和银行就会尽快依要求予以披露。其次,制定法所规定的"尽快"的含义是不清晰的,不能为法人提供明确的指导,法人不知道如何在披露义务和调查义务之间的潜在冲突中进行协调。因此,将这种内涵不清楚的规定适用于法人是不符合宪法的。最后,有些法人过了更长的时间才披露代理人的欺诈行为,却没有遭到包庇重罪的起诉。然而,大和银行的上述辩解并没有被法院所接受,并被判处创纪录的 34 亿美元的罚金。通过此案,包庇重罪适用于法人的规则得到了确立。

在理论上,有学者针对雇主责任论,提出了法人刑事责任的两个辩护理由。其一,合规计划(compliance program)。由于在司法实践中,法人被判有罪的频率增大,以及被判处的罚金数额巨大,有些学者开始提出合规计划应当成为辩护事由,以保护公司使之免受刑事处罚。然而,在实践上合规计划并未被赋予辩护事由的地位。即使法人的合规计划符合《模范刑法典》所规定的"适当的注意"(due diligence)的要求并被实施时,如果法人雇员在职务范围内为了法人的利益而实施犯罪,联邦法院仍会判处法人有罪。而公开或者印制了命令和政策,但没有认真执行,就更不能免除法人为法人雇员的违法行为承担刑事责任。甚至代理人的犯罪行为与法人禁止不法行为的反复警告相矛盾,法人也难以逃脱刑事责任。不过,合规计划不具有辩护事由的地位,并不排除其在量刑上具有重要意义。其二,不可能(infeasibility)。有学者认为,当代理人的犯罪行为具有不可预防性时,应当认为法人具有辩护事由。然而,在美国联邦法院的裁判中,即使法人证实无法预防雇员的行为,也不足以击败刑事起诉。因为,法人有义务甄别并消除不法行为,如果法人雇员是有罪的,法人就要负责任。换言之,监督雇员的行为是法人业务的一部分,法人为代理人的犯罪行为承担刑事责任,是因为法人没有履行不可委托的监督义务。[①] 可见,虽然在理论上有学者提出了法人犯罪的辩护事由,但是在司法实务上都没有被联邦法院所采纳。

虽然法人犯罪在美国得到了广泛的承认,但是美国许多州在法人刑事责任问题上并不都是采用雇主责任论。这些州法院在审理法人犯罪案件时,会依据各自采取的立场,依据制定法规定的条件

---

① Sean Bajkowski & Kimberly R. Thompson, *Corporate Criminal Liability*, America Criminal Law Review, Vol. 34:445, p. 448 (1997).

判决法人是否对法人代理人、雇员的行为承担刑事责任。[①]

近期,美国法人犯罪归责发生了新的变化。随着安达信事件和其他丑闻的曝光,社会公众十分关注法人犯罪问题。在这种社会背景之下,2002 年美国国会通过萨班斯法(Sarbanes-Oxley Act),加重了法人和代理人的刑事责任。该法通过后,绝大部分的调查和起诉都针对不法行为人,而非针对法人。除非法人阻碍联邦起诉人的调查,该法律的出台并没有导致受到起诉的法人数量的增加。[②]

第二节　中国单位犯罪的成立条件

我国《刑法》第 30 条规定:“公司、企业、事业单位、机关、团体实施的危害社会的行为,法律规定为单位犯罪的,应当负刑事责任。”该法条是刑法专门规定单位犯罪的成立条件的刑法条文。该规定表明,单位犯罪是单位实施的犯罪行为,单位的刑事责任是对单位犯罪所承担的刑事责任。然而,单位是如何实施犯罪,或者单位犯罪的成立条件是什么并不明确。

一、司法解释关于单位犯罪的成立条件的规定

(一)关于单位犯罪的成立条件的司法解释

为了满足单位犯罪司法实务的需要,最高人民法院和最高人民检察院对单位犯罪的认定问题作出了多个司法解释。与单位犯罪

---

① Jonathan C. Poling & Kimberly Murphy White, *Corporate Criminal Liability*, America Criminal Law Review, Vol. 38:525, p. 532(2001).

② Tania Brief & Terrell Mcsweeny, *Corporate Criminal Liability*, American Criminal Law Review, Vol. 40:337, p. 343(2003).

成立的客观条件相关的司法解释主要是最高人民法院 1999 年 6 月发布的《关于审理单位犯罪案件具体应用法律有关问题的解释》(以下简称《单位犯罪解释》)和 2000 年 9 月发布的《全国法院审理金融犯罪案件工作座谈会纪要》(以下简称《金融犯罪纪要》)。

(二)单位犯罪的成立条件

《单位犯罪解释》从消极的角度,确立了单位犯罪成立条件。《单位犯罪解释》第 3 条规定:“盗用单位名义实施犯罪,违法所得由实施犯罪的个人私分的,依照刑法有关自然人犯罪的规定定罪处罚。”依据该规定,不是以单位名义实施的犯罪,或者违法所得不归单位所有的,不能成立单位犯罪,只能认定为自然人犯罪予以处罚。《金融犯罪纪要》第 2 部分前言规定:“以单位名义实施犯罪,违法所得归单位所有的,是单位犯罪。”该规定则是司法解释关于单位犯罪的成立条件的明确规定。依据该规定,单位犯罪的成立需要具备“(单位成员)以单位名义实施犯罪”和“违法所得归单位所有”两个条件。

关于单位犯罪的主体条件,《单位犯罪解释》主要有三项规定:其一,关于单位类型的规定。《单位犯罪解释》第 1 条规定:“刑法第三十条规定的公司、企业、事业单位,既包括国有、集体所有的公司、企业、事业单位,也包括依法设立的合资经营、合作经营企业和具有法人资格的独资、私营等公司、企业、事业单位。”该条不仅规定了单位中的“公司、企业、事业单位”的范围,而且明确了单位必须是合法设立的单位。其二,关于单位的消极条件的规定。《单位犯罪解释》第 2 条规定:“个人为进行违法犯罪活动而设立的公司、企业、事业单位实施犯罪的,或者公司、企业、事业单位设立后,以实施犯罪为主要活动的,不以单位犯罪论处。”该条从消极的角度明确了非法成立的单位不是单位犯罪的主体,这里的非法成立是指单位设立在形式上合法但是在实质上是非法的。其三,关于单位的分支机构和内设机构的规定。《金融犯罪纪要》第2部分第1条规定:"……以单位的分支机构或者内设机构、部门的名义实施犯罪,违法所得亦归分支机构或者内设机构、部门所有的,应认定为单位犯罪。不能因为单位的分支机构或者内设机构、部门没有可供执行罚金的财产,就不将其认定为单位犯罪,而按照个人犯罪处理。"该条的规定明确了单位的分支机构或者内设机构、部门为单位犯罪的主体的特殊形式,所实施的犯罪符合单位犯罪的其他条件的,成立单位犯罪。

关于被撤销、注销、吊销营业执照或者宣告破产前的单位犯罪,应当如何处理,2002年7月最高人民检察院发布的《关于涉嫌犯罪单位被撤销、注销、吊销营业执照或者宣告破产的应如何进行追诉问题的批复》规定:"涉嫌犯罪的单位被撤销、注销、吊销营业执照或者宣告破产的,应当根据刑法关于单位犯罪的相关规定,对实施犯罪行为的该单位直接负责的主管人员和其他直接责任人员追究刑事责任,对该单位不再追诉。"

概言之,司法解释规定的单位犯罪的成立条件包括合法成立的单位、以单位名义实施和违法所得归单位所有三个条件。不难看出,中国现行司法解释只是规定了单位犯罪成立的客观条件和主体条件,却未触及单位犯罪的主观条件,因而是不完整的。因此,仅凭司法解释的规定,司法机关并不能准确地作出单位犯罪是否成立的判断。单位犯罪的成立条件实际上是在上述三个条件的基础上,依据犯罪构成理论加以补充而成的。

二、单位犯罪的成立条件的理论分析

(一)理论争议

如何补充单位犯罪的成立条件,与确立单位犯罪的性质有关。

关于单位犯罪性质,有些学者认为,单位犯罪与自然人犯罪是两种不同性质的犯罪类型,判断单位犯罪的成立条件是单位犯罪的犯罪构成,而不是一般意义上的犯罪构成。例如,有些学者认为,单位犯罪的犯罪构成包括单位犯罪的客体、客观方面、主体和主观方面。[①]显然,这些主张单位犯罪的成立标准是特别的犯罪构成的观点,割裂了单位犯罪成立与自然人犯罪成立之间的联系,制造了犯罪成立上的二元化,不利于维护刑法理论的统一性与体系化。

有些学者认为,犯罪构成是统一的犯罪成立条件,单位犯罪与自然人犯罪的成立都是依据犯罪构成来判断的,不存在单位犯罪的犯罪构成与自然人犯罪的犯罪构成。例如,有学者认为,“单位犯罪与自然人犯罪只是实施犯罪的主体不同,其他方面没有区别。换言之,单位犯罪并没有与自然人犯罪不同的犯罪构成和犯罪成立条件”。[②] 该观点肯定了犯罪构成的统一性,有利于维护刑法理论体系的统一,具有重要的理论价值。然而,单位犯罪毕竟不同于自然人犯罪,单位犯罪的认定不可能简单地等同于自然人犯罪的认定。因而,该观点存在着有待商榷之处,它既没有论证单位犯罪为何能与自然人犯罪一样适用统一的犯罪构成,也没有谈到单位犯罪的成立与犯罪成立之间的关系。

(二)单位犯罪的成立条件的定位

虽然现行刑法和司法解释关于单位犯罪的成立条件的规定并不具体和全面,但是事实上法院在处理单位犯罪案件时必定会依据单位犯罪的成立条件来判断单位犯罪是否成立。笔者认为,只能在现行刑法和司法解释的规定的基础上,运用刑法理论去“发现”隐含

---

① 参见黎宏:《单位刑事责任论》,清华大学出版社 2001 年版,第 238 页。

② 张明楷:《犯罪论体系的思考》,载《政法论坛》2003 年第 6 期。

的单位犯罪的成立条件。

单位犯罪的成立条件并不是一个孤立的问题,因而不能只是将目光局限于认定的标准之上。对单位犯罪的成立条件与犯罪构成的关系的界定,以明确单位犯罪的法律地位作为理论前提。应当指出的是,不能因为我国《刑法》既规定了自然人犯罪,又规定了单位犯罪,就简单地认为自然人犯罪和单位犯罪是并列的关系,两者毫不相干。关于自然人犯罪与单位犯罪之间的关系,应当立足于法规范的层面体系性地作出判断。而《刑法》关于单位犯罪的规定充分表明,单位犯罪是一种新的犯罪形态。具体地讲,“单位犯罪”被规定于《刑法》总则第二章“犯罪”的第四节,而该章的前半部分分别是第一节“犯罪和刑事责任”、第二节“犯罪的预备、未遂和中止”和第三节“共同犯罪”。第一节“犯罪和刑事责任”规定了犯罪成立与刑事责任的共通性规则,而第二节“犯罪的预备、未遂和中止”和第三节“共同犯罪”则是关于犯罪成立和刑事责任特殊规则的规定,即犯罪形态的规定。其中,第二节规定的是故意犯罪形态,第三节是关于共同犯罪的规定。单位犯罪被规定在故意犯罪形态和共同犯罪之后,规定的内容涵盖单位犯罪的主体范围、危害行为和单位犯罪的处罚原则等,也属于犯罪成立和刑事责任的特殊规则。因此,一如故意犯罪形态和共同犯罪,单位犯罪的性质也是犯罪形态。更能说明单位犯罪地位的规定是《刑法》分则条文。《刑法》分则条文规定单位犯罪最常见的立法方式是,在某法条的前款规定了某种犯罪的构成特征和法定刑后,次款接着规定:“单位犯前款罪的,对单位处以罚金,并对其直接负责的主管人员和其他直接责任人员处以……”该立法方式充分表明了单位犯罪是由一种不同于自然人的犯罪主体所实施的犯罪,除了其犯罪主体不同于自然人犯罪之外,其他犯罪构成条件与自然人犯罪是完全相同的。只有依据犯罪构成,才能对单位犯罪是否成立作出判断。若离开了犯罪构成,就无法判断单位犯罪是否成立。因此,单位犯罪属于因犯罪主体的特殊性而形成的新的犯罪形态。

作为一种新的犯罪形态,单位犯罪的成立同样必须符合犯罪构成,只不过所符合的犯罪构成是修正的犯罪构成。单位犯罪所适用的修正的犯罪构成,除了在犯罪主体上进行了修正之外,其他三个方面的构成要件与基本的犯罪构成完全相同。例如,单位犯罪的成立必须符合犯罪主观要件,当某种犯罪是故意犯罪时,单位实施该种犯罪在主观方面也必须出于故意。由于其他三个方面的构成要件与基本的犯罪构成相同,在单位犯罪的认定上就没有必要作完全相同的重复判断。总体上讲,单位犯罪的成立条件由两个部分构成:其一,被修正的主体要件。在犯罪主体上,由基本的犯罪构成中的"自然人"修正为"单位",因而单位是单位犯罪的第一个成立条件。只有单位实施的危害行为,才能成立单位犯罪。其二,单位犯罪符合主观要件和客观要件的特殊事实特征。之所以在认定单位犯罪时还要考虑某些事实特征,是因为单位犯罪在符合这两个构成要件时会具有不同于自然人犯罪的事实特征。例如,当某种犯罪是故意时,单位犯罪在主观方面虽然必须是故意的,但是由于犯罪主体的不同,单位犯罪在符合故意时,会有着与自然人犯罪故意不同的表现形式。单位犯罪符合主观要件上的特殊事实特征可称为"单位罪过",而符合客观要件上的特殊事实特征可称为"单位危害行为"。质言之,单位犯罪的成立条件包括在犯罪主体上修正后的构成要件"单位",以及在符合犯罪主观要件和犯罪客观要件上的事实特征,即"单位罪过"和"单位危害行为"。依据由单位、单位罪过和单位危害行为三个条件所组成的单位犯罪的成立条件,可以判断出单位犯罪是否成立,并划清单位犯罪与自然人犯罪之间的界限。需要说明的是,单位犯罪的成立条件不包括单位犯罪的客体,这是因为,不仅相同性质的单位犯罪的犯罪客体与自然人犯罪完全相同,而且单位犯罪对客体的侵害与自然人犯罪在事实上也没有区别,对划清单位犯罪与自然人犯罪的界限没有意义。

应当依据该单位犯罪的成立条件,正确地解读我国刑法和司法解释关于单位犯罪的规定,并补充隐含其中的成立条件要素,确立我国单位犯罪的成立条件的构成与内涵。

三、单位

(一)单位的类型

根据《刑法》第30条的规定,我国的单位犯罪的主体有五种不同的类型,分别是公司、企业、事业单位、团体和机关。

由于我国的单位犯罪立法是采取《刑法》总则与《刑法》分则相结合的方式,因此,单位的类型和基本特征还会受到《刑法》分则规定的影响。根据《刑法》分则的规定,单位进一步可分为一般单位与特殊单位。所谓一般单位是指成立单位犯罪没有单位的类型与种类上的限制,也就是说,五种类型的单位中的任何一种,都能构成单位犯罪的主体。单位犯罪中大部分的犯罪主体都是一般单位。相反,特殊单位则是法律规定的构成某种单位犯罪所必须具备的某种类型或者种类的单位。少数的单位犯罪主体是特殊的单位,例如,工程重大安全事故罪的犯罪主体是建筑单位,而提供虚假财会报告罪的单位犯罪主体则是公司。

关于单位的类型,应当明确两个具体问题:其一,私营企业是单位犯罪的主体。关于私营企业是否单位犯罪的主体,在学界主要有两种不同的观点。否定说认为,私营企业不能构成为单位犯罪的主体。其理由是,无论个体所有制企业还是外资独资企业,本质上都是私人所有的。它们的一切活动都是为了企业所有者的利益,这与单位犯罪“必须为单位谋利”的特征不符。因此,私营企业的一切行为,实质上都是个人行为。肯定说认为,任何私营企业都可以成为单位犯罪的主体。第一,私营企业也是企业,如果仅仅因为它们是私营企业就不能成为单位犯罪的主体,显然违背了平等原则。第二,在私营企业中,不少都具有法人资格,即使是不具有法人资格的独资企业、合伙企业,也都有自己的企业名称,它们不是以投资者名义而是以企业的名义对外开展活动;在诉讼中,它们也不是以个人而是以企业的名义参与诉讼。因此,私营企业已取得了不同于个人的独立地位。不能说在保护私营企业时,将其作为单位看待,而在惩罚时则将私营企业作为个人看待。否则,刑法适用的严肃性、统一性和权威性将不复存在。

对此,《单位犯罪解释》已经作出规定,单位包括“依法设立的合资经营、合作经营企业和具有法人资格的独资、私营等公司、企业、事业单位”。也就是说,不具有法人资格的独资、私营等公司、企业、事业单位,不是单位犯罪的主体。但是,为何法人资格成了划分独资、私营等公司、企业、事业单位是否单位犯罪主体的界限,其中的法理根据尚不明确。

其二,机关是单位犯罪的主体。《刑法》明确规定,机关是单位犯罪主体。但是,由于机关的地位特殊,在理论上对该问题存在争议。否定说认为,机关不能成为单位犯罪的主体。因为,将机关作为单位犯罪主体,有损国家机关的威信,而且处罚国家机关也没有实际意义,等于是将左口袋的钱放到右口袋中去等。肯定说则认为,机关能够成为单位犯罪的主体。其理由主要有两点:第一,机关并不能总是正确行使国家职能,因为在地方保护主义的影响下,机关活动有可能偏离正常轨道而违法犯罪。第二,在市场经济条件下,机关如果不能经受外界利益的诱惑,就有可能利用权力谋利,因而会出现机关犯罪。因此,不应当否定机关是单位犯罪。但是,值得注意的是,受理论争议的影响,有的司法机关对机关犯罪案件的处理有采取否定说立场的倾向,在处理机关犯罪案件时不起诉和处罚犯罪的机关,而只起诉和处罚实施犯罪的国家机关工作人员。[①]

(二)单位特征

刑法规定的单位类型只是界定了单位的外在形式,而没有揭示单位的本质内涵,不足以成为判断单位犯罪主体的依据。对单位的判断,除了要看是否属于法律规定的单位类型和种类外,还要看是否符合单位特征。

作为刑法上的犯罪主体,单位是一个刑法上的概念,显然不同于民法上的法人等民事法律关系的主体。因此,单位的特征应当立足于刑法规范,注重从实质层面上界定刑法中的单位。如前所述,司法解释对于单位犯罪主体作出了多方面的规定,明确了单位的特征。单位具有以下三个基本特征。

1.合法设立

包括单位成立形式上的合法性与实质上的合法性,即单位的成立不仅要符合民事法律或者行政法规规定的不同类型单位设立的条件,而且成立的目的要符合社会公共利益。具体地说,合法成立

① 2006年7月4日,新疆维吾尔自治区昌吉回族自治州中级人民法院公开开庭审理了由昌吉州人民检察院提起公诉的被告单位乌鲁木齐铁路运输中级法院涉嫌单位受贿一案。乌鲁木齐铁路运输中级法院因涉嫌非法索取、收受贿赂款450余万元被提起公诉,昌吉州人民检察院指控原院长涉嫌单位受贿罪、受贿罪、贪污罪;原执行局局长、原办公室财务会计涉嫌单位受贿罪。2006年12月19日,昌吉回族自治州人民检察院变更、补充了起诉书内容,撤销了对乌鲁木齐铁路运输中级法院的指控。2007年2月15日,昌吉回族自治州中级人民法院对此案进行公开宣判,对原院长、原执行局局长、原办公室财务会计判处了刑期长短不同的有期徒刑或者缓刑。

具有两个方面的含义。

其一,单位的成立应当符合民事法律或者行政法规的规定,包括符合法律规定的不同单位的设立条件与设立程序。对每一种单位,民事法律或行政法规都规定了相应的设立条件和设立程序。这些设立条件和设立程序不仅是成为民事主体的必备条件,而且,在刑法上既是单位具有完整构成要素的法律标准,也是单位具有单位意思和整体行为的前提。因此,民法或行政法规规定的单位设立条件和设立程序是成立刑法上的单位的法律基础。如果不具有单位的设立条件,单位的基本要素就会存在着欠缺,如人员不固定或者机构不完备,就无法形成整体的意思和行为,因而也就不能成为刑法中的单位。值得注意的是,不同类型的单位在法律上设立的条件与程序是不同的,如公司的设立条件和设立程序与事业单位的设立条件和设立程序是不同的。公司成立是依据《公司法》规定的条件和程序进行工商登记而成立的,而事业单位则是经过相关国家机关的批准并拨给一定的经费而成立的。同时,同一类型的不同种类单位的设立条件与设立程序也存在差别,如不同种类的公司的设立条件与设立程序是不完全相同的。

只有符合法律规定的设立条件和设立程序而成立的单位,才有可能是刑法意义上的单位。如果不符合单位设立的条件和程序,即便获得了单位的登记或者批准而成立,也不是刑法中的单位。例如,有人实际上只有少量的资金,却以虚假的证明方法虚报注册资本骗取工商登记而成立所谓的“皮包公司”,继而进行诈骗活动。这种“公司”虽然进行了工商登记,并取得了法人营业执照,但是由于不符合公司的成立条件,故该成立的“公司”不能认定其为刑法中的单位,所从事的诈骗犯罪应当以自然人犯罪论处。当然,符合法律规定的设立条件但是在设立程序上存有细微的瑕疵,则不能否定单位是合法成立的。

2002年4月,被告人陈某厚在明知无任何资金的情况下,指使他人伪造了交通厅授权委托书及虚假发票共15份,金额人民币1300万元,进而骗取云南省工商行政管理局,取得云南楚安交通能源开发有限公司(以下简称楚安公司)的公司登记。成立以后公司,公司成立以后,陈某厚组织陈某云、罗某华、刘某常、王某彬以招商引资为名,骗取相关政府部门的信任,谎称投资建设公路、水电站等项目,与相关政府部门签订意向性投资协议。自2002年伪造的政府公文、资金证明等材料,对外公开大肆发包工程。在无任何资金投入、未得到工程主管部门许可的情况下,上述人员即持与政府部门签订的意向性投资协议,以及自行伪造的政府公文、资金证明,对外发包工程,先后向19家单位及个人收取所谓"工程保证金、调汇费"共计人民币1058.35万元。被告人陈某厚的辩护人提出,楚安公司是合法登记成立的公司,本案的犯罪主体是楚安公司,被告人无罪。一审法院裁定不采纳辩护人的辩护意见,判决被告人陈某厚犯合同诈骗罪,判处无期徒刑,剥夺政治权利终身,并处没收个人全部财产;犯虚报注册资本罪,判处有期徒刑3年,并处罚金人民币13万元;判处其他三名被告人犯合同诈骗罪,判处8年到15年的有期徒刑并处罚5万元至10万元罚金。各被告人均不服一审判决,并提出上诉至云南省高级人民法院。二审法院作出维持原判的裁定。

楚安公司成立之初,被告人陈某厚就采用欺诈手段,虚报注册资本取得公司登记;楚安公司成立之后,司法会计鉴定报告显示该公司从未有过巨额资金注入,除收取押金、保证金、工程款、建设费、借款等资金来源外,没有任何经营业务收入和其他经营收入,楚安公司的本质属于各自然人主体的被告人实施犯罪的工具和手段，本案各被告人以楚安公司名义所进行的诈骗活动不属于单位犯罪。①

其二，单位成立的目的符合社会公共利益。这是单位合法成立的实质条件。国家准许设立单位的目的是促进经济的发展和社会的进步。具体来说，企业或公司成立的目的是合法地从事生产和经营活动，事业单位成立是为了社会事业发展的需要，社会团体的成立是为了进行合法的社团活动等。因此，所有的单位的成立都应当包含一个前提，那就是其成立的目的要合乎社会公共利益，符合社会期待，而不能是为了实施违法犯罪活动。相反，如果是出于实施犯罪活动的目的而在形式上成立的所谓公司，其实质就是以合法形式掩盖的犯罪组织，并不是合法的单位。因此，符合社会公共利益这一条件的确立，为划清犯罪组织与合法单位、自然人犯罪与单位犯罪提供了一条明晰的界限，防止黑社会组织利用工商登记制度披上合法的外衣，逃避惩罚。

1999 年最高人民法院发布的《单位犯罪解释》之所以规定个人为进行违法犯罪活动而设立的所谓“单位”所实施的犯罪为自然人犯罪，就是因为该“单位”不符合单位的合法成立的实质条件。如果单位的成立符合单位成立的设立条件和程序，但是单位成立的目的并不是合法地参与经济活动或承担社会发展的职能，而是犯罪，那么该单位的成立，就不符合社会公共利益，会侵害到法益的安全，其成立就不是合法成立。因此，出于实施违法犯罪的目的而成立的所谓单位，就不应当视为刑法意义上的单位，所实施的犯罪也就不能认定为单位犯罪，只能以自然人犯罪论处。

---

① 最高人民法院中国应用法学研究所编：《人民法院案例选》（2007 年第 3 辑），人民法院出版社 2008 年版，第 8 页。

2011年3月,被告人林某某在担任A公司副总经理期间,与该公司员工、被告人李某某密谋成立自己的公司,生产、销售与A公司相同的产品,为此开始各自收集在工作中掌握的A公司的技术信息。2011年4月,被告人林某某、李某某从A公司离职,并违反与公司签订的保密协议,将各自在工作中掌握的公司技术信息资料带走。2011年6月,林某某以其姐姐的名义与被告人刘某某在广东省某市成立了B公司,被告人林某某负责B公司的日常管理,被告人李某某担任B公司的销售总监,并将之前收集的技术信息应用于生产活动;2011年7月,被告人林某某许诺高额报酬,引诱A公司原销售部门的业务骨干加盟B公司。这部分业务骨干先后将他们在工作中掌握的A公司的销售记录、客户电话、营销策略等经营信息带至B公司,并应用于开拓市场等经营活动。B公司利用A公司的技术信息和经营信息,大肆生产、销售与A公司相同的产品,抢夺A公司的客户,造成A公司销售利润大幅减少。经有关机构鉴定,由于林某某等人的侵权行为,A公司共损失人民币6,975,649.96元。[①]

在案件的审理过程中,对林某某等人的行为构成侵犯商业秘密罪没有异议,但是对于其行为是构成单位犯罪还是自然人犯罪存有不同意见。在B公司成立前,被告人林某某就与李某某密谋,决定成立新的B公司,生产、销售与A公司相同的产品。后该两被告人利用职务的便利条件,收集、带走A公司的技术信息资料,并利用这些资料注册了B公司,进而大肆侵犯A公司的商业秘密。该两被告人设立B公司的目的就是进行违法犯罪活动。依据司法解释的规

① 刘科、徐亮:《“个人为进行违法犯罪活动而设立的公司实施犯罪”的认定》,载《中国检察官》2013年第7期。

定，法院认为，B 公司不是《刑法》中的单位，被告人实施的犯罪行为不成立单位犯罪，而应当认定为自然人犯罪予以处罚。

《单位犯罪解释》还明确规定，单位在设立后“以实施犯罪为主要活动”的，也不成立单位犯罪。这一规定看似难以理解。因为，既然单位犯罪本来就是单位在合法成立后所实施的犯罪行为，那么单位在成立后即便以实施犯罪行为为主要活动，其犯罪行为应当也是符合单位犯罪的成立条件的。为何《单位犯罪解释》却否定这种行为的单位犯罪的属性呢？在笔者看来，之所以这种情况也不成立单位犯罪，而只能构成自然人犯罪，是因为单位在成立后“以实施犯罪为主要活动”，其实质是在单位成立时行为人就是出于为进行违法犯罪活动的目的。也就是说，从单位在成立后所实施的活动主要是犯罪活动的事实中，能够推定出行为人成立单位的目的就是为了实施犯罪活动。

龙某某于 1999 年 7 月伙同他人设立了某公司，自任董事长。龙某某采取“实物广告、消费投资”的方式变相传销植物油，许诺 300 元购买 2 瓶植物油，2 个月返还本利 638 元，采取用后期收入支付前期本息、高额回报手段诱使广大群众参与。1999 年 7 月 25 日至 12 月 20 日，龙某某采用每份支付手续费、举荐费 35 元的方法在某自治州 7 县市及长沙、衡阳、等地设立 62 个代办服务点，5 个月内共发售植物油 44, 195 份，收入 13, 258, 500 元，其中返还前期参加者本息 900 余万元，支付高额手续费 100 余万元，存入银行 110 余万元，其余均用于发工资、奖金等，造成后期加入者 600 余万元本金无法返还的严重后果。

某法院于 2002 年 5 月以非法经营罪判处龙某某有期徒刑 11 年，并处罚金 10 万元。龙某某不服，以“本案被告应是某公司，其运作方式不属传销或变相传销，不能定罪处罚；某公司运作计划是可行的，不能兑现是公安机关查封造成的”等为由提出上诉。二审法院认为，某公司为龙某某等个人发起设立，公司成立前后的运作均属犯罪行为，不能以单位犯罪处罚，只能追究其个人刑事责任；龙某某在操纵某公司运作期间，不是以真正经营商品的方式来获取利润，而是以返本销售高额回报为诱饵，并采用支付高额手续费的办法组织网络，用后期收入支付前期本息维持运作，其行为符合原国家工商总局界定的变相传销特征；某公司支付的高额回报没有经营利润和其他收入支撑，其运作时间越长，则亏空越大，公安机关果断采取强制措施查处其犯罪活动完全合理合法，其上诉理由不成立，其行为已构成非法经营罪。据此，依法作出维持原审判决的裁定。① 法院之所以裁定龙某某的行为不属于单位犯罪，就是因为该公司设立后以实施犯罪为主要活动，违背了单位合法成立的实质条件。

2. 具有独立性或者相对独立性

《单位犯罪解释》第 1 条规定：“刑法第三十条规定的公司、企业、事业单位，既包括国有、集体所有的公司、企业、事业单位，也包括依法设立的合资经营、合作经营企业和具有法人资格的独资、私营等公司、企业、事业单位。”该规定表明，单位的独立性质应当作实质的理解，不能作形式的理解而将单位限于法人资格的组织。单位作为一个独立的犯罪主体，应当具备一定的独立性或者相对独立性，即独立于某个个人和其他单位的性质。

独立性主要表现为单位在意思和行为上的独立性，即能够根据单位自己的意思来自主地进行社会活动，并在独立地承担由单位自己的行为所带来的法律后果。相对独立性是指虽不是完全独立的

① 参见最高人民法院办公厅：《非法经营破坏市场秩序被判刑》，载法律资讯网 2021 年 8 月 29 日，http://www.dyzxw.org/html/article/200201/28/3957.shtml。

单位,但是在一定程度上具有独立的单位意思和单位行为,并在一定范围内承担责任。独立性一般是具有法人资格的单位的特性,而相对独立性则是指不具有法人资格但领有营业执照等的单位所具有的特征。一般来说,合法成立的单位都具有独立性或者相对独立性。之所以将其列为单位的特征之一,是因为现实中许多不同的单位之间都存在隶属关系或者投资关系,即一个单位对另一个单位进行投资并参与单位的管理,因而在不同的单位之间可能存在领导与服从关系或者一定的制约关系。在这种情况下,需要坚持单位的独立性或者相对的独立性对不同的社会组织进行判断。只有单位具有独立性或相对的独立性,才说明该单位具有单位自己的意思和单位自己的行为,单位实施法律所禁止的行为才构成单位犯罪。相反,如果一个组织的成立是合法的,但是并没有独立性或者相对的独立性,如单位不能对单位的事务进行自主的决定或者要听从上级部门的命令等,那么,这种单位就不是刑法意义上的单位。如果这种"单位"参与实施了犯罪行为,其行为不能成立单位犯罪,但是若其上级单位的行为构成单位犯罪的,则由上级单位承担单位犯罪的刑事责任。

《金融犯罪纪要》第二部分第一个问题"关于单位犯罪问题"规定:"单位的分支机构或者内设机构、部门实施犯罪行为的处理。以单位的分支机构或者内设机构、部门的名义实施犯罪,违法所得亦归分支机构或者内设机构、部门所有的,应认定为单位犯罪。不能因为单位的分支机构或者内设机构、部门没有可供执行罚金的财产,就不将其认定为单位犯罪,而按照个人犯罪处理。"该进一步更明确了单位可以是具有相对独立性的组织。

上海某兴总公司马鞍山分公司系集体性质的企业非法人单位,被告人余某英、吴某岭分别系该公司负责人和办公室主任。被告人余某英、吴某岭以非法占有为目的，采取以单位的名义与他人签订合同、伪造他人公司虚假文件的手段，诈骗他人钱款人民币 24 万元用于马鞍山分公司经费活动，数额巨大。

检察院未起诉该分公司，法院向检察机关发出函件，建议检察机关对本案的被告单位马鞍山分公司补充起诉，但是未被检察机关采纳。法院作出裁定，认为两被告人以分公司名义实施合同诈骗犯罪活动，违法所得用于分公司经营活动，并未被其个人私分，该犯罪行为符合单位犯罪的构成要件。被告人余某英、吴某岭都被认定犯有合同诈骗罪和伪造公司印章罪，并分别被判处 7 年和 3 年有期徒刑，并处罚金 10 万元和 5 万元。[①] 法院认定两被告人实施的犯罪行为成立单位犯罪，就是以《金融犯罪纪要》关于单位的分支机构或者内设机构、部门实施犯罪行为成立单位犯罪的规定为依据的。

3. 合法存在

单位在成立后处于存续状态，并且这种存续的状态符合法律的规定，即单位合法成立后没有破产或者被撤销、解散。在单位成立之前或者单位被宣告破产或者依法撤销、解散等之后，则不能成为单位犯罪的主体。

关于被告单位被注销或宣告破产后，单位犯罪案件应当如何处理，1998 年 6 月最高人民法院《关于执行〈中华人民共和国刑事诉讼法〉若干问题的解释》（已失效）第 215 条的规定，人民法院审理单位犯罪案件，被告单位被注销或宣告破产，但单位犯罪直接负责主管人员和其他直接责任人员应当负刑事责任的，应当继续审理。此后的司法解释也有类似的规定。2021 年 1 月最高人民法院《关于适用

① 最高人民法院中国应用法学研究所编：《人民法院案例选》（2009 年第 2 辑），人民法院出版社 2009 年版，第 5 页。

〈中华人民共和国刑事诉讼法〉的解释》第344条规定,审判期间,被告单位被吊销营业执照、宣告破产但尚未完成清算、注销登记的,应当继续审理;被告单位被撤销、注销的,对单位犯罪直接负责的主管人员和其他直接责任人员应当继续审理。因此,单位犯罪发生后单位被注销或宣告破产的,对单位犯罪的直接责任人员,应以单位犯罪的有关规定,追究其相应的刑事责任。

某省某星公司系1992年8月31日注册成立的集体所有制企业,为解决资金紧张,未经中国人民银行批准,由被告人李某法擅自决定,并指使被告人冻某国、杨某仙直接负责、会计人员具体经办,分别通过该公司财务部、融资部,以高利率作诱饵,采取对公司员工拉集资提成2‰作为奖励等办法,向社会公众非法集资,到1998年5月8日案发时,集资金额达18,664.622531万元,无法返还的集资款共计4804.836791万元。1995年10月,在被告人李某法的直接领导下,被告人冻某国、杨某仙、刘某伟、潘某中等人参与研究、策划,该公司又出台了"弹性营销",集资61,782万元,案发前退还集资款共计7451.8263万元,尚有54,330.1737万元集资款无法返还。

1997年5月,被告人李某法利用担任某星公司总经理的便利条件,用3份伪造的投资收款凭证,指使该公司财务部入账冲抵其个人借款638.97万元。1997年1月至1998年4月,被告人李某法利用职务之便,挪用某星公司资金1075万元,分别借给邓志宏、胡星、宋文聚、张额创、荆章文进行营利活动或购房。某星公司1998年8月6日被某南省工商行政管理局吊销企业法人营业执照,其作为法人的资格已终止。

2000年1月,某州市中级人民法院作出一审判决,认定被告人李某法犯集资诈骗罪、侵占罪、挪用资金罪,判处无期徒刑,剥夺政治权利终身，并处没收个人全部财产；被告人冻某国、杨某仙、刘某伟、潘某中被认定犯集资诈骗罪，分别被判处12年至15年有期徒刑，剥夺政治权利2年至3年。上述被告人不服一审判决，提起上诉。2000年4月，某省高级人民法院作出维持原判的二审裁定。[①]

某省某星公司作为一家注册登记成立的集体所有制企业，符合单位犯罪的主体条件。该公司在成立后实施了集资诈骗罪，虽然1998年被吊销企业法人营业执照，不能受到刑事追诉，但是其犯罪事实是客观存在的，并在追诉时效之内，应当追究具体实施集资诈骗罪的直接负责的主管人员和其他直接责任人员李某法等人的刑事责任。

综上所述，属于单位的五种类型并符合以上三个特征的组织，是单位犯罪中的单位，由这种社会组织实施的犯罪行为符合犯罪构成的，成立单位犯罪。如果某种社会组织不符合上述条件，就不应认定为单位，当然其行为也不能构成单位犯罪，如果成立自然人犯罪，只能以自然人犯罪论处。

四、单位罪过

（一）单位犯罪的成立必须具有故意或者过失

刑法并没有具体地规定单位罪过，司法解释也未对此问题作过具体规定。但是，依据《刑法》第16条的规定，不是出于故意或者过失的行为不是犯罪行为，因而单位犯罪的成立也必须具备犯罪故意或者过失。而且，从《刑法》分则条文中“单位犯前款罪的”等规定中也可以推论出单位犯罪与自然人犯罪一样，必须具有犯罪故意或者过失。因为，“单位犯前款罪的”的规定不仅表明单位实施了前款规

① 河南省三星实业公司集资诈骗案，载《刑事审判参考》2000年第5集第72号案。

定的自然人实施的犯罪行为,而且表明单位具有前款规定的故意或者过失。因此,单位犯罪的成立不可能没有单位故意或者过失。这也是责任主义的基本要求。

(二)单位故意和过失的认定标准

然而,对于单位犯罪故意和单位犯罪过失应当如何认定,刑法未作出过明确的规定。在两个个罪的司法解释中,有些条款的规定隐含了单位故意的认定规则。2002 年 7 月最高人民法院、最高人民检察院、海关总署发布的《关于办理走私刑事案件适用法律若干问题的意见》第 18 条规定:“具备下列特征的,可以认定为单位走私犯罪:(1)以单位的名义实施走私犯罪,即由单位集体研究决定,或者由单位的负责人或者被授权的其他人员决定、同意;(2)为单位谋取不正当利益或者违法所得大部分归单位所有。”该规定表明,单位犯罪的成立以“单位的名义”为条件,而“单位的名义”表现为集体研究决定,负责人决定、同意和被授权的人员决定、同意三种不同形式。2017 年 6 月最高人民检察院《关于办理涉互联网金融犯罪案件有关问题座谈会纪要》第 21 条规定,追究单位互联网金融犯罪的刑事责任应当具备三个条件:“(1)犯罪活动经单位决策实施;(2)单位的员工主要按照单位的决策实施具体犯罪活动;(3)违法所得归单位所有,经单位决策使用,收益亦归单位所有。”该规定表明,单位犯罪活动只有经“单位决策”,才能成立单位犯罪,只是对单位决策的形式未作明确的限定。上述两个司法文件虽然是针对走私犯罪和互联网金融犯罪所作出的专门性规定,但是也反映了我国司法机关在认定单位犯罪上的通常做法,对于理解和把握单位犯罪的成立条件具有重要的参考价值。

上述两个司法解释关于“以单位的名义实施走私犯罪,即由单位集体研究决定,或者由单位的负责人或者被授权的其他人员决定、同意”和“犯罪活动经单位决策实施”的规定，虽然针对的是单位犯罪的行为要素，但是也表明了单位犯罪是在单位意志的支配下实施的，而单位意志是以单位机关的意志为标准的。也就是说，当单位机关对自己或者员工实施的犯罪行为存在故意时，单位就具有犯罪故意。值得注意的是，近期司法机关对于单位的负责人和被授权的其他人员决定、同意，提出了职权范围的限制。

被告人刘某喜在担任某市中垌镇马路头村委会环村村长期间，与该村干部刘某海、刘某有、刘某福、刘某兴共商后，组织村民将位于该村珠涡面积为 3582 平方米的土地平整后划分为 19 块土地（3003.1 平方米）转让给他人作为宅基地使用，获利人民币 190 万元，其中村集体收取 120 万元。一审法院认定被告人刘某喜犯有非法转让土地使用权罪。被告人刘某喜不服一审判决，提出上诉。二审法院作出裁定，维持原判。被告人刘某喜之子刘某勤委托律师，以本案涉案行为系以村集体或村小组名义进行，土地流转所得款项均由集体收取，用于集体开支，本案犯罪主体应为集体等理由，提出申诉。某省高级人民法院作出裁定，刘某喜与环村另四名村干部商议后擅自决定的，未按照村民委员会组织法规定的民主决策程序提交村民代表大会讨论决定，原判未认定为单位犯罪并无不当，并作出裁定，驳回再审申诉。[①] 某省高级人民法院作出驳回再审申诉裁定的依据在于，依据《村民委员会组织法》的规定，转让土地使用权属于村民代表大会的权力范围，而作为村长的刘某喜不享有该项职权，又未得到村民代表大会的授权，因此，其违法作出的转让土地使用权的决定，不代表村民委员会的意志，只能认定为其个人意思。

---

① 广东省高级人民法院驳回申诉通知书，(2019) 粤刑申 71 号。

五、单位危害行为

(一)司法解释的规定

单位是一个机构庞杂、成员众多、分工复杂的社会组织,在单位内发生的行为形形色色,何种行为可以视为单位行为,并不是一个十分明确的问题。依据《刑法》第30条的规定,单位犯罪是单位实施的"危害社会的行为"。而单位危害行为是如何实施的,应当如何判断,刑法则没有作进一步的规定。依据《金融犯罪纪要》,单位危害行为包括"以单位名义实施犯罪"与"违法所得归单位所有"两个要素。随后,其他司法解释进一步重申了该标准并作一定程度的扩张。2002年7月最高人民法院、最高人民检察院、海关总署发布的《关于办理走私刑事案件适用法律若干问题的意见》第18条规定,"以单位名义实施犯罪"有"集体研究决定,负责人决定、同意和被授权的人员决定、同意"三种不同的单位决策形式。在司法实践中,司法机关认定"以单位名义实施犯罪"的标准与该规定基本一致。"'整体性'的集体意志很少见,单位法定代表人的意志或总经理的意志几乎等同于单位意志,单位决策人员对犯罪的同意、默认、知道,成为认定单位犯罪的主观要件。业务员的行为是否出于单位意志,关键看授权范围。"①该意见还规定了单位犯罪的第二个成立条件,即"为单位谋取不正当利益或者违法所得大部分归单位所有",实际上它是对《金融犯罪纪要》规定的"违法所得归单位所有"的扩张解释,使之不仅包括"违法所得全部归单位所有",也包括"违法所得大全部归单位所有"。

---

① 《单位犯罪研究》课题组:《上海法院系统审理单位犯罪情况调查》,载游伟主编:《华东刑事司法评论》第4卷,法律出版社2003年版,第287~288页。

(二)单位危害行为的三个要素

“以单位名义实施犯罪”与“违法所得归单位所有”只是表明了单位犯罪的决定主体和违法所得的归属去向,显然是单位危害行为的部分要素,而不是全部。单位危害行为实施的形式,诸如由谁实施,以及如何实施等,都不是这两个因素所能涵盖的。仅依据这两个要素,不可能判断出某个单位成员的行为是否单位危害行为,也不可能将单位成员的个人行为与单位行为区分开来。例如,在单位犯罪没有违法所得的场合,依据这两个要素就无从判断。因此,在司法解释规定的基础上,依据行为理论进行分析,可以补充出未被司法解释明确规定但是却实际上隐含在其中的要素。基于司法解释的规定,单位危害行为具有以下三个要素。

1. 单位成员在业务活动过程中实施危害行为

只有单位成员在业务活动过程中所实施的行为才能归属于单位,成为单位危害行为。这是因为,单位成员在单位中居于不同的岗位,从事不同的业务活动,只有在业务活动过程中实施的行为,才是单位行为的组成部分。单位成员实施的危害行为既可以是作为,也可以是不作为。如果单位成员实施了与业务毫无关联的行为,即使得到了单位领导的指使,也不成立单位犯罪,而应当认定为自然人犯罪。这是因为,单位是由于法律所规定的犯罪主体,其犯罪能力的范围受到了法律的限制,与此相联系,单位成员所实施的行为只有是在相关的业务范围内的行为,才能成立单位危害行为。而单位成员的业务范围是依照单位制度、职务范围、合同约定或者单位机构成员的命令等因素,基于单位的实际情况来确定的。因此,单位成员的业务范围并不一定都是由法律规定或者书面的文件所确定的。有的单位成员的职责范围是依据法律规定的,有的单位成员的业务范围则是由合同约定的,或者由单位机关成员的临时命令来决定的。

单位成员并不意味着一定是单位的正式员工。依据法律、合同或者某种事实,只要与单位之间存在隶属关系或者雇佣关系等的成员,都应当属于单位成员。不过,不同的单位成员与单位之间的关系有所不同,有的单位成员是合同约定的正式单位成员,而其他的成员可能只是临时性的单位从业成员。同时,单位成员在单位中的地位有所不同,不同地位的单位成员的职责存在差别。有的单位成员是单位决策人员,而其他的单位成员只是一般的从业人员。单位就是由具有不同单位职责的人员构成的组织,其运作由不同的单位成员在职责分工的基础上相互配合来实现。由于单位成员在单位中的地位和职责不同,单位成员的行为形式多种多样,可以是具体的实行行为,也可以是单位的决策行为,还可以是单位监督机构的监督行为;既可以是作为,也可以是不作为。

2. 单位成员"以单位的名义"实施危害行为

依据司法解释的规定,"以单位名义实施犯罪"是指"犯罪活动经单位决策实施",而单位决策有"集体研究决定"、"负责人(在职权范围内)决定、同意"和"被授权的人员(在职权范围内)决定、同意"三种不同的形式。

作为法律规定的犯罪主体,单位有着自主的单位意志。只有单位成员在业务活动过程中所实施的行为经过单位决策,符合单位意志,才是单位危害行为。如果未得到单位集体、单位负责人或者被授权的人员的决定、同意,单位成员擅自实施违法行为,就不能归责于单位,不成立单位犯罪。

2001 年下半年,经某省贸易物资行为管理办公室(以下简称省行管办)后勤服务中心主任兼湖北商发公司部经理郑某的引荐,省行管办决定与被告人谭某名下的某润海房地产公司联合开发原某省商务厅大院。为了协调开发过程中的内外关系,谭某提出某商发公司和某润海房地产公司联合成立某润海商发公司,具体负责开发工作,谭某任董事长,郑某表示同意。郑某派人积极帮助被告单位某润海商发公司协调房屋拆迁、规划等事宜,并在二期土地挂牌出让过程中,以省行管办房管站的名义向某市土地整理储备供应中心出具报告,在原有联合开发协议的条件之外,增加开发商应无偿提供50个车位等条件,以虚构的拔高条件排除潜在的竞买人,从而帮助某润海商发公司摘牌成功。2003年7月,郑某负责拍卖省行管办名下的房产,他主动联系某润海房地产公司董事长谭某购买该房产。郑某指使评估公司对房产作了严重低于市场价值的评估鉴定报告,并决定由某商发公司控股的拍卖公司承接拍卖事宜,使某润海商发公司占有股份的其他公司以低价获得了拍卖房产的产权。谭某曾口头答应一定感谢郑某。2009年至2011年,谭某从被告单位某润海商发公司支取款项,先后送给郑某,郑某共收受被告单位某润海商发公司103万余元。

法院认为,被告单位某润海商发公司为谋取不正当利益,而向郑某行贿103万余元,情节严重,已构成单位行贿罪,应当追究其刑事责任;谭某作为被告单位某润海商发公司的主管人员和直接行贿人,依法应以单位行贿罪追究刑事责任,对被告单位某润海商发公司判处罚金500万元,并对谭某免予刑事处罚。[①]

在该单位行贿案中,谭某作为某润海房地产公司董事长,是该公司的负责人。谭某决定并指使下属支出款项,送给受贿人郑某,显然是以单位名义实施的,因而应当被认为为单位行贿。关于谭某行为的单位行贿的性质,在案件审理过程中不存在争议。

---

① 湖北省武汉市蔡甸区人民法院刑事判决书,(2011)蔡刑初字第196号。

有些单位成员的行为是否是以单位名义实施的,却存在争议。某公司系具有法人资格的福利企业,法定代表人为张某。王某系公司里负责生产、财务等内部事项的主管人员。2002年6月至12月,为平衡公司账目,王某擅自决定用虚开的增值税专用发票进行冲抵(事后该公司法定代表人张某对此事明确地表示反对)。王某向他人提供税务登记号和开户行及具体开票金额,以支付6%手续费方式,相继从某物资公司虚开来购货增值税专用发票4份,税额合计人民币23万余元。上述4份增值税专用发票均已入账抵扣。①

在案件的处理过程中,关于王某的行为是认定为单位犯罪还是自然人犯罪,合议庭有着不同的意见。有人认为,王某的行为属于单位犯罪。其理由是,王某系某公司负责生产、财务等事项的主管人员,有权以公司名义在其职权范围内从事一定的活动,由此而产生的法律后果应由单位承担。所以,本案应认定为单位犯罪。另一种意见则认为,王某的行为属于自然人犯罪,某公司不应承担相应的刑事责任。这是因为,虚开增值税专用发票的行为未经某公司单位集体研究决定或者由法定代表人决定实施,虽然造成国家税款的流失,某公司从中亦得到了非法利益,但该行为系王某个人所为,不能代表单位意志,故某公司不应承担刑事责任。

王某的行为是否体现了该公司的意志,关键的问题点在于,王某作为负责单位的生产与财务内部事务的管理人员,不是单位负责人,也没有得到单位集体或者负责人对其不经过批准自行决定虚开增值税专用发票的授权。而且,王某虚开增值税专用发票的行为事后遭到了单位法定代表人的反对,这更表明王某在单位的管理中不

---

① 参见金佩红、陈益民:《为单位利益实施犯罪能否认定为单位犯罪》,载正义网2022年8月19日,http://www.jcrb.com/n1/jcrb373/ca209212.htm。

享有此项职权,无权自主决定以虚开的增值税专用发票冲抵。既然王某没有决定虚开增值税专用发票的职权,其行为就不是以单位的名义实施的,不是单位意志的体现,所实施的虚开增值税专用发票的行为只能认定为自然人犯罪。

与“以单位名义实施犯罪”相关的是盗用单位名义实施犯罪。所谓盗用单位名义实施犯罪表现为单位集体、负责人和被授权的人员以外的单位成员,没有得到单位集体、负责人和被授权的人员的指使、批准或者同意或追认,对外冒充得到了授权,擅自实施犯罪行为。盗用单位名义实施犯罪行为未经过单位决策,因而不是单位意志的体现,不成立单位犯罪。盗用单位名义实施犯罪往往与个人侵吞违法所得联系在一起,如果行为人侵吞了违法所得,则更充分地表明了其行为不是单位意志的体现,不成立单位犯罪。

3. 违法所得主要归单位所有

在单位经济犯罪的场合,单位成员实施犯罪行为所获得的财物或者利益,主要归单位占有和支配。违法所得是指单位成员以单位名义实施的犯罪已经获得的经济利益或者可能得到的经济利益。不宜将违法所得的范围扩展到经济利益之外的其他利益上。经济利益则应当广义理解,不仅表现为财物,也可能包括具有经济价值的利益,如市场竞争优势、知识产权等。归单位所有,一般表现为违法所得成为单位的收益,应当在单位的会计账簿和财务报表中加以反映,并且通常是一定范围内公开的。

利用单位名义实施犯罪,违法所得由犯罪者个人所有的,不成立单位犯罪。1997 年 1 月至 1998 年 7 月,被告人林某华纠合同案犯姜某生、张某泉、李某辉及陈某充(另案处理),以某威公司名义,先后委托某进出口公司、某资源有限公司从境外进口轻柴油、汽油、燃料油等成品油。为使进口成品油能偷逃税款且不被查扣,林某华以每吨成品油100元至200元的报酬支付给李某、张某(均另案处理),作为疏通海关工作人员的费用。成品油从境外运抵某江港后,林某华指使姜某生串通某船务代理公司工作人员梁某裕、丁某(均另案处理)接船和伪造单据,并以正常商检费的一半作报酬,行贿某进出口商品检验局工作人员李某鸣、龚某磊(均另案处理),由李某鸣、龚某磊出具虚假商检单,然后由陈某充用某泽公司、某立新公司以及某安公司等单位的名义,委托某江港第二作业区(以下简称二区)将油卸入二区油库及外贸码头油库。林某华指使张某泉和陈某充在海关未批准放行前,采取向二区"借油"的方法将油提走在国内销售,随后将虚假的海关放行出库单、提货单补交给二区;或者指使张某泉直接持上述海关放行手续将油提走在国内销售。林某华指使李某辉按代理合同书等审核、支付购油款,并购买进项增值税发票以抵扣在国内销售油的税款。被告人林某华采取上述方法走私成品油44船,共计75.38万余吨,价额9.9亿余元,从中偷逃应缴税额3.47亿余元。林某华、姜某生、张某泉的辩护人辩称本案是单位犯罪,但没有事实和法律依据。对此某山市中级人民法院裁定,不予采纳。某山市法院认定,被告人林某华、姜某生犯有走私普通货物罪和行贿罪,分别被判处死刑和死刑缓期二年执行,剥夺政治权利终身,并处没收个人全部财产;认定被告人张某泉、李某辉犯走私普通货物罪,分别判处无期徒刑和有期徒刑15年等。上述被告人不服一审判决,提出上诉。某东省高级人民法院作出二审裁定,维持原判。[①]

被本案被告人利用而进行走私的某威公司,虽然是林某华与其

① 参见最高人民法院刑事审判第一庭:《刑事审判参考》(1999年卷),法律出版社2000年版,第32页。

妻兄共同注册的有限责任公司,但是该公司实际由林某华个人出资和控制,不仅走私、行贿的决定是由林某华基于个人意志作出的,而且违法所得归林某华个人所有,而不是归单位占有和支配,因此,被告人林某华等人实施的走私、行贿行为,不能认定为单位危害行为,不成立单位犯罪。

只有当单位成员的行为全部符合上述三个条件时,才成立单位危害行为。单位成员的行为发生在其业务范围内,尚不足以成立单位危害行为,体现单位意志是区分单位危害行为与单位成员个人行为最为重要的界限。

总体上,在中国刑法中,同时具备"单位"、"单位罪过"和"单位危害行为"三个条件的单位行为,成立单位犯罪,单位应当负刑事责任。

第三节 法人犯罪的成立条件三维比较

中国单位犯罪的成立条件与美国法人犯罪的成立条件之间存在着重大的差异,而最大的差异是前者是统一的,而后者则是多样化的,也就是说,美国联邦法院与各州法院判决法人犯罪成立的条件并不相同。除此之外,中国单位犯罪的成立条件与美国法人犯罪的成立条件之间还存有许多具体性的差异。

一、犯罪主体的比较

由于美国联邦法院和州法院在认定法人犯罪上采取了不同的立场,各自认定法人犯罪成立的条件并不相同,难以逐个与中国单位犯罪的成立条件进行比较。以下以采用雇主责任论的美国联邦法院和部分州法院判决法人犯罪成立的条件作为样本，与中国的单位犯罪的成立条件加以比较。两者的差别主要表现为以下三个方面。

（一）犯罪主体的名称不同

在美国，虽然在理论上和大部分立法上被称为法人（corporation），如《模范刑法典》中的法人犯罪，但是在另一些立法上有其他的称谓，如《联邦量刑指南》称为组织（organizations）。法人犯罪的主体为何在不同法律文件中使用不同的称谓，尚不可考。笔者推测，之所以在法人之外使用组织的称谓，主要是基于语义学上的考虑。在美国，corporation 既可以是指法人，也可以是指公司。为了表达法人犯罪的主体不仅包括公司，还包括其他类型的法人，美国立法机构选择使用内涵更为抽象的组织。依据《组织犯罪的量刑》第 1 节第 1 条的规定，组织是指“非自然人的人”，包括公司、合伙、协会、合股公司、工会、行业联合体、养老基金、非法人机构、政府及其政治性的地方机构和非营利性组织。可见，组织是与自然人相对称的概念，外延极为宽泛，而法人的外延则存有一定的限制。《模范刑法典》第 2. 07 条第 4 款第（a）项规定：“法人不包括执行政府计划的政府机构或者为执行政府计划而由政府机构设置的实体。”依据该规定，作为美国法人犯罪主体的法人不包括政府机关和政府机构设立的公司。由于《模范刑法典》是美国法律协会起草的学术性文件，没有法律效力，而《联邦量刑指南》是美国国会通过的制定法，因此在联邦层面，美国法人犯罪的主体范围应当以后者的规定为准，也就是说，政府机关和政府机构设立的公司可以成为法人犯罪的主体。

在中国刑法中，单位犯罪的主体是单位。立法者以单位犯罪取代法人犯罪，将单位规定为与自然人等同的刑事责任主体，赋予单位这一原本是日常生活中的概念以规范的含义,在世界各国的刑事立法上是独一无二的。

如何看待作为单位犯罪主体的单位,是一个影响单位犯罪的成立条件和单位犯罪的处罚范围的重要问题。一般认为,1997 年《刑法》以单位取代法人作为组织犯罪主体的称谓,立法目的显然是扩大处罚范围,也就是说,作如此规定既可以处罚法人犯罪,也要处罚非法人的团体犯罪。从实现惩罚犯罪和保护法益安全的刑法任务看,作出这样的规定具有积极的意义。但是,单位毕竟是来自日常生活的普通用语,在前置法中缺乏确切的定义,单位的外延也不太明确,既可以指称符合一定条件并依法设立的法人,也可以用来指称其他社会组织、机关和团体。而刑法中的单位的外延到底有多大,立法者也没有设立专门的条款加以释义。从犯罪成立条件和处罚范围的角度看,将组织犯罪的主体规定为单位的必要性并不充分。首先,法人是一种传统和通用性的法律术语,在民事法律中得到了明确的界定,内涵清晰且外延明确。相反,作为日常生活用语,单位的内涵不清,外延不明。将前置法中没有规定的日常生活用语直接写入刑法,有可能会带来概念界定上的困难和争议。其次,法人犯罪是世界各国公认的组织犯罪的称谓。采用国际通用的称谓,既有利于与其他国家开展司法协助,也有利于开展国际学术交流。而特别地使用单位的称谓,不同于其他国家的立法,就有可能造成司法协助和国际学术交流的困扰。最后,采用法人犯罪的称谓,也不存在不能处罚非法人团体犯罪、缩小处罚范围的问题。应当承认,不仅法人有可能实施犯罪,非法人团体也有可能实施犯罪。但是,事实上许多国家刑事法律中的法人犯罪,不是从字面含义而是从实质意义上理解的,法人犯罪的范围既包括具有法人资格的组织犯罪,也包括非法人团体的组织犯罪。但是,考虑到单位犯罪的立法在我国已经延续了20多年,逐渐为司法人员和普通国民所接受,而单位的内涵和外延以司法解释的方式也得到了较为清晰的界定,刑法中的单位称谓应当予以保留,不再有修改为法人的必要。

(二)犯罪主体的类型差异

美国法人犯罪的主体包括公司、合伙、协会、合股公司、工会、行业联合体、养老基金、非法人机构、政府及其政治性的地方机构和非营利性组织,共有十种类型。从组织的性质看,美国法人犯罪的主体既包括法人,也包括非法人机构;既包括公司和协会等,也包括政府及其地方机构。

在中国刑法中,作为单位犯罪主体的单位有公司、企业、事业单位、机关、团体等五种不同的类型。这五种类型的单位,实际上也涵盖了我国社会组织的基本类型,且不以法人资格为必要。也就是说,单位犯罪的主体既可以是法人单位,也可以是非法人单位;既包括企业法人,也包括政府机构。可见,虽然中美两国刑法对单位犯罪或者法人犯罪的主体类型的语义表述存有不同,但是从涵盖组织的范围看并不存在重大的区别。

但是,在主体的具体范围上,中美两国刑法的规定存在三点区别:

其一,国家机关是否犯罪主体。虽然中美两国刑法都规定,国家机关是单位犯罪或者法人犯罪的主体,但是,在中国关于国家机关是否应当成为单位犯罪的主体在理论上存在争议,且否定说逐渐居于主流地位。而且,受此影响,在刑事司法实践中个别法院对国家机关犯罪所作出的刑事判决表现出否定性倾向。

其二,不具有法人资格的私营企业能否成为犯罪主体。在美国刑法中,非法人团体是法人犯罪的主体类型之一,而非法人团体的所有权性质如何,不会影响非法人机构能否成为法人犯罪的主体。

但是,在中国刑法中,虽然《刑法》并没有对作为单位犯罪的主体的“公司、企业、事业单位”附加单位所有权性质的限制,但是依据《单位犯罪解释》第 1 条的规定,独资或者私营的公司、企业、事业单位要成为单位犯罪的主体,必须具有法人资格。也就是说,不具有法人资格的独资或者私营的公司、企业、事业单位,不能成为单位犯罪的主体。这些不具有法人资格的单位实施单位犯罪,只能被认定为自然人犯罪予以处罚。而同样不具有法人资格的国有或者集体所有的公司、企业、事业单位,却可以成为单位犯罪的主体。

其三,非法成立的组织能否成为犯罪主体。在中国刑法中,作为单位犯罪的主体的单位必须是合法成立的。而在美国刑法中,组织则既包括合法成立的组织,也包括非法成立的组织。依据《组织犯罪的量刑》C 部分第 1 条和第 2 条的规定,美国的组织包含合法组织与犯罪型组织,两种组织都可以构成组织犯罪,而两种组织犯罪的区别只表现在量刑上,即被科处的罚金额不同。所谓犯罪型组织是指主要以犯罪为目的或者主要通过犯罪手段而从事经营的组织。对合法成立的组织犯罪判处罚金,依据一般的量刑规则加以确定,而对犯罪型组织科处的罚金额,则应当相当于该组织的全部净资产。在中国刑法中,为进行违法犯罪活动而设立的或者设立后以实施犯罪为主要活动的组织,不是单位犯罪的主体,该组织实施的犯罪行为应当被认定为自然人犯罪予以处罚。

从理论上看,犯罪型组织是非法组织,其存在和活动都会对社会秩序和法益安全构成严重的威胁或者侵害,应当被取缔和予以打击。而合法组织是社会结构的基本要素,所开展的合法活动是维持社会运行和推动社会进步的重要力量。美国刑法却将犯罪型组织所实施的犯罪与合法组织所实施的犯罪都视同组织犯罪,似乎并不恰当。犯罪型组织所实施的犯罪,应当认定为共同犯罪或者有组织犯罪,即作为特殊的自然人共同犯罪而予以处罚。美国刑法之所以不作这样的处理,其理由应当是,将犯罪型组织所实施的犯罪视为组织犯罪,可以处以数额等同于该组织的全部净资产的罚金,具有彻底剥夺该组织再犯罪的经济能力的积极功能。由于美国刑法中的刑罚方法不包括没收财产,如果不作这样的处理,而是将其视为共同犯罪或者有组织犯罪进行处罚,受到处罚的对象就只能是犯罪型组织中实施犯罪的组织成员,只能没收或者追缴犯罪型组织犯罪的违法所得等,而不能对该组织科处数额等同于该组织的全部净资产的罚金,也就不能实现对犯罪型组织再犯罪经济能力的完全剥夺。因此,美国刑法将犯罪型组织实施的犯罪视为组织犯罪予以处罚,看似不合理,其实它是在美国的法律框架下实现刑罚威慑目标的有效手段,具有必要性和可行性。

二、犯罪客观条件的比较

(一)两国法人犯罪的客观条件

在采用雇主责任论认定法人犯罪的美国法院看来,法人犯罪的客观条件包括代理人实施了犯罪行为,以及该行为必须发生在其职务或者雇佣范围内等两个条件。在司法实践上,作为美国法人犯罪的客观条件之一,代理人的犯罪行为发生在职务或者雇佣范围内,已经被严重虚化。我国刑法关于单位犯罪的客观条件的规定并不具体。司法解释确定了单位犯罪是“以单位名义实施犯罪”和“违法所得归单位所有”的行为。但是,实际上单位犯罪的客观条件包括“单位成员在业务活动过程中实施危害行为”、“以单位名义实施犯罪”和“违法所得主要归单位所有”三个条件。

(二)两国法人犯罪的客观条件差异

对比中美两国单位犯罪或者法人犯罪成立的客观条件可以发

现,两者都要求单位成员或者法人代理人实施犯罪行为,以及所实施的犯罪行为还必须是在业务活动过程中或者职务或者雇佣范围内。犯罪行为发生在业务活动过程中与发生在职务或者雇佣范围内,虽然在文字表述上不同,但是实际上并无大的差别。因为职务或者雇佣范围内发生的行为,都是在业务过程中发生的行为,而在业务过程中发生的行为也一般表现为行为人在职务或者雇佣范围发生的行为。

所不同的是,中国单位犯罪的成立还要具备“以单位名义实施犯罪”和“违法所得主要归单位所有”两个客观条件,该两个条件不是美国法人犯罪成立所必具备的。第一,“以单位名义”实施犯罪,是中国单位犯罪的成立必须具备的特有条件。“以单位名义”不能被理解为,在与犯罪相关的合同或者证件上加盖了单位的公章,或者实施犯罪的单位成员对外宣称是代表单位。如前所述,“以单位名义”应当作实质的理解,是指单位成员实施犯罪经过了单位决策,表现为经“集体研究决定,负责人决定、同意和被授权的人员决定、同意”。美国联邦法院和部分州法院采取雇主责任论对法人犯罪予以归责,不用考虑该条件。第二,美国法人犯罪的成立在客观上也不要求具有“违法所得主要归单位所有”。当然,这并不意味着美国法人犯罪的成立完全不考虑违法所得的去向。事实上,违法所得的去向也是影响美国法人犯罪是否成立的重要因素,只是它体现在成立法人犯罪必须具备“为法人谋利的目的”的主观条件上。当代理人出于“为法人谋利的目的”而实施犯罪时,犯罪的违法所得通常就是归法人所有。

总体上看,中国单位犯罪成立的客观条件比美国法人犯罪更加严格,致使中国单位犯罪的处罚范围较为狭窄。

三、犯罪主观条件的比较

(一)两国法人犯罪的主观条件

采取雇主责任论的美国联邦法院和部分州法院认定法人犯罪的成立,要求法人代理人实施犯罪行为在主观方面必须出于“为法人谋利的目的”。在代理人出于为法人谋利的目的的前提下,代理人还需要具备法律要求的犯意条件。因此,美国法人犯罪成立的主观条件实际上有两个:其一,代理人具有为法人谋利的目的。其二,代理人具备法律要求的犯意条件。也就是说,如果某种犯罪的一般故意犯罪,代理人应当具有一般故意,而如果某种犯罪是特别故意犯罪,则代理人就应当具有特别故意。当然,采取其他归责原理的法院,认定法人犯罪的主观条件则有所不同。

在中国,单位犯罪被认为是由单位实施的危害社会的行为,单位的刑事责任被认为是自身的直接责任。既然如此,单位犯罪的成立,在主观上以单位具有刑法规定的故意或者过失为条件。例如,依据《刑法》第140条的规定,生产、销售伪劣产品罪为故意犯罪,单位只有具备生产、销售伪劣商品的故意并实施该行为,才有可能构成该犯罪。而如果《刑法》分则条文或者分则性条文规定某种犯罪是目的犯,单位还必须具备该犯罪目的。例如,走私淫秽物品罪的成立必须具备“以牟利或者传播为目的”,单位构成该犯罪也以具备牟利或者传播的目的为条件。关于单位故意或者过失的认定,我国法院视单位机关为单位意思的主体,将单位集体、单位负责人和授权的其他人员的故意,认定为单位犯罪的故意。因此,单位罪过的认定,以单位集体、单位负责人和授权的其他人员的心理状态为准,而具体实施犯罪行为的普通员工的心理状态对单位罪过的认定没有意义。

（二）两国法人犯罪的主观要件差异的影响

相较于美国法人犯罪的主观条件，中国单位犯罪中的单位罪过，对单位犯罪的成立所起到的限制作用更大。换言之，美国法人犯罪成立中的代理人必须是出于“为法人谋利的目的”并具备法定的犯意条件，该两个条件所起到的限制作用，比中国单位犯罪的成立要求单位必须具有故意或者过失要小。一方面，代理人“为法人谋利的目的”包含在单位故意或者过失之中。这是因为只有行为人出于该犯罪目的，才有可能为单位机关所认可，单位机关才会由此而形成单位故意或者过失，也就是说，行为人“为法人谋利的目的”是单位故意形成的必要条件。而如果行为人是出于为第三方的利益而实施犯罪，显然不可能被单位机关所接受，单位机关对该犯罪行为也就不可能具有故意。另一方面，代理人具备法定的犯意条件所起到的限制作用，明显小于单位故意或者过失。这是因为，只要代理人个人具备符合法定的犯意条件，在美国刑法中就满足了该条件。而认定单位具有法定的故意或者过失，仅有行为人的故意或者过失是不够的，必须以单位机关的心理态度为准，这既需要考虑到单位机关的不同类型，也需要考虑到单位机关的职权情况，其中的限制性因素很多，认定的难度显著增大。

从上述三个方面的成立条件比较可以看出，中国单位犯罪的成立条件的数量和认定的难度明显大于美国法人犯罪，因而美国法人的刑事责任范围比在中国的单位犯罪大。值得注意的是，在中国，单位犯罪被规定为单位自身犯罪，单位的刑事责任被认为是直接责任，而在美国，美国联邦法院和部分州法院采用雇主责任论，对法人归责实质是将法人犯罪视为代理人犯罪，法人刑事责任被视为替代责任或者对他人犯罪的责任。

第四章　法人犯罪的刑事责任比较

作为犯罪的法律后果,单位犯罪或者法人犯罪的刑事责任具有重要的地位。鉴于中美单位(法人)刑事责任的立法演变和理论分歧已经在前面的章节作了介绍,本章主要介绍和评价美国法人犯罪和中国单位犯罪的处罚规定。单位犯罪或者法人犯罪的刑事责任主要分为处罚原则、对单位或者法人的处罚和对直接责任人员或者代理人的处罚三个问题。

第一节　美国法人犯罪的刑事责任

一、美国法人犯罪的处罚原则

(一)法人犯罪的处罚原则

所谓法人犯罪的处罚原则是指法人犯罪的刑事责任如何在法人与实施犯罪的法人雇员之间分配的准则。与其他国家一样,美国法人犯罪的处罚原则经历了从单罚制向两罚制的转变。一般认为,法人犯罪的处罚原则分为代罚制、转嫁制、两罚制和混合制等多种不同的形式。所谓转嫁制是指只规定处罚犯罪法人,而不处罚实施犯罪的法人代理人的体制。所谓代罚制是指刑法只规定对实施犯罪的法人成员施加处罚，而不处罚犯罪法人的体制。有学者认为，有些国家刑法之所以实行代罚制，实为无奈之举。一方面，刑法否认法人具有犯罪能力和受刑能力，对法人不作处罚；另一方面，现实生活中又确实存在法人犯罪，于是只能处罚对法人犯罪负责的自然人。[①] 所谓两罚制是指刑法规定既处罚犯罪的法人，又处罚实施犯罪的法人成员的体制。所谓混合制是指刑法规定对法人犯罪采取二种以上的处罚体制的制度。

转嫁制是早期的法人犯罪的处罚制度。在法人犯罪的早期，依据当时英国制定法的规定，对于法人不作为犯罪，处罚负有法定作为义务而没有履行的法人，而不处罚法人成员。之所以处罚实施不作为犯罪的法人，是因为负有作为义务的是法人，而不是法人成员，在法人没有履行作为义务而造成严重后果时，法人就是刑事责任的承受人。但是，在作为犯罪开始成为法人犯罪的行为方式后，法人犯罪的处罚原则就变成了两罚制，既处罚犯罪的法人，也处罚实施犯罪的法人成员。这是因为在法人作为犯罪中，犯罪行为通常是由具体的代理人实施的，而为了实现刑罚的威慑目标，就必须惩罚实施犯罪的代理人。

(二)美国法人犯罪实行两罚制的原因分析

依据罪责自负原则，对于法人犯罪而言，处罚犯罪的法人是毋庸置疑的。然而，为何在处罚法人的同时，还要处罚实施犯罪的法人成员，在美国刑法理论中并未引起足够的讨论。虽然有个别学者曾提出，在法人犯罪中不能处罚法人成员，但是并没有引起反响。[②]

---

① 参见《单位犯罪比较研究》，法律出版社 2004 年版，第 158 ~ 159 页。

② 参见周密主编：《美国经济犯罪和经济刑法研究》，北京大学出版社 1993 年版，第 55 页。

应当认为，处罚实施犯罪的法人雇员之所以不存在理论障碍，主要是受英美经验主义哲学和自然人犯罪刑法观的影响的结果。受经验主义哲学的影响，英美法系国家的法律实务界非常重视经验在法律中的基础性地位，在他们看来，只要经验证实某种理论或者规则是有效或者有用的，就值得继续坚守。自有刑法以来，刑罚处罚的对象就是实施犯罪的个人，而处罚实施犯罪的个人正是实现报应和犯罪预防的有效途径。这一经验并不会因为承认法人犯罪而需要作出改变，相反，还会将以前经证明是有效的经验适用于新出现的法人犯罪，也就是说，对于法人犯罪来说，同样要处罚实施犯罪的个人。

传统的刑法是自然人刑法。自然人刑法观假定，除了低于一定年龄或者患有严重的精神疾病之外，所有的人都具有理性和自由意志，“具有接受法律规范的要求、实施合法的可能性”；[①]个人在有可能选择合法行为的条件下，却实施犯罪行为而危害社会，因而犯罪的个人在道德上应当受到谴责，在法律上应当受到刑罚的惩罚。在罪刑关系上，自然人刑法的基本特点就是个人实施犯罪，个人受刑罚处罚。长期以来存在并被合理化的自然人犯罪刑法观，也不因为法人犯罪的出现而作出改变，会适用于对法人犯罪的应对。在法人犯罪中，犯罪通常是由法人雇员实施的，犯罪决策、授意、指挥、实行、帮助等行为是由多个法人雇员分工协作而完成的。依据自然人犯罪刑法观，如果参与实施法人犯罪的个人具有犯意，并符合犯意与危害行为同时存在原则，就要受到刑罚处罚。

美国刑法理论的通说认为，实施犯罪的法人成员应当受刑罚处罚。“虽然他是以法人的名义在雇佣范围内实施犯罪的，但是作为

---

① 张明楷：《刑法学》，法律出版社 2011 年版，第 225 页。

个人,实施法人犯罪行为的法人代理人要对犯罪负刑事责任。”因此,实施犯罪的法人代理人必须受到刑罚处罚。而且,代理人负刑事责任的原有的理论和立法障碍,也被新的立法所排除。“判决法人代理人负刑事责任的某些问题有时会出现,但是很容易被完善的立法所解决。”[①]例如,传统观点认为,从犯受到的处罚不能重于主犯。依据该观点,如果某种犯罪的刑罚不包括罚金,当法人是主犯而雇员是从犯时,法人就不能被判负刑事责任,而作为从犯的雇员也就更不可能被科处刑罚。而如果犯罪的刑罚包括罚金和监禁,由于只有罚金才能适用于法人,因而作为从犯的雇员也只可能被判处罚金。这些处罚法人代理人的理论和立法障碍或者限制,已经被《模范刑法典》的规定所克服。第207条第6款规定:“(a)以法人或者非法人团体的名义或者代表其实施行为或者促使该行为实施时,行为人在法律上应当承担相当于是以自己的名义或者为了自己实施时一样的责任。(b)法律对于法人或者非法人团体规定作为义务,如果轻率地未实施所要求的行为时,法人或者非法人团体中对履行该义务负首要责任的代理人在法律上应承担相当于法律对自己施加该义务时一样的责任。(c)因对法人或者非法人团体的行为负法律责任而被认定有罪时,该人应当被处以自然人被认定成立同等级或者程度的犯罪时法律规定的刑罚。”[②]可见,该规定明确了在法人犯罪中,法人代理人的刑事责任等同于自然人犯罪,从而克服了处罚法人代理人在适用刑罚时所面临的理论障碍,并为各州制定相应的立法克服上述障碍,提供了立法样本。

---

① Wayne R. LaFave, *Criminal Law*, *Fourth Edition*, West Press, 2004, p. 711.

② 美国法学会:《美国模范刑法典及其评注》,刘仁文等译,法律出版社2005年版,第35页。

由于美国法人代理人的刑事责任等同于自然人犯罪,本书不再具体地介绍和评价美国刑法对代理人的处罚。

二、对法人的处罚

(一)美国法人处罚的立法

在美国,法人刑事责任一直是有争议的问题,美国法院通过普通法不断地克服理论障碍,逐步确定了法人刑事责任原则。而美国立法机关制定的许多制定法也都明确地规定了法人刑事责任。到20世纪初期,美国制定法都明确规定,除法律规定不适用于法人外,法人都可以构成犯罪,并对法人适用制定法规定的法定刑(一般是指罚金)予以处罚。

与其他国家相类似,美国法院以前比较重视犯罪行为的定罪,而不太重视量刑。在20世纪70年代以前的美国,法官在量刑上享有极大的自由裁量权。这是因为,制定法规定的刑罚方法多为罚金或者监禁,而对于监禁来说,制定法一般只规定了某种犯罪的最高刑或者最低刑,而没有同时规定最低刑与最高刑,因而法定刑的幅度相当大。20世纪70年代,对基于实证学派特别预防理论的应对犯罪的“治疗模式”无效性的反思,加之人权思潮的广泛传播,美国学界和社会开始重视美国刑事司法体制效率低下和罪犯处遇不公的问题。在此社会背景之下,美国国会着手研究和解决联邦法院的量刑问题,并于1984年通过了《量刑改革法》。

依照该法的规定,美国成立了隶属于国会的量刑委员会,致力于制订量刑指南。美国量刑委员会基于《美国法典》中的数百件刑事法律,统计分析了4万件有罪案件的简要报告、1万份判决前报告、假释指南和政策性评价。在总结以前量刑实践经验的基础上,该委员会于1987年4月向国会提交了《联邦量刑指南》的最初文本。经过国会的审查后,该文件于1987年11月1日正式生效。1991年,该委员会又制定了《组织犯罪的量刑》,并作为《联邦量刑指南》的第8章,专门规制组织犯罪的量刑问题。它是美国联邦法院对组织裁量刑罚强制性的制定法依据。后来,一个判例改变了该法律框架。在美国诉布克尔案(*United States v. Booker*)中[①],被告人布克尔(Booker)被陪审团裁定毒品犯罪成立。依据陪审团裁定的犯罪性质和《联邦量刑指南》的规定,被告人应当被判处210至262个月的监禁。但是,在量刑审理环节中,法官基于优势证据还认定了被告人的其他犯罪事实,裁定被告人应当判处的刑罚为360个月至终身监禁之间,合并对其判处30年监禁。被告人布克尔不服判决,提起上诉。美国联邦第七巡回法庭认为,原审法院适用《联邦量刑指南》对上诉人的判决,与阿澎第诉新泽西州案(*Apprendi v. New Jersey*)相冲突[②],并作出裁定,任何的加重处罚都必须服从于陪审团的裁定。第七巡回法庭还裁定,原审判决违反了美国宪法第六修正案,不遵守《联邦量刑指南》。由此,《联邦量刑指南》的法律效力从强制性转为建议性。[③] 即使不再具有强制性,其中的《组织犯罪的量刑》仍然是美国法院对法人犯罪量刑的基本依据。

---

① 655 F. 2d 562.

② 阿澎第(Apprendi)因不想让其他种族的人成为邻居,向一个墨西哥裔美国人的房子连开数枪,违反了新泽西州的法律,遭到检方的起诉。依据该法律,阿澎第的行为成立二级非法持有枪支罪,应当被判处5年至10年监禁。在阿澎第认罪后,检方以被告人的犯罪动机为理由,要求法院加重量刑。法院以优势证据,裁决阿澎第的开枪行为具有种族性动机,加重了处罚,对被告人阿澎第判处12年监禁。2000年,阿澎第不服判决,以正当程序条款规定,作出偏见性判决必须“排除合理怀疑”地得到证明为理由,提起上诉。新泽西州最高法院支持了阿澎第的上诉,并推销原审判决、发回重审。

③ 参见李仲民:《美国联邦刑法法典化述评》,载《西南政法大学学报》2014年第4期。

(二)美国法人处罚的基本原则

2011年修订的《组织犯罪的量刑》导言部分规定了对组织的量刑的四条基本原则。四条基本原则如下:其一,补偿损失原则。只要有适用的可能,法院就应当责令组织弥补犯罪行为所造成的损害。而法人为弥补损害所花费的资源不应被视为惩罚,而是补偿被害人全部损失的方式。其二,对犯罪型组织判处巨额罚金原则。如果组织以犯罪为主要目的或者主要以犯罪手段而运作,所判处罚金的数额应当足以剥夺其全部财产。其三,量刑的基本依据原则。对任何组织判处的罚金幅度,应当以犯罪的严重性和组织的应受谴责性为依据加以确定。犯罪的严重程度一般以最大的财产收益、财产损失或者犯罪等级罚金表中的数额来加以反映。应受谴责性则一般由法院依据六大因素加以判断。其中,加重组织惩罚的四个因素如下:(1)组织卷入或者容忍犯罪行为。(2)组织的先前犯罪历史。(3)组织违反检方的命令。(4)组织妨害司法。减轻组织惩罚的两个因素如下:(1)组织有效的合规伦理计划。(2)组织自我报案、与检方合作和承认责任。其四,必要时适用缓刑监督(probation)原则。[①] 为确保另一项惩罚被完全执行,或者确保法人采取措施以减少再犯,法院可以对组织判处缓刑监督。

《组织犯罪的量刑》的这些规定以存在有效的合规伦理计划,以及自我治理的行为结构为依据,对组织提供激励,促使组织努力减少和最终消除犯罪行为。以有效的合规伦理计划,以及预防和查获犯罪行为作为减轻对组织处罚的理由,会鼓励组织的行为合乎伦理和符合法律。

---

① 美国刑法中的缓刑监督是指对认定有罪的被告人暂不判处刑罚,而判处一个监督考验期,交由有关的机关对被告人进行监督考验。

（三）美国法人处罚的方法

依据《组织犯罪的量刑》A 部分第 1 条的规定，它适用于对所有的组织犯重罪和 A 类轻罪的量刑。根据《组织犯罪的量刑》A 部分第 2 条的规定[①]，对组织的量刑主要包括组织对犯罪造成的损害的赔偿或救济、罚金和缓刑监督三个部分。

1. 对犯罪损害的赔偿或救济

《组织犯罪的量刑》导言规定："作为一般原则，法院应当要求组织采取一切合理的措施向被害人提供赔偿，并对犯罪行为造成或者可能造成的危害进行其他救济。赔偿令或者要求赔偿的缓刑监督令可以用于对可确定的被害人的赔偿。如果由犯罪行为造成或者可能造成的损害得到其他的救济，救济令或者要求社区劳动的缓刑监督令可用于减少或者消除可能造成的损害，或者用于弥补犯罪造成的损害。通知被害人的命令可以用于通知未确定的被害人。"

依据《组织犯罪的量刑》B 部分第 1 条第 1 款的规定，对于被害人可确定的案件，组织赔偿分为两种不同的情况：其一，如果赔偿令是由《美国法典》第 18 篇第 2248 节、第 2259 节、第 2264 节、第 2327 节、第 3663 节或者第 3663 节 A 部分所授权的，则法院应当对组织发布赔偿被害人全部损失的赔偿令。其二，如果犯罪行为不属于

① 《联邦量刑指南》第 8 章 A 部分第 1 节第 2 条规定：(a) 根据 B 部分第 1 条（对犯罪行为所造成的损害的救济）关于与损害赔偿、救济令、社区服务和通知被害人有关的量刑条件和选择项的规定，进行量刑。(b) 根据 C 部分（关于罚金量刑的条款）关于与罚金有关的量刑条件和选择项的规定，进行量刑：(1) 如果组织体主要以犯罪为目的或者主要以犯罪手段而运作，适用第 8 章 C 部分第 1 节第 1 条（裁量罚金——犯罪目的的组织体）的规定。(2) 在其他情况下，适用第 8 章第 2 节第 1 条（关于罚金指南的适用范围），并依据第 8 章第 2 节第 2 条至第 9 条的规定，确定罚金的数额。

《美国法典》第 18 篇第 3663 节(a)(1)规定的可以赔偿的罪行,而满足该法第 3663 节规定的发布赔偿令的标准,则法院应当判处以赔偿被害人的全部损失为条件的一定期限的缓刑监督或者监督释放(supervised release)。

《组织犯罪的量刑》还确立了赔偿优先支付原则。如果法院既向被告法人发出赔偿被害人的命令,又对被告法人判处罚金,那么,法院应当责令被告的任何款项必须首先用于支付赔偿金。根据规定,赔偿方式包括一次性付清、分期偿付、实物偿付,以及分期偿付与实物偿付相结合四种不同方式。分期偿付的条件是被告人不具有一次偿付赔偿金的能力,具体表现为被告人的经济状况不允许支付赔偿金的全部款项,或者在可预见的未来,不能根据合理的偿还计划支付赔偿令所要求的全部款项。实物偿付可以采用返还财物、恢复财物,或者经被害人同意而向被害人或者其他人或者组织提供劳务三种不同的方式。

在《联邦量刑指南》未规定赔偿的场合,法院判处作为缓刑监督条件的救济令,可以要求组织对犯罪行为所造成的损害进行救济,或者要求组织消除或者减少该犯罪可能造成的危害的风险。如果能够合理地估算出在可预期的未来损害的最大范围,法院可以要求组织设立一个足够支付预期损害的信托基金。

为恢复犯罪行为所造成的危害,法院可以对组织科处社区服务,所科处的社区服务可以作为缓刑监督的条件。

《联邦量刑指南》还规定了组织发布通知的费用,由组织自行承担。法院作出的要求组织通知被害人的命令,适用《联邦量刑指南》第 5 章 F 部分第 1 节第 4 条的规定。该条规定:“法院可以根据《美国法典》第 18 篇第 3555 节,命令被告人支付发布通知费用。如果法院认为同时科处两种制裁过重,则该费用可以与判处的罚金相抵销。”可见，组织通知被害人的费用，应当由被告人支付。

2. 罚金

依对象的不同，对组织的罚金量刑分为两种不同的情况。

第一，对犯罪型组织的罚金裁量。所谓犯罪型组织是指以犯罪为主要目的或者以犯罪为主要手段而运作的组织。依据《组织犯罪的量刑》C 部分第 1 节第 1 条的规定，依据犯罪行为的性质和状况，以及组织的历史和特征，如果法院认定该组织以犯罪为主要目的或者以犯罪为主要手段而运作，所判处的罚金数额应当确定为足以剥夺该组织的全部净资产。而且，法院对于这种组织的罚金的裁量，无须考虑组织实施的犯罪种类和犯罪后果等因素。也就是说，只要是犯罪型组织实施了法人犯罪，无论犯有何种性质的犯罪、罪数如何以及具有何种犯罪情节，都要被判处数额至少等于组织的全部资产的罚金。

第二，对一般组织的罚金裁量。这种情况下的量刑分为五个步骤：

(1)确定组织犯罪的基本犯罪等级。

确定组织犯罪等级的条款包括犯罪基础等级的条款和在常见犯罪情节下调整犯罪等级的条款等两个部分。依据《组织犯罪的量刑》C 部分第 2 节第 1 条，关于组织犯罪的基础等级和常见犯罪情节下的犯罪等级的条款包括：《联邦量刑指南》第 2 章 B 部分第 1 节第 1 条[盗窃罪、侵占罪或者其他形式的盗窃罪；赃物犯罪(买卖赃物)；财产损毁罪；欺诈、欺骗罪；伪造罪；变造或者伪造美国无记名债券以外票据的犯罪]、第 4 条(内部交易罪)；第 2 章 B 部分第 2 节第 3 条(非法侵入罪)；第 2 章 B 部分第 4 节第 1 条(取得银行贷款的贿赂以及其他商业贿赂罪)；第 2 章 B 部分第 5 节第 3 条(侵犯版权或者商标权的犯罪)；第 2 章 B 部分第 6 节第 1 条(改变或者撤换机动车辆牌照，或者买卖被改变或者撤换牌照的机动车辆或者其部件罪)；第2章C部分第1节第1条(提供、给予、索取或者收受贿赂罪；利用职权敲诈罪)；第2条(提供、给予、索取或者收受贿赂罪)；第6条(借款或者提供资金给银行审计员罪，为调整农场负债而提供资金罪，为获得银行贷款或者商业票据贴现而提供奖金罪)、第7条(剥夺政府官员正当服务权利的诈骗罪；通过干涉政府职能而阴谋诈骗罪)；第2章D部分第1节第7条(非法销售或者运输毒品器具罪；未遂或者共谋)；第2章D部分第3节第1条(涉及注册号的制定法犯罪，管制药物非法刊登广告罪；未遂或者共谋)、第2条(涉及管制药品或者列出的化学药品的犯罪；未遂或者共谋)；第2章E部分第3节第1条(赌博罪)；第2章E部分第4节第1条(违禁香烟的非法行为罪)；第2章E部分第5节第1条(提供、接受或者索取贿赂或者红包影响雇员福利和养老金补助计划的动作罪；雇主或者代理人向雇员、雇员代表或者劳工组织给付或者出借金钱的犯罪)、第3条(虚假陈述或者隐藏《雇员退休收入保障法》要求的相关材料罪；未能维持和伪造《劳工管理报告和披露法》所要求的记录罪)；第2章G部分第3节第1条(进口、邮寄、运输淫秽物品罪；向未成年人传播淫秽物品罪)；第2章K部分第1节第1条(不报告盗窃爆炸物罪、不适当存储爆炸物罪)；第2章K部分第2节第1条(非法接受、持有或运输枪支或弹药罪；枪支或弹药非法交易罪)；第2章L部分第1节第1条(非法入境或者滞留美国罪)；第2章N部分第3节第1条(自动计程器制定法犯罪)；第2章R部分第1节第1条(在竞争者中操纵投标、约定价格或签订瓜分市场协议罪)；第2章S部分第1节第1条(金融票据洗钱罪，从事非法所得的财产的货币交易罪)、第3条(组织交易以规避申报要求罪，不申报现金或者货币交易罪，不提交货币或者金融票据的申报罪，故意提交虚假申报罪，大宗现金走私罪，建立或保持禁止性账目罪)；第2章T部分第 1 节第 1 条(偷税漏税罪,故意不进行纳税申报罪,不提供信息或不缴纳税款罪,提供欺诈性或者虚假的纳税申报单、报告书或者其他文件罪)、第 4 条(协助、参与、唆使、劝诱或者建议税收欺诈罪)、第 6 条(不征集或者不如实说明和缴清税款罪)、第 7 条(接到通知后不按要求将征集到的税款存入信托账户罪)、第 8 条(涉及扣押报告书的犯罪)、第 9 条(共谋妨碍、削弱、阻挠税收或者共谋使税收无效罪);第 2 章 T 部分第 2 节第 1 条(不纳税罪)、第 2 条(违反税收登记管理的制定法犯罪);第 2 章 T 部分第 3 节第 1 条(逃避进口关税或者限制罪,收受或者买卖走私财产罪)。

这些条款规定了不同种类法人犯罪的基础等级,以及在常见犯罪情节下的犯罪等级(对基础等级加以调整后形成的),而常见犯罪情节一般包括犯罪数额、被害人数、非法所得数额以及涉及其他犯罪等。

以下条款则规定了特殊犯罪情节:《联邦量刑指南》第 2 章 E 部分第 1 节第 1 条(敲诈势力和腐败组织的非法行为);第 2 章 X 部分第 1 节第 1 条(共谋、未遂和教唆);第 2 章 X 部分第 2 节第 1 条(帮助和鼓励);第 2 章 X 部分第 3 节第 1 条(事后从犯),以及第 2 章 X 部分第 4 节第 1 条(重罪知情不举)等。如果某组织实施的犯罪行为具有特殊犯罪情节,就应当依据这些条款的规定,对犯罪的基础等级或者常见犯罪情节下的犯罪等级进行再次调整,最终确定某组织的犯罪等级。

概言之,确定组织的犯罪等级的一般程序分为三个步骤。首先,规定具体犯罪的条文规定了每种犯罪的基础犯罪等级。其次,同一条文还规定,依据某种常见犯罪情节,如犯罪数额,对基础犯罪等级进行双向的调整而形成常见犯罪情节下的犯罪等级。最后,根据相关条文的规定,依据特殊犯罪情节,对犯罪的基础犯罪等级或者常见犯罪情节下的犯罪等级进行再次调整，最终确定某组织实施的犯罪行为的基本犯罪等级。

以组织犯盗窃罪为例。依据第 2 章 B 部分第 1 节第 1 条的规定，组织犯盗窃罪的基础犯罪等级为 6 级，如果某组织实施的盗窃数额为 10,000 万美元，则增加 4 个等级，则该组织在常见犯罪情节下的犯罪等级为 6 +4 =10 级。而如果该组织的盗窃还具有未遂的特殊犯罪情节，依据第 2 章 X 部分第 1 节第 1 条的规定，则降低 3 个等级，最终该组织的基本犯罪等级为 10 –3 =7 级。

(2)组织犯罪的基本犯罪等级的调整。

如果组织犯罪具有特别的被害人情节、犯罪作用情节、妨碍公务、数罪并罚和坦白认罪等情节，则应当依据《联邦量刑指南》第 3 章规定的调整规则，并采取上述步骤确定组织犯罪的基本犯罪等级。以某组织实施了多个犯罪行为为例。如果该组组织实施的数个犯罪行为，依据第 3 章 D 部分(数罪并罚)的规定，可以合并为紧密相关罪的罪组(以下简称为罪组)，该组织的基本犯罪等级需要作出如下调整。依据第 3 章 D 部分第 1 节第 2 条的规定，实质上造成性质相同的危害结果的数个犯罪应合并为一个罪组。而实质上造成性质相同的危害结果的数个犯罪是指以下四种情形之一的情况：①涉及相同被害人和相同行为或事项的数罪。②涉及相同被害人的，与由同一犯罪对象相联系的，或者构成一个共同计划或者阴谋之组成部分的两个或者两个以上行为或者事项的数罪。③其中的一项犯罪包含的行为，符合数罪中其他犯罪的特征的数罪。④犯罪等级主要依据危害或者损失的总额、涉案物品的数量，或者严重危害的其他量化标准来确定的数罪，或者犯罪的性质具有持续性或者继续性，且《联邦量刑指南》予以明文规定的数罪。

在该四种情形之中，由前三种情形合并而成的罪组，以数罪中最重罪的犯罪等级作为罪组的基础犯罪等级，而由第四种情形合并的罪组的基础犯罪等级为原犯罪的犯罪等级，与以加重数额等为依据确定的犯罪等级之和。

确定了罪组的基础犯罪等级后，如果组织犯罪具有常见犯罪情节或者特殊犯罪情节，则应当适用常见犯罪情节下的犯罪等级调整规则和特殊犯罪情节下的犯罪等级调整规则，对罪组的基础犯罪等级作调整，最终确定组织犯罪的基本犯罪等级。

依据《联邦量刑指南》第 3 章 D 部分第 1 节第 2 条的规定，数种犯罪合并为一个罪组的数罪存有范围的限制，也就是说，只有在部分条文所规定的犯罪的范围内，数种犯罪行为才允许合并为一个罪组。规定这部分犯罪的条款很多，如第 2 章 B 部分第 1 节第 1 条、第 2 章 B 部分第 1 节第 4 条、第 2 章 B 部分第 1 节第 5 条、第 2 章 B 部分第 4 节第 1 条、第 2 章 B 部分第 5 节第 1 条、第 2 章 B 部分第 5 节第 3 条、第 2 章 B 部分第 6 节第 1 条等。超出该范围的数个犯罪不能合并为罪组。

但是，前述条文规定的犯罪之外的其他犯罪，如果有其他的法律规定，也可以合并为罪组。

（3）确定基本罚金。

《组织犯罪的量刑》C 部分第 2 节第 4 条（d）款规定了与组织的犯罪等级相对应的罚金数额表。例如，组织的犯罪等级为 6 级以下的，罚金为 5000 美元，而犯罪等级为 18 级的，罚金为 250,000 美元，犯罪等级在 38 级以上的，罚金为 72,500,000 美元。组织的基本罚金数额为与组织犯罪的犯罪等级相对立的罚金数额，与组织的犯罪收益数额和组织犯罪造成的经济损失数额这三者之中的最大者。也就是说，如果组织的犯罪收益数额或者组织犯罪造成的经济损失数额，大于与组织犯罪的犯罪等级相对立的罚金数额，则组织的基本罚金数额则以前者为准。但是,如果组织的经济收益或者造成经济损失的计算过于复杂,或者计算会拖延审判期限,法院就不必计算,不以这两个数额作为确定基本罚金的依据,也就是说,直接以与犯罪等级相对应的罚金数额作为基本罚金。不过,法院还是应当对组织犯罪造成的经济损失进行估算,因为它是确定组织犯罪的等级的重要依据。

同时,《组织犯罪的量刑》C 部分第 2 节第 2 条还规定,如果能够轻易地查明某组织没有能力,将来也没有能力支付《组织犯罪的量刑》B 部分第 1 节第 1 条所要求的赔偿金,法院就不必确定罚金的数额。因为,在这种情况下,法院不得对组织科处罚金。

(4)确定责任点数。

责任点数以 5 点为起点,并依据不同的犯罪事实,予以增加或者减少。增加责任点数的事实包含组织的雇员人数超过一定数量且组织高层人员或者重要权力职员(substantial authority personnel)参与或者放任(放纵、容忍、包庇)犯罪、有犯罪前科、违反法院命令以及妨碍司法四种。减少责任点数的事实包括有效的合规伦理计划、自动报案、与政府合作和认罪四种。例如,参与或者放任(放纵、容忍、包庇)犯罪并有下列两种情形之一的,增加责任点数 5 点,而其中的一种情形是指组织的雇员人数在 5000 人以上,并且该组织高层人员参与、放任或者放纵犯罪,或者重要授权职员放任犯罪,并影响整个组织。

《联邦量刑指南》规定的增加或者减少责任点数的基数不同,有 5 点、4 点、3 点、2 点和 1 点之分。值得注意的是,对于同一种性质的事实来说,如果组织的犯罪同时具备两个以上的增加或者减少责任点数的情形,则不累计相加,而以其中最大的责任点数,对责任点数进行加或减。例如,某组织在犯罪前科上具有两个事实,前一个事实的效果是增加 1 个责任点数,后一个事实是增加 2 个责任点数。在这种情况下,某组织的增加责任点数为 2 个。当然,如果某组织具有两种不同性质的事实,每种性质的事实所具有的加重或者减少责任点数,仍然可以相加或者减少。例如,某组织具有一个犯罪前科的事实,增加 2 个责任点数,还具有一个妨碍司法的事实,增加责任点数 3 个,则该组织的增加责任点数为 5 个。

(5)确定罚金数额。

这一环节又分为三个小的步骤:首先,确定最大罚金倍数与最小罚金倍数。《组织犯罪的量刑》C 部分第 2 节第 6 条规定了与不同的责任点数相对应的最小和最大的罚金倍数表。责任点数为 10 以上的,最小的罚金倍数为 2,最大的罚金倍数为 4。责任点数为 1 的,最小的罚金倍数为 0.20,最大的罚金倍数为 0.40。其次,确定罚金幅度的下限和上限。依据《组织犯罪的量刑》C 部分第 2 节第 7 条,基本罚金额与最小的罚金倍数相乘,所得的积为罚金幅度的下限。而基本罚金额与最大的罚金倍数相乘,所得的积为罚金幅度的上限。最后,在罚金幅度内确定罚金额。在罚金幅度内确定罚金数额时,法院需要考虑 11 个方面的因素:量刑结果要反映犯罪的严重程度、增进法律权威、提供公正的惩罚、能够产生适当的威慑和保护公众免受组织的再次侵害等方面的需要;组织在犯罪中的作用;有罪判决的附随结果,包括因组织的犯罪行为而产生的民事义务;犯罪行为造成或者可能造成的非经济损失;犯罪行为是否侵害了易受伤害的被害人;参与、同意或者有意忽视犯罪的组织或者组织下属机构的高层人员的先前犯罪记录;组织在以前实施的《组织犯罪的量刑》C 部分第 2 节第 5 条(c)款规定的犯罪前科之外的民事或者刑事不法行为;依据《组织犯罪的量刑》C 部分第 2 节第 5 条(责任点数)得出的高于 10 点或者低于 0 点的责任点数;部分而不完全符合《组织犯罪的量刑》C 部分第 2 节第 5 条(责任点数)所列举一个或者多个减轻或者加重事实;《美国法典》第 18 篇第 3572 节(a)款所列举的因素;在犯罪发生时,组织是否没有符合《组织犯罪的量刑》B 部分第 2 节第 1 条所规定的有效的合规伦理计划等。

在裁量罚金数额时,法院还要考虑上述各种影响罚金幅度的因素的严重程度,这些因素包括犯罪造成的经济损失、犯罪收益,用于确定犯罪等级的各种犯罪情节,以及用于确定责任点数的加重或者减轻情节等。

有时,法院在裁量罚金数额时,还要考虑组织的退赃情况。如果组织通过犯罪获得了收益,但没有且将来也不会支付赔偿金或者其他救济,法院对该组织裁量罚金数额时,应当将已确定的罚金数额与组织通过犯罪获得的收益数额相加,所得之和为该组织的罚金数额。组织不退赃的情形主要是指组织犯罪没有对被害人造成损害,如洗钱罪、出版淫秽物品罪和规定应报告的犯罪。对于这些犯罪,法院不要求组织支付赔偿金或者作出其他救济。

对于《组织犯罪的量刑》C 部分第 2 节第 1 条没有规定的犯罪,法院应当依据《美国法典》第 18 篇第 3553 节和第 3572 节的规定,确定适当的罚金。对某个组织而言,如果需要在依据罚金幅度内确定的罚金额和退赃情况确定的罚金数额的基础上加重处罚,法院可以适当地增加罚金数额。

第三,罚金判决的执行。罚金判决的执行分为罚金判处、罚金缴纳和罚金减轻三个部分。

(1)罚金判处。

对组织判处罚金分为三种不同的情况:其一,在制定法没有限制罚金的上限或者下限的条件下,罚金额或者罚金幅度分为三种情况:①对犯罪型组织的罚金额为足以剥夺该组织的全部净资产。

②对于一般组织的罚金幅度,根据《组织犯罪的量刑》第2节第7条和第8条的规定,确定罚金幅度的下限和上限,并考虑退赃数额加以裁量。③对于《组织犯罪的量刑》C部分第2节第1条没有规定的犯罪,法院应当适用《美国法典》第18篇第3553节和第3572节的规定,确定适当的罚金额。

其二,如果《组织犯罪的量刑》规定的罚金下限高于制定法规定的上限,则罚金下限应当以制定法规定的上限为准。

其三,如果《组织犯罪的量刑》规定的罚金上限高于制定法规定的下限,则罚金上限应当以制定法规定的下限为准。

(2)罚金缴纳。

分为两种情况:第一,对于犯罪型组织,法院应当要求组织立即缴纳罚金。第二,对于一般组织,在原则上法院应当要求组织立即缴纳罚金。但是,如果法院查明该组织没有立即缴付罚金的经济能力,或者查明立即缴付罚金会对组织造成无力承受的负担,法院可以准许不立即缴付。在这种情况下,法院可以要求组织在确定的时间缴付或者分期缴付,但都应当要求其尽早完全缴清。

(3)罚金减轻。

分为两种情况:①如果依据《组织犯罪的量刑》关于犯罪型组织的罚金额规定、一般组织的罚金额规定或者考虑退赃情况的规定,所科处罚金的数额会损害组织赔偿被害人的能力,法院就应当减轻罚金的数额。②如果法院查明组织没有支付能力,即使采用合理的分期支付,也不太可能有能力支付所科处的最低罚金数额,法院可以在《组织犯罪的量刑》规定的数额之下判处罚金。但是,罚金的减轻存有限制,即罚金数额的减轻不应超过为避免严重危及该组织的存续所必要的程度。

《组织犯罪的量刑》还规定了罚金的冲抵。依据《组织犯罪的量刑》C 部分第 3 节第 4 条,当因同一罪行而受到起诉的被告人包含封闭持股的组织和拥有 5% 以上股权的个人(包括一个或者多个)时,持有 5% 以上股权的个人被科处的罚金数额,可以冲抵该组织应当判处的罚金。但是,罚金的冲抵也是有限度的,即冲抵的数额不应当超过对这些个人科处的罚金总额与其在组织所占的全部股份之积。

第四,偏离《联邦量刑指南》规定的一般罚金幅度。依据《联邦量刑指南》的规定,对组织的罚金量刑在符合一定条件的情况下,可以偏离基于上述规定所确定的罚金数额,也就是说,可以高于或者低于基于上述规定所确定的罚金数额。偏离指南规定的罚金幅度分为两种情况:

(1)《美国法典》第 18 篇第 3553 条(b)款规定的偏离因素。根据该规定,如果法院查明“在案件中有某种加重或者减轻情节,或者在一定程度上量刑委员会在制定指南时没有适当考虑的某些情节,会导致不同于所规定的判决结果的”,允许法院偏离《联邦量刑指南》的规定,作出罚金数额的裁量。在判断偏离是否正当时,法院应当考虑这些未规定的因素对量刑结果的影响程度,以及这些因素在不同案件中的相对重要性或者严重性。

(2)《联邦量刑指南》规定的偏离因素。在第 5 章“确定刑罚”K 部分“偏离规则”规定的与组织有关的对政府的重要协助的范围内,偏离《联邦量刑指南》所规定的罚金幅度是被允许的。规定在第 5 章 K 部分中只适用于组织的某些因素,在《组织犯罪的量刑》C 部分第 4 节第 1 条中进行了列举。导致偏离《联邦量刑指南》规定的罚金幅度的因素主要包括以下几点。

其一,组织对政府的重要协助。这种因素又分为两种不同的情况:①如果政府出面声明,被告人在对另一个组织的调查或者起诉中,或者在对与被告人没有隶属关系的、实施犯罪的其他个人进行的调查或者起诉中,向政府提供了重要的协助,法院对作为被告人的组织科处罚金,可以偏离《联邦量刑指南》规定的罚金幅度。②依据基于记录的案情陈述,法院可以对组织减轻处罚。基于记录的案情陈述的主要事实包括在政府对组织提供的协助的评估的基础上,法院对组织的协助的重要性和实用性的评估,组织所提供的协助的性质和程度,以及组织协助的及时性。

其二,死亡或者身体伤害的危险。如果犯罪行为造成了他人死亡或者身体伤害,或者造成可预见的死亡或者身体伤害的危险,可以向上偏离《联邦量刑指南》规定的罚金幅度。这种情况下的偏离程度还取决于其他因素,包括伤害的性质和意图或者明知伤害的危险程度,以及在《联邦量刑指南》规定的罚金幅度内这种伤害或者危险被考虑的程度。

其三,对国家安全的威胁。如果犯罪行为对国家的安全构成威胁,可以向上偏离《联邦量刑指南》规定的罚金幅度。

其四,对环境的威胁。如果犯罪行为对环境造成了威胁,可以向上偏离《联邦量刑指南》规定的罚金幅度。

其五,对市场构成的威胁。如果犯罪行为威胁市场的完整和存续,可以向上偏离《联邦量刑指南》规定的罚金幅度。该规则既适用于私人市场(包括金融市场、商品市场或者消费品市场),也适用于公共市场(如政府采购)。

其六,官员腐败。假如组织因为犯罪行为而向或试图向公共官员行贿,或者非法地给予酬劳,可以向上偏离《联邦量刑指南》规定的罚金幅度。

其七,公共机构。如果犯罪的组织是公共机构,可以向下偏离《联邦量刑指南》规定的罚金幅度。

其八,组织成员或者受益人是被害人。如果犯罪行为的直接被害人不是组织的股东，而是组织成员或者受益人，向下偏离《联邦量刑指南》规定的罚金幅度是被允许的。因为，如果组织成员或者受益人是犯罪行为的直接被害人，对组织科处罚金不仅没有威慑的效果，反而会增加犯罪行为的被害人的负担。在这种情况下，罚金可能是不适当的。例如，假如某个工会因为挪用养老金而被判有罪，偏离《联邦量刑指南》规定的罚金幅度可能是适当的。

其九，赔偿费用的数额远超过收益。如果组织已经支付或者已经同意支付的赔偿费用远超过组织的犯罪收益，可以向下偏离《联邦量刑指南》规定的罚金幅度。因为，在这种情况下，巨额的罚金并不是获得适当的惩罚和威慑效果的必要手段。在判断偏离《联邦量刑指南》的罚金幅度是否适当时，法院应当考虑涉案的重要权力职员的层级和范围，以及损失超过收益的程度。假如高层人员涉案，依据本条的规定，则偏离规则是不适当的。涉案的重要权力职员的层级越低，范围越有限，补偿费用超过或者将超过收益的程度越高，则为实现足够惩罚和威慑功能而判处巨额罚金的数额就应当越小。

其十，预防和追查违法行为的强制性举措。根据《组织犯罪的量刑》C 部分第 2 节第 5 条(f)款的规定，如果组织因具有有效的合规伦理计划，其责任点数被减少，而组织根据法院的命令或者政府的命令完成了该计划，则被允许向上偏离指南规定的罚金幅度，以部分或者全部地抵销罚金的减轻。

如果在犯罪发生的期间，法律规定组织应当具有有效的合规伦理计划，但是某组织没有该计划，可以向上偏离量刑指南规定的罚金幅度。

其十一，特别的组织责任。如果组织的责任点数大于 10，可以向上适度地偏离指南规定的罚金幅度。

假如没有重要权力职员参与、放任或者有意忽视犯罪行为，或者组织在犯罪发生时具有预防和查处违法行为的有效计划，而基本罚金是依据《联邦量刑指南》的相关规定裁量的，则可以向下偏离指南规定的罚金幅度。

（四）对组织的缓刑监督

根据《美国法典》第18篇第3551节C部分的规定，如果对组织判处的刑罚不包括罚金，则必须判决附一定期限的缓刑监督。《组织犯罪的量刑》D部分规定了组织的缓刑监督的条件、缓刑监督期、应当附加的条件和建议的缓刑监督条件等问题。

1. 判处组织缓刑监督的条件

根据上述规定，有下列八种情形之一的，法院应当对组织判处缓刑监督。

其一，判处缓刑监督对于确保组织支付赔偿金，或者执行救济令，或者确保社区服务的完成是必要的条件。

其二，组织被判处财产刑（如赔偿金、罚金或者特别评估），而该财产刑在案件审理期间未执行完毕，为了保护组织的支付能力有必要作出限制。

其三，在案件审理时，组织有50个以上的雇员，或者依据法律的规定必须具有有效合规伦理计划，而该组织还没有该计划的。

其四，组织在量刑前的5年内实施了被刑事判决所认定的类似不法行为，或者在刑事判决之后，又实施了被刑事判决所认定的犯罪的任何部分。

其五，犯罪的组织或者组织部门的高层人员参与实施了犯罪的不法行为，并且犯罪的组织或者组织部门的高层人员，在量刑前5年内实施被以前刑事判决所认定的类似不法行为，以及犯罪的组织或者组织部门的高层人员在刑事判决之后，实施了被刑事判决所认定的犯罪的任何部分。

其六,为了确保组织发生变化,以降低未来发生犯罪行为的可能性,判处缓刑监督是必要的。

其七,对组织的量刑不包括罚金。

其八,为实现《美国法典》第18篇第3553节第A部分第2条所规定的一个或者多个刑罚目的,判处缓刑监督是必要的。

2.组织的缓刑监督期

组织的缓刑监督期分为两种情况:其一,在犯罪为重罪的情况下,缓刑监督期至少为1年,但最长不能超过5年。其二,在犯罪不是重罪的情况下,缓刑监督期不能超过5年。

3.对被判处缓刑监督的组织应当附加的条件

其一,一般条件。依据《美国法典》第18篇第3563节第A部分第1条的规定,任何缓刑监督的判决,都必须附加在缓刑监督期内不实施另一种联邦犯罪、州犯罪或者地方犯罪的条件。

其二,对重罪适用缓刑监督的条件。依据《美国法典》第18篇第3563节第A部分第2条的规定,如果对重罪判处缓刑监督,应当至少附加下列条件之一:(1)赔偿金。(2)社区服务。

其三,对组织适用缓刑监督,法院可以附加其他与组织的犯罪行为的性质和情节或者组织的历史和特点有明显联系的条件,以及为使实现量刑目标所必要的与剥夺自由和财产有关的条件。

4.可选择性的缓刑监督条件

其一,法院可以命令组织自费并按照法院要求的形式和媒体,公开犯罪行为的性质、被定罪的事实、被科处的刑罚的性质,以及为防止类似犯罪行为的再次发生而采取的措施。

其二,如果判处缓刑监督是依据《组织犯罪的量刑》D部分第1节第1条的规定而作出的,法院可以附加下列条件:

第一,组织应当向法院表明,将建立并提交与《组织犯罪的量刑》B 部分第 2 节第 1 条规定相符合的有效的合规伦理计划。组织的提议还应当包括完成该计划的时间表。

第二,依据法院同意的上述计划,组织应当向雇员和股东通告其犯罪行为以及合规伦理计划。该通告应当采取法院所规定的形式发布。

第三,组织应当依据法院要求的周期,定期地向法院或者缓刑监督官提交报告。报告的内容包括:(1)组织的财务状况和商业经营的业绩,以及现金处理的会计报告;(2)组织完成有效的合规伦理计划的进展。关于有效的合规伦理计划的报告,应当披露所有的刑事起诉、民事诉讼和针对组织的行政程序,或者上次报告之后组织所知道的所有的政府当局的调查或者正式询问。

第四,组织应当立即通知法院或者缓刑监督官:(1)任何商业或者财务状况或者前景上的重要反向变化;(2)任何针对组织的破产程序的启动,主要的民事诉讼、刑事起诉、行政程序,或者任何政府对组织的调查或者正式询问。

第五,组织应当提交:(1)缓刑监督官或者法院聘请的专家,对保存在适格的事务所中的账簿和记录所作的合理数量的定期或者未公开的检验报告;(2)对组织内的知情人员的询问情况。对法院所聘请的专家的补偿和费用,应当由组织支付。

第六,组织应当按照法院的要求,依据下列优先顺序定期支付:(1)赔偿金;(2)罚金;(3)其他的财产处罚。

《组织犯罪的量刑》F 部分第 1 节第 1 条还规定了组织违反缓刑监督条件的处理措施。依据该规定,如果发现该组织违反缓刑监督条件,法院可以裁定延长缓刑监督期限,附加更严格的缓刑监督条件,或者撤销缓刑监督并对该组织重新量刑。

第二节　中国单位犯罪的刑事责任

一、单位犯罪的处罚原则

（一）刑法规定

我国1997年《刑法》关于单位犯罪的处罚规定，基本上承袭了单行刑法。《刑法》第31条规定："单位犯罪的，对单位判处罚金，并对其直接负责的主管人员和其他直接责任人员判处刑罚。本法分则和其他法律另有规定的，依照规定。"该法条规定了单位犯罪的处罚制度。通说认为，我国单位犯罪的处罚制度是以两罚制为主体、以单罚制（代罚制）为补充的混合体制。绝大多数单位犯罪的处罚实行两罚制，在处罚直接责任人员的同时，还要处罚单位。处罚犯罪单位的现实依据在于，对单位判处罚金会损害单位的股东或者出资人的股权收益，因而能够调动股东或者出资人监管单位的经营活动的积极性，具有预防单位犯罪的重要作用。少量的单位犯罪的处罚实施单罚制，如违规制造、销售枪支罪和工程重大安全事故罪等。

（二）单罚制的理由

关于为何要对少量的单位犯罪的处罚实行单罚制，是因为这些单位犯罪具有特殊的属性，不宜处罚单位。实行单罚制的单位犯罪主要有三种不同的类型：其一，损害单位利益且设立该罪的目的就是保护单位利益的犯罪，如私分国有资产罪和私分罚没财物罪。其二，追诉犯罪时单位已经不存在的犯罪，如妨害清算罪。其三，处罚单位会损害无辜者利益的犯罪，如违规披露、不披露重要信息罪。[1]

二、对单位的处罚

在两罚制中,对于单位犯罪除了处罚作为单位构成要素的直接责任人员外,还要处罚犯罪单位。对犯罪单位处以刑罚,受处罚的单位是作为一个犯罪主体而整体地承担刑事责任的,也是贯彻罪责自负原则的基本要求。

(一)刑罚方法

根据刑法的规定,处罚犯罪单位具有两个基本特点:其一,处罚的刑罚方法仅为罚金,没有其他种类的刑罚方法。其二,对犯罪单位判处的罚金主要是无限额制罚金。刑法规定的形式通常是"对单位判处罚金",只有个别单位犯罪的罚金为比例制罚金。具体地说,刑法典所规定的对犯罪单位适用的罚金基本上都是无限额制罚金,只有个别法条所规定的对单位适用的罚金为比例制罚金,如单行刑法中的逃汇罪、骗购外汇罪和《刑法》第 160 条规定的欺诈发行股票、债券罪。以逃汇罪为例,1998 年 12 月 29 日全国人民代表大会常务委员会《关于惩治骗购外汇、逃汇和非法买卖外汇犯罪的决定》第 3 条规定:"将刑法第一百九十条修改为:公司、企业或者其他单位,违反国家规定,擅自将外汇存放境外,或者将境内的外汇非法转移到境外,数额较大的,对单位判处逃汇数额百分之五以上百分之三十以下罚金,并对其直接负责的主管人员和其他直接责任人员处五年以下有期徒刑或者拘役;数额巨大或者有其他严重情节的,对单位判处逃汇数额百分之五以上百分之三十以下罚金,并对其直接负责的主管人员和其他直接责任人员处五年以上有期徒刑。"该规

① 参见《单位犯罪比较研究》,法律出版社 2004 年版,第 167 页。

定不仅将逃汇罪的犯罪主体由国有公司、企业或者其他国有单位扩大到一般的公司、企业或者其他单位,而且处罚犯罪单位的罚金也由无限额制罚金调整为比例制罚金。

根据法律规定,罚金有五种不同的类型,分别是定额制罚金、比例制罚金、倍数制罚金、倍比制罚金和无限额制罚金。在定额制罚金、倍比制罚金、比例制罚金、倍数制罚金和无限额制罚金五种罚金方式中,法官的裁量自由度显递增关系。对定额罚金制法官没有自由裁量的余地,只要查明有犯罪事实,法官就只能按照法律规定的罚金的固定数额来判处,不能对罚金的数额作任何的变更。在比例制罚金、倍数制罚金和倍比制罚金中,法官具有一定程度的自由裁量权。而在无限额罚金制中,罚金既无上限亦无下限,罚金数额完全由法官根据案件的具体情况来裁量,法官享有极大的自由裁量权。

一般认为,对犯罪单位实行无限额制罚金的优势在于具有超强的适应性,能够适应不同类型的犯罪单位和不同情节的单位犯罪。不同单位犯罪的犯罪性质、危害程度和犯罪情节各有不同,而不同犯罪单位的类型与规模也具有极大的差别,因此,要想对单位犯罪的罚金数额作具体或限制性的规定而又能适应单位犯罪的复杂情况,几乎是无法做到的。但是,对犯罪单位实行无限额制罚金也有着明显的不足,进言之,由于罚金的数额缺乏限制,法官行使的自由裁量权过大,不利于实现量刑的统一和公平。

(二)罚金的裁量

只有罚金的量刑原则对无限额制罚金的适用具有制约作用,但是刑法对罚金的量刑原则也只作出了简单的规定。《刑法》第52条规定:“判处罚金,应当根据犯罪情节决定罚金数额。”可见,罚金裁量必须考虑的因素就是犯罪情节。罚金的裁量只考虑犯罪情节而不顾及其他因素，显然是一种片面的裁量原则，因而罚金的裁量原则遭到了许多学者的质疑。① 当然，也有学者支持以犯罪情节为依据的罚金裁量原则。② 更值得注意的是，单位犯罪的罚金裁量具有明显的特殊性，不仅不同的犯罪单位在支付能力上存在重大的区别，而且不同单位之间的规模或行业性质也有着极大的差别。如果只是依据单位犯罪的情节来裁量罚金的数额，而不考虑单位犯罪和犯罪单位的其他情况，对犯罪单位判处罚金是否能够起到预防单位犯罪的作用，是令人怀疑的。

2000 年 12 月发布的最高人民法院《关于适用财产刑若干问题的规定》第 2 条第 1 款规定："人民法院应当根据犯罪情节，如违法所得数额、造成损失的大小等，并综合考虑犯罪分子缴纳罚金的能力，依法判处罚金。刑法没有明确规定罚金数额标准的，罚金的最低数额不能少于一千元。"该规定确立了新的罚金量刑原则，法院裁量罚金既要考虑犯罪情节，也要考虑犯罪分子的缴纳罚金的能力。应当说，新的罚金量刑原则体现了刑罚的惩罚本质，更有利于刑罚目的的实现。虽然该规定的适用对象限于犯罪分子，不包括犯罪单位，但是该规定确立的罚金量刑的基本原则，对罚金的裁量具有普遍性的指导意义，因此法院应当参照该规定对单位判处罚金。

三、对直接责任人员的处罚

在单位犯罪的处罚上，无论是两罚制还是单罚制，都要处罚对单位犯罪负有直接责任的单位成员，即直接责任人员，包括刑法所规定的"直接负责的主管人员和其他直接责任人员"。而关于两种

---

① 参见马克昌主编：《刑罚通论》，武汉大学出版社 1999 年版，第 455 页。

② 参见马登民：《财产刑研究》，中国检察出版社 1999 年版，第 281 页。

直接责任人员的具体范围,立法并未作具体的规定。

(一)司法解释关于直接责任人员的规定

司法解释的规定为认定直接责任人员提供了指引。《金融犯罪纪要》规定:“单位犯罪直接负责的主管人员和其他直接责任人员的认定:直接负责的主管人员,是在单位实施的犯罪中起决定、批准、授意、纵容、指挥等作用的人员,一般是单位的主管负责人,包括法定代表人。其他直接责任人员,是在单位犯罪中具体实施犯罪并起较大作用的人员,既可以是单位的经营管理人员,也可以是单位的职工,包括聘任、雇佣的人员。应当注意的是,在单位犯罪中,对于受单位领导指派或奉命而参与实施了一定犯罪行为的人员,一般不宜作为直接责任人员追究刑事责任。对单位犯罪中的直接负责的主管人员和其他直接责任人员,应根据其在单位犯罪中的地位、作用和犯罪情节,分别处以相应的刑罚。主管人员与直接责任人员,在个案中,不是当然的主、从犯关系,有的案件,主管人员与直接责任人员在实施犯罪行为的主从关系不明显的,可不分主、从犯。但具体案件可以分清主、从犯,且不分清主、从犯,在同一法定刑档次、幅度内量刑无法做到罪刑相适应的,应当分清主、从犯,依法处罚。”

依据该规定,直接负责的主管人员,是在单位实施的犯罪中起决定、批准、授意、纵容、指挥等作用的人员,一般是单位的主管负责人,包括法定代表人。其他直接责任人员,是在单位犯罪中具体实施犯罪并起较大作用的人员。

1999年年底至2000年年初,为达到夸大某夏(银川)实业股份有限公司(以下简称银某夏公司)增资配股的目的,时任天津某夏(集团)有限公司(以下简称天津某夏公司)财务总监的被告人董某,在被告人丁某民授意、被告人李某强的同意下,虚构进货单位北京市瑞杰商贸有限公司、北京市京通商贸有限公司、北京市东风实用技术研究所，谎称从上述单位购入萃取产品原材料蛋黄粉、干姜、桂皮及产品包装桶，价值为人民币 6659.1646 万元，并伪造上述单位的销售发票及天津某夏公司向上述单位汇款的银行汇款单。之后又伪造出口海关报关单 4 份（货值金额 5610 万马克），伪造德国某高公司驻北京办事处支付的出口产品货款银行进账单 3 份，金额为人民币 5400 万元。同时，被告人董某又指使时任天津某夏萃取有限公司总经理的被告人阎某岱伪造萃取产品生产记录，被告人阎某岱遂让天津某夏公司职工刘某军、李某、郑某等人伪造萃取产品虚假原料入库单、班组生产记录、产品出库单等，由被告人董某编入天津某夏公司 1999 年度财务报表中。其中，制作虚假萃取产品出口收入人民币 23,898.60 万元。后该虚假的年度财务报表经深圳某天勤会计师事务所审计后，并入银某夏公司年报，导致银某夏公司向社会发布虚假净利润人民币 127,786,600.85 元。

2000 年年底至 2001 年年初，时任天津某夏公司董事长的被告人董某，在被告人丁某民授意、被告人李某强的认可下，以同样的手段，导致银某夏公司向社会发布虚假净利润人民币 41,764,643,1.07 元。

2001 年年初，被告人董某为达到虚构天津某夏公司 2001 年中期财会报告巨额利润的目的，采取虚报销售收入手段，从天津市北辰区国税局领购增值税专用发票 500 份。除向正常销售单位开具外，董某指使天津某夏公司职员付树通以天津某夏公司名义向天津某源公司虚开增值税专用发票 290 份，价税合计人民币 221,456,594.02 元，涉及税款人民币 37,647,619.98 元，后以销售货款没有全部回笼为由，仅向天津市北辰区国税局交纳“税款”人民币 500 万元，给天津某夏公司造成直接经济损失人民币 500 万元。

2001 年 5 月，为掩盖银某夏公司虚报利润的事实，被告人李某强承诺 2001 年银某夏公司中期利润分红资金由天津某夏公司承担。

随后,以购买设备为由,向上海某尔顿投资公司拆借人民币1.5亿元打入天津某源公司(系天津某夏公司萃取产品总经销),又以销售萃取产品回款的形式打回天津某夏公司,制造虚假销售收入。其中,人民币1.25亿元以天津某夏公司利润形式上交银某夏公司,作为利润分红,达到增资配股的目的,剩余人民币2500万元天津某夏公司自留自支。

2001年8月2日至9月7日银某夏公司因涉嫌违规,被中国证监会停牌。9月10日复牌后至10月8日连续出现跌停板,从停牌前的8月2日收市价人民币30.79元/股,跌至10月8日收市价人民币6.35元/股。

在案件审理过程中,被告人阎某岱辩护人提出,被告人阎某岱作为天津某夏(集团)有限公司副董事长兼总经理,不是天津某夏(集团)公司的财务工作人员,也不主管公司的财务工作,不应对天津某夏公司提供的虚假财会报告行为承担法律责任。

对于被告人阎某岱的辩护人的辩护意见,法院裁定,被告人阎某岱身为天津某夏萃取有限公司的总经理,在被告人董某的指使下,为编制天津某夏公司虚假的财务报表,组织他人制作了1999年度虚假的原料入库单、班产记录、产品出库单,是本案的直接责任人员。

经审理,法院认定被告人董某、李某强、丁某民、阎某岱、刘某荣、徐某文犯出具证明文件重大失实罪,分别被判处2年3个月到3年的有期徒刑,罚金3万元至10万元。一审宣判后,各被告人均未上诉。①

① 参见最高人民法院刑事审判第一庭、第二庭编:《刑事审判参考》(2004年第2集,总第37集),法律出版社2004年版,第8页。

法院认定被告人阎某岱为本案的直接责任人员,却没有明确指出他属于哪一类的直接责任人员。由于被告人阎某岱未出具失实的证明文件,而是指使下属的财务人员实施该行为,因而不属于其他直接责任人员,而只能归入直接负责的主管人员的范围。

(二)直接责任人员的法定刑

实行单罚制的单位犯罪中的直接责任人员的法定刑,是由《刑法》分则条文直接规定的。例如,《刑法》第135条规定:"安全生产设施或者安全生产条件不符合国家规定,因而发生重大伤亡事故或者造成其他严重后果的,对直接负责的主管人员和其他直接责任人员,处三年以下有期徒刑或者拘役;情节特别恶劣的,处三年以上七年以下有期徒刑。"可见,重大劳动安全事故罪中的直接责任人员的法定刑有两个档次,基本法定刑为"三年以下有期徒刑或者拘役",而加重法定刑为"三年以上七年以下有期徒刑"。

两罚制单位犯罪中的直接责任人员的法定刑则较为复杂。在总体上看,分为两种不同的情况:

其一,等同于自然人犯罪的处罚。刑法规定的形式通常表现为"并对直接负责的主管人员和其他直接责任人员,依照前款的规定处罚"。例如,依据《刑法》第187条的规定,吸收客户资金不入账罪的法定刑为"五年以下有期徒刑或者拘役,并处二万元以上二十万元以下罚金;数额特别巨大或者造成特别重大损失的,处五年以上有期徒刑,并处五万元以上五十万元以下罚金"。而单位犯该罪的,对单位判处罚金,并对其直接负责的主管人员和其他直接责任人员"依照前款的规定处罚"。依据该条的规定,单位犯吸收客户资金不入账罪,对直接责任人员的处罚与自然人犯罪相同。

其二,低于自然人犯罪的处罚。有些刑法条文对直接责任人员的处罚作了专门的规定,处罚的刑种或者刑期轻于自然人犯罪。例如,依据《刑法》第181条第1款的规定,编造并传播证券、期货交易虚假信息罪的法定刑为“五年以下有期徒刑或者拘役,并处或者单处一万元以上十万元以下罚金”。依据同条第3款的规定,单位犯前两款罪的,对单位判处罚金,并对直接责任人员“处五年以下有期徒刑或者拘役”。可见,对单位犯编造并传播证券、期货交易虚假信息罪的,对直接责任人员的处罚不包含自然人犯罪的法定刑中的“并处或者单处一万元以上十万元以下罚金”。

四、单位组织实施纯正自然人犯罪的刑事责任

依据《刑法》的规定,有些犯罪的主体限于自然人,不包括单位,如盗窃罪、诈骗罪等,可以称为纯正自然人犯罪。如果单位组织实施了纯正自然人犯罪,依据单位犯罪的法定原则,不成立单位犯罪,不能追究单位的刑事责任。此时,是否应当追究参与实施纯正自然人犯罪的单位成员的刑事责任,则存在严重的分歧。

(一)前期司法解释的分歧

最高人民检察院对此一直持肯定的态度。1996年1月23日发布的最高人民检察院《关于单位盗窃行为如何处理问题的批复》(已失效)规定:“单位组织实施盗窃,获取财产归单位所有,数额巨大、情节恶劣的,应对其直接负责的主管人员和其他主要的直接责任人员按盗窃罪依法批捕、起诉。”2002年,最高人民检察院再次针对同一问题发布了《关于单位有关人员组织实施盗窃行为如何适用法律问题的批复》,指出:“单位有关人员为谋取单位利益组织实施盗窃行为,情节严重的,应当依照刑法第二百六十四条的规定以盗窃罪追究直接责任人员的刑事责任。”最高人民检察院针对同一问题所作的两个批复,虽然具体的措辞存在着一些细微的区别,但是基本立场上是高度一致的,都肯定了单位集体盗窃中单位成员的刑事

责任。

最高人民法院在此问题上的态度却与最高人民检察院不同。2001 年 1 月最高人民法院发布的《金融犯罪纪要》规定："根据刑法第三十条和第一百九十三条的规定，单位不构成贷款诈骗罪。对于单位实施的贷款诈骗行为，不能以贷款诈骗罪定罪处罚，也不能以贷款诈骗罪追究直接负责的主管人员和其他直接责任人员的刑事责任。"该解释不仅否定了单位实施的集体诈骗贷款的行为构成贷款诈骗罪，而且还明确规定不能以此罪名对参与实施犯罪的单位成员追究刑事责任。

（二）追究参与实施纯正自然人犯罪的单位成员的刑事责任的正当性

我国学界对于在单位实施纯正自然人犯罪的场合，应否追究参与实施纯正自然人犯罪的单位成员的刑事责任，存在严重的理论分歧。归纳起来主要有"肯定说"、"否定说"和"折中说"三类观点。持"肯定说"的学者认为，在单位实施纯正自然人犯罪的场合，虽然不能追究单位的刑事责任，但应当追究参与实施纯正自然人犯罪的单位成员的刑事责任。不过，不同学者在论证追究参与实施纯正自然人犯罪的单位成员的刑事责任时所提出的理由各不相同。有的学者将追究单位成员的刑事责任的理由归于单位没有犯罪能力，认为"在单位犯罪的情况下，真实的行为只有单位内部自然人的行为"。[1] 有学者从法条竞合的角度，论证处罚参与实施犯罪的单位成员的合理性，认为："规定单位犯罪的特殊条款和规定自然人犯罪的一般条款之间存在着特殊法与一般法的关系……在某一犯罪规定为只能由自然人实施的情况下，应当理解为不存在特殊法的规定，

① 参见董玉庭：《论单位实施非单位犯罪问题》，载《环球法律评论》2006 年第 6 期。

不能对单位整体判处罚金,但是,应当直接适用一般法,对单位内部的直接责任人员按照自然人犯罪的条款来定罪量刑。”还有学者认为,虽然《刑法》第 30 条规定了单位犯罪成立的法定原则,“但是刑法第 30 条并没有禁止追究自然人的刑事责任……直接负责的主管人员和其他直接责任人员承担刑事责任,是因为其行为符合犯罪构成”。[①]

持“否定说”的学者认为,在单位实施纯正自然人犯罪的场合,“既不能违法追究单位的刑事责任,也不能对单位中直接负责的主管人员和其他直接责任人员单独以直观相应的个人共同犯罪论处”。[②] 其理由主要有两点:(1)对参与实施纯正自然人犯罪的单位成员追究刑事责任违背罪刑法定原则。[③] (2)单位犯罪成立是单位成员负刑事责任的前提。有学者指出:“追究单位直接负责的主管人员和其他直接责任人员的刑事责任,应当以单位构成犯罪为前提条件。”[④]既然单位实施纯正自然人犯罪的行为不成立单位犯罪,那么追究单位成员的刑事责任就于法无据。

持“折中说”的学者认为,原则上,对单位实施纯正自然人犯罪的行为追究有关责任人员的刑事责任,违背了罪刑法定原则。但是,当单位实施作为自然犯的纯正自然人犯罪时,由于社会危害严重,应当追究单位成员的刑事责任。当单位实施作为法定犯的纯正

---

① 张明楷:《法益初论》,中国政法大学出版社 2003 年版,第 367 页。

② 牛克乾:《对单位盗窃行为能否定罪——兼论刑法第 30 条、第 31 条规定中“单位”的内涵》,载《法学杂志》2003 年第 4 期。

③ 参见陈兴良:《盗窃罪研究》,载陈兴良主编:《刑事法判解》第 1 卷,法律出版社 1999 年版。

④ 王涛:《增设贷款诈骗罪单位主体的必要性》,载《中国刑事法杂志》2004 年第 4 期。

自然人犯罪时，则不能追究单位成员的刑事责任。[①]

在单位实施纯正自然人犯罪的场合，法益的安全同样应当受到刑法的保护，在该行为不构成单位犯罪的条件下，实施犯罪的单位成员的刑事责任仍然应当受到追究。在判断路径上，修正的犯罪构成与基本的犯罪构成之间的关系提供了理论依据。具体地讲，单位实施纯正自然人犯罪的行为，由于超出了法定的单位犯罪的成立范围，因而不符合单位犯罪的修正的犯罪构成，不成立单位犯罪。此时，基于行为人的人数是“二人以上”还是“一人”，单位成员的个人行为还有可能符合适用于判断共同犯罪的修正的犯罪构成或者基本的犯罪构成。在符合上述两种犯罪构成中的任何一种的情况下，都必须对单位成员的个人行为作刑法评价，将其认定为自然人犯罪予以处罚。[②] 当一个单位成员的行为符合基本的犯罪构成时，应当被认定为单独犯罪予以处罚，而当二个以上单位成员的行为符合修正的犯罪构成时，则应当被认定为共同犯罪予以处罚。

2014年4月全国人大常委会制定的《关于〈中华人民共和国刑法〉第三十条的解释》规定：“公司、企业、事业单位、机关、团体等单位实施刑法规定的危害社会的行为，刑法分则和其他法律未规定追究单位的刑事责任的，对组织、策划、实施该危害社会行为的人依法追究刑事责任。”该规定支持了肯定说的立场，消弭了不同司法解释之间的分歧。依据该立法解释，组织、策划或者具体实施纯正自然人犯罪的单位成员，应当依法追究其个人的刑事责任。

---

① 参见熊选国：《刑事审判中几个疑难问题的探讨》，载《人民司法》2005年第1期。

② 参见王良顺：《论参与实施纯正自然人犯罪的单位成员的刑事责任》，载《法商研究》2013年第2期。

第三节　法人犯罪的刑事责任三维比较

一、处罚原则的比较

(一)两国法人犯罪处罚原则

美国法人犯罪的处罚实行两罚制,而我国单位犯罪的处罚原则是两罚制为主体、以单罚制为补充的混合制,美国法人犯罪的处罚原则与我国单位犯罪的处罚原则并不相同。不过在我国,单罚制只见于少量的单位犯罪。有学者对我国实行单罚制的单位犯罪进行了分析,认为我国实行单罚制的单位犯罪主要有三种不同的情况。其一,“以单位的名义,但是损害单位利益,而该罪本身是为了保护单位利益而设立的情形”,如私分国有资产罪、私分罚没财物罪。其二,“追诉犯罪时单位已经不存在的情形”,如妨害清算罪。其三,虽然是单位犯罪,但因处罚单位会损害无辜者的利益,因而不实行双罚制而只处罚直接责任人员,如提供虚假财会报告罪。[①] 由于我国实行单罚制的单位犯罪的数量很少,美国法人犯罪和我国单位犯罪的处罚制度实践的差异并不大。

然而,关于单位犯罪处罚原则的立法宣示具有导向性和全局性的意义,值得作深度的思考。应当认为,对单位犯罪或者法人犯罪的处罚实行两罚制具有合理性。其一,同时处罚犯罪单位和负有责任的单位成员,符合责任主义。由于单位实施了单位犯罪并对于单位犯罪具有罪过,单位对单位犯罪承担刑事责任是符合个人责任原

---

① 参见《单位犯罪比较研究》,法律出版社 2004 年版,第 167 页。

则和主观责任原则，因此，犯罪单位受处罚是符合责任主义的。同时，单位犯罪的直接责任人员既具体参与了单位犯罪的实施，又对单位犯罪具有罪过，因此，处罚实施单位犯罪的直接责任人员与责任主义也是相一致的。其二，实行两罚制符合单位犯罪的行为结构。单位是由具有相应职责的单位成员依照单位制度所组成的组织，与自然人相比有着显著的不同。并且，由于单位的特殊结构，单位犯罪也具有特殊的构造。简单地讲，单位犯罪的主体虽然是单位，但是单位犯罪总是要通过作为单位支配因素的单位成员来实现的，单位犯罪表现为在单位意志的支配下由单位成员在业务活动中所实施的危害社会行为。正是这种单位的特殊构造和单位犯罪的特殊构造，决定了单位犯罪的处罚既要处罚作为整体的单位，也要处罚实施单位犯罪的直接责任人员。

对单位犯罪或者法人犯罪的处罚实行两罚制，更有利于对法益安全的保护。其一，单位成员从单位获得经济收入，并且在单位中负有相应的职责，因此，单位成员与单位之间具有分配上的利益关系与组织上的服从关系，这样密切的关系使得单位的管理与监督能够对单位成员的行为产生重要的影响。对犯罪单位追究刑事责任，让单位承担刑事责任的风险，规劝、警醒单位加强内部管理和日常监督，预防单位成员犯罪的发生，效果会更加显著。而且，对犯罪单位处以财产刑，还可以从经济上剥夺或者削弱单位再犯罪的物质条件。其二，对单位的责任人员追究刑事责任，惩罚和改造负有责任的单位成员，并威慑有潜在危险性的单位成员，从而预防单位成员利用单位活动而危害社会。一方面，单位成员毕竟是单位的支配性因素，它直接决定和实施单位的行为，包括单位的犯罪行为。只有处罚实施单位犯罪的单位成员，抑制其产生通过单位活动而危害社会的犯罪动机，才能有效地预防单位犯罪。另一方面，只有单位也为单位犯罪承担刑事责任,才会强制单位采取必要的措施预防单位犯罪的发生。如果只处罚实施单位犯罪的单位成员,而不处罚单位,不仅存在于单位内部的促进单位犯罪的文化环境得不到改变,无法预防单位犯罪的再次发生,而且,单位很可能将某个单位成员,作为单位犯罪的替罪羊为之承担刑事责任,而同时给予其足够的经济补偿,这样一来,单位只需要为单位犯罪承担少量的经济成本,而无任何刑事责任风险,单位犯罪的预防更无从谈起。

(二)两罚制的立法完善

我国刑法对于实行单罚制的单位犯罪,应当进行适当的修改或者进行必要的解释,使之归于两罚制。具体地说,可以从两种不同的途径予以完善。第一,对于个别实行单罚制的单位犯罪,应当将其性质解释为自然人犯罪,如私分国有资产罪、私分罚没财物罪和妨害清算罪等。第二,对其他实行单罚制的单位犯罪,应当进行立法修改,废单罚制而行两罚制,如事故性单位过失犯罪等。通过该两种不同的途径,完全废止单位犯罪处罚上的单罚制,实现单位犯罪处罚上的两罚制,更有效地遏制单位在业务活动中对社会所造成的危害,强化保护法益的安全。

二、对法人处罚的比较

美国法人处罚与中国单位的处罚的差别主要有两个方面:其一,刑罚方法的不同;其二,罚金的裁量方法不同。

(一)刑罚方法的比较

从刑罚方法上看,美国处罚犯罪法人的刑罚不仅要向被害人支付赔偿金,而且判处罚金,如果符合条件,还可以判决缓刑监督。中国的犯罪单位的刑罚仅仅限于罚金。对比两国的处罚方法,不难发现美国处罚法人的刑罚方法比中国多。

其一，对于被害人可以确定的案件，美国联邦法院可以依据《美国法典》第 18 篇的有关规定，对犯罪的法人发布赔偿令，责令其赔偿被害人的损失。在中国，被害人的经济损失通常要在刑事诉讼中提起附带民事诉讼，法院进行审理后作出判决，或者对于犯罪情节轻微不需要追究刑事责任的法人，法院判决犯罪单位赔偿被害人的损失。在这种制度的设计之下，单位犯罪的被害人虽然也可能获得赔偿，但是受到诉讼程序和犯罪情节的制约，实现的难度较大。

其二，美国联邦法院可以对犯罪法人判处缓刑监督。美国的缓刑监督为刑罚暂缓宣告型缓刑监督，即对于犯罪情节较轻的犯罪人，虽依法认定其有罪，暂缓刑罚的宣告，但规定一个监督考验期，如果在此期间犯罪人能保持善行，则考验期经过后不再作有罪宣告；如果在此期间犯罪人重新犯罪或发生了其他应当撤销缓刑监督的法定事由，则作有罪宣告并执行刑罚或将前罪、后罪实行并罚等。在中国，适用缓刑的对象是被判处拘役或者 3 年以下有期徒刑的自然人，不包括单位，且处罚犯罪单位的刑罚方法限于罚金，不符合适用缓刑的刑罚条件，因此，不存在对单位适用缓刑的可能性。更值得注意的是，美国法院对组织裁量缓刑监督时附加的条件。缓刑监督时附加的条件分为一般的缓刑监督条件和建议的缓刑监督条件。缓刑监督时附加的一般条件包括缓刑监督期内不实施另一种犯罪，如果是对重罪判处缓刑监督，则还应当附加赔偿金或者社区服务。建议的缓刑监督条件包括公开犯罪行为的性质、事实和被科处的刑罚，为防止类似犯罪行为再次发生而采取的预防措施，建立有效的合规伦理计划，以及向雇员和股东通告其犯罪行为与有关合规伦理计划的情况等。

美国联邦法院判处缓刑监督所附加的条件，至少具有两个方面的功能。第一，促进犯罪法人及时支付赔偿金。为了免除刑事处罚,被判处缓刑监督的法人,会积极支付赔偿金和参加社区服务等,切实地履行缓刑监督的附加条件,这对于恢复被害人的权利具有重要意义。第二,激励犯罪法人预防犯罪。根据规定,对法人判处缓刑监督,应当附加的条件还包括在缓刑监督期内不再犯新罪、建立有效的合规伦理计划等,这不仅对法人再犯新罪构成严厉的威慑,而且会促进法人建立预防犯罪的长效机制,具有重要的特殊预防意义。

(二)罚金裁量方法的不同

美国法人被判处的罚金数额不同于中国单位。中美两国在单位犯罪和法人犯罪的罚金量刑的方法上存有重大的区别。在美国,《联邦量刑指南》规定了法人罚金的裁量步骤和基本规则,规定非常具体,严格地规范了法官对犯罪法人的罚金裁量。中国刑法规定的犯罪单位的罚金基本都是无限额型,即刑法对犯罪单位规定处以罚金,而对罚金的具体数额幅度没有作出规定。而且,中国刑法对于罚金的裁量作出了统一的规定,并没有对犯罪单位的罚金裁量作出特殊的安排。依据《刑法》第 52 条的规定,法官在对犯罪单位裁量罚金时,应当根据具体的犯罪情节来决定罚金数额。这里的犯罪情节是表明单位犯罪的社会危害性的各种具体犯罪事实,包括犯罪手段、犯罪对象、犯罪后果(特别是违法所得数额的大小及造成损失的大小)和再犯可能性等。但是,犯罪单位的经济状况也是法官在裁量罚金数额时应当考虑的因素。因为罚金是判处犯罪人向国家无偿交纳一定数额的金钱,如果不考虑犯罪单位的经济状况,判决的罚金数额太大,有时会无法执行,还会对单位的正常运作造成不利影响,而如果判决的罚金数额太小,就不能起到惩罚单位犯罪的作用,最终会损害到法院判决的严肃性与权威性。2000 年 12 月发布最高人民法院《关于适用财产刑若干问题的规定》确立了对犯罪分子裁量罚金，要考虑犯罪情节和犯罪分子缴纳罚金的能力的原则，为法院在对单位判处罚金时考虑单位的支付能力，提供了可参照的规范依据，在一定程度上缓和了《刑法》第 52 条规定不够全面的问题。然而，该规定只是司法解释，又不适用于单位，因而并未完全解决单位罚金的裁量问题。依据现行罚金裁量制度对犯罪单位判处罚金，威慑潜在的犯罪单位和预防犯罪单位再次犯罪，有待作深入的研究和必要的立法完善。

三、对责任人员处罚的比较

中国的单位犯罪中的责任人员分为直接负责的主管人员和其他直接责任人员两类。美国法人犯罪的责任人员统称为代理人。我国单位犯罪和美国法人犯罪的责任人员处罚的区别主要表现为：其一，责任人员的类型不同。其二，责任人员处罚的条件不同。其三，责任人员的处罚与单位或者法人处罚的关系不同。其四，责任人员的处罚方法不同。

（一）责任人员的类型

美国法人犯罪中的责任人员被称为代理人。对于法人犯罪而言，除了要处罚法人外，代理人对他们自己的犯罪行为也要承担刑事责任。依据《组织犯罪的量刑》第 1 节第 2 条的注释规定，代理人是指任何被授权以组织的名义开展活动的个人，包括董事、高级职员、雇员或者独立的承包人。因此，代理人的范围非常广泛，既包括内部的代理人，如董事、高级职员、雇员，也包括外部的代理人，如独立的承包人，而内部的代理人既包括高层的董事、高级职员，也包括低层的雇员。虽然在代理人中也存有“组织的高层职员”（high-level personnel of the organization）和“重要权力职员”（substantial authority personnel）等不同地位的人员，这些人员的行为及情节会影响对组织的罚金裁量的结果，但是这些人员并不是对法人犯罪中的责任人员的分类，《组织犯罪的量刑》对这些人员的处罚也没有作出不同的规定。依据《组织犯罪的量刑》的规定，在有多个代理人实施法人犯罪的情况下，应当分别认定为主犯和从犯，依据自然人犯罪的法定刑予以处罚。

在我国单位犯罪的处罚上，无论是采用两罚制还是采用单罚制，都要处罚直接责任人员，即刑法所规定的"直接负责的主管人员和其他直接责任人员"。在中国刑法的框架下，处罚直接责任人员，必须将其区分为"直接负责的主管人员"与"其他直接责任人员"，进而依据刑法规定，依据自然人犯罪的法定刑或者直接责任人员的专门法定刑，裁量直接责任人员的刑罚。

由于直接责任人员分为直接负责的主管人员与其他直接责任人员，因此，需要明确两者之间的关系。一方面，直接负责的主管人员是其他直接责任人员存在的前提，是第一位的单位犯罪的责任人员。如果没有直接负责的主管人员，就不可能有其他直接责任人员。因为单位是一个社会组织，单位犯罪必须是在单位意思的支配下实施的，而单位意思的形成是以单位机关为基础的。因此，在单位犯罪中必须有直接负责的主管人员，他们有可能是单位犯罪中的决策者、指挥者，也可能是在单位的管理中负有管理或监督责任的失职者。相反，其他直接责任人员则是单位犯罪中第二位的责任人员，是依附于直接负责的主管人员而存在的。另一方面，在单位犯罪中，有可能存在只有直接负责的主管人员而没有其他直接责任人员的情况。

1998 年至 2003 年 11 月，某电机厂和某机械有限公司发布《某电机厂内部集资办法》、某电机厂调整利率的《通知》、《某电机厂、某机械有限公司临时集资办法》和《某电机厂、某机械有限公司关于修订临时集资办法文件的通知》等集资文件，召开职工大会，以提高利息、增加工资为手段，在社会公众及本厂职工 208 人中共吸纳资金 2347.9421 万元。其中，某电机厂从 1997 年年底至 2003 年 11 月，以月利息 8‰～70‰的利率，在该企业职工和社会公众 140 人中吸纳资金 614 次，共计金额 2117.1371 万元。某机械有限公司自 2000 年 12 月至 2003 年 10 月以来，以提高月息和增加职工工资为手段，向本单位职工及社会公众 70 人吸纳资金 116 次，共计金额 230.805 万元。2003 年 11 月 5 日，被告人贺某某（某电机厂法定代表人、厂长，某机械有限公司法定代表人、董事长、总经理，某实业有限责任公司负责人）在经营、管理某实业公司期间，因经济纠纷，其企业的冬菜被法院依法查封、扣押。在法院未解除扣押的情况下，贺某某擅自将法院查封、扣押的冬菜 421 坛，价值 6.815325 万元进行处理。

法院经公开审理认为，某电机厂和某机械有限公司违反国家法律规定，擅自提高利率，吸收公众存款，严重扰乱了国家的金融秩序，严重影响社会稳定，其行为均构成了非法吸收公众存款罪。两个企业的共同法定代表人贺某某是负直接责任的主管人员，也应当受到法律追究。被告人贺某某因犯非法吸收公众存款罪，被依法判处有期徒刑 5 年，并处罚金人民币 5 万元；因犯非法处置扣押财产罪，被依法判处有期徒刑 6 个月；数罪并罚，决定执行有期徒刑 5 年 2 个月，并处罚金人民币 5 万元。①

在该案的判决中，犯罪的单位和直接负责的主管人员都受到了处罚，却没有其他直接责任人员受处罚，就是因为在特殊情况下，有些单位犯罪案件不存在其他直接责任人员。

---

① 参见徐良顺、蒋意：《重庆两企业非法吸存法人被判刑》，载法律资讯网 2019 年 9 月 21 日，http://www.dyzxw.org/html/article/200407/13/11458.shtml。

一般而论,单位犯罪的处罚对象,应当包括犯罪单位与直接负责的主管人员和其他直接责任人员。这不仅是两罚制和《刑法》分则规定的基本要求,而且也是符合单位犯罪现实的。但是,在特殊的场合,单位犯罪的处罚对象也可以没有其他直接责任人员。该特殊场合主要有以下三种情形:其一,在单位犯罪中,不能确定是哪个或者哪几个单位成员具体实施了单位危害行为。其二,单位犯罪的直接负责的主管人员与其他直接责任人员相重合,无法截然分开。这种情形通常发生在规模较小而层级简单的单位之中。在这种单位之中,单位成员的数量不多,相互之间的分工也不是很明确,有时会出现由单位的主管人员作出犯罪决定后再自行实施犯罪的情况。在这种情形之下,只需要认定直接负责的主管人员就足够了。其三,具体实施单位犯罪的单位成员,行为情节较轻,危害不大。在这种情况下,单位犯罪虽然是经单位的主管人员决定后,由某单位成员所具体实施的,但是该单位成员的行为情节较轻,危害不大的,因而不需要判处刑罚。

因此,虽然依据《刑法》的规定,单位犯罪中的直接责任人员包括直接负责的主管人员和其他直接人员,但是在个案中有可能出现没有其他直接责任人员受处罚的情况。不过,这种情形是较为少见的,只发生在上述三种情形之中。

应当认为,我国刑法将单位犯罪的责任人员进行分类,区分为直接负责的主管人员和其他直接责任人员,具有积极的意义。一方面,对直接责任人员区分为不同的类型,反映了单位犯罪的现实情况。虽然都对单位犯罪负有直接责任,但是直接负责的主管人员和其他直接责任人员在单位犯罪中所起的作用是不同的,因此,作这样的区分反映了这两类直接责任人员对单位犯罪负有不同程度的责任。另一方面,区分直接负责的主管人员和其他直接责任人员,为法院量刑提供了基本的依据,有利于贯彻罪责刑相适应原则。

美国刑法对法人犯罪的责任人员不进行分类,就不会具有这样的积极意义。我国刑法对单位犯罪的直接责任人员分类的规定,值得美国刑法加以借鉴。

(二)责任人员受处罚的条件

关于责任人员的处罚条件,中美两国刑法的规定有所不同。在美国,受处罚的代理人就是指参与法人犯罪实施的行为人,既包括授权、要求、命令、实行或者轻率地容认法人犯罪的法人高层人员,也包括具体实施法人犯罪的低层雇员,以及负有履行法人作为义务的职责而未履行的代理人。也就是说,只要参与了法人犯罪的实施,代理人无论处于何种地位,都要受刑罚处罚。因此,美国法人犯罪中的代理人受处罚,不存在“负有直接责任”这一限制性条件。

在中国,单位犯罪的两类直接责任人员都是对单位犯罪负有直接责任的单位成员。两类直接责任人员所负有的直接责任的表现形式有所不同。依据《金融犯罪纪要》的规定,直接负责的主管人员是在单位犯罪中起组织、领导作用的单位主管人员,而其他直接责任人员是指单位成员因为参与实施单位犯罪,并在单位犯罪中所起的作用较大的人员。

中国刑法将单位犯罪的责任人员限制性地规定为直接责任人员,具有三个基本理论依据:

其一,限制单位犯罪的处罚范围。对责任人员的处罚,法律附加规定“直接责任”这一限制性条件,其目的在于限制单位犯罪受处罚的责任人员的范围。法律为何要对责任人员的处罚范围以直接责任来加以限制呢?这是因为,相当数量的单位成员与单位犯罪之间,或多或少、直接或者间接地都具有某种程度的联系。如果不对单位犯罪的责任人员的范围以一定的条件加以限制,就可能造成单位犯罪处罚范围的扩大化,还会对单位的正常运作和社会秩序造成不良的影响。

其二,实现刑罚的经济性。滥觞于功利主义的哲学思潮,后又经法律经济学的推动,刑罚的经济性成为刑罚运用的一个基本原则。在保证刑罚有效的前提下,尽可能降低刑罚成本,成为思考动用刑罚和运用刑罚的新视角。刑罚成本包括国家的刑罚成本与社会的刑罚成本两个不同的部分。所谓国家的刑罚成本是指国家制刑、求刑与行刑过程中所耗费的资源,而社会成本则是适用刑罚对犯罪人及其家属和社会所带来的负面影响。要想使刑罚运用具有更大的效益,就必须控制刑罚成本。根据刑罚经济性理论,只有为惩罚犯罪与预防犯罪所必需的刑罚才具有正当性的根据。作为功利主义哲学的先驱和刑事古典学派的代表,边沁认为,“惩罚的首要目的是防止发生类似的犯罪”,同时边沁反对不应适用之刑。而这四种不应适用之刑就包括有“昂贵之刑”,“如果刑罚之恶超过罪行之恶,立法者就是制造更大的痛苦而不是防止痛苦,是以较大之恶的代价来消除较小之恶性”。[①] 刑罚的经济性要求在追求刑罚的预防犯罪目的同时,应当节制刑罚而不致被滥用。具体到单位犯罪这一问题上,限制单位犯罪受处罚的责任人员的范围就是落实刑罚经济性的具体体现。因为只要处罚了单位犯罪中的直接责任人员,就足以实现对单位犯罪的惩罚和预防单位犯罪的发生,没有必要将处罚范围扩大到更大范围的单位成员的身上。因此,直接责任的这一限制条件,对于防止扩大单位犯罪受处罚的责任人员的范围具有重要意义。

---

① [英]吉米·边沁:《立法理论》,李贵方等译,中国人民公安大学出版社 2004 年版,第 322、374 页。

其三，客观地反映了单位犯罪的特殊的主体结构。单位犯罪通常是在单位意志支配下由多个单位成员协同实施的行为，许多单位成员都与单位犯罪之间具有某种程度的联系。如果不分作用的大小，只要参与单位犯罪的行为都要被追究责任，则受到处罚的单位成员范围就不能被控制在适当的范围内。而由于单位成员与单位之间存在利益关系与服从关系，社会要期待其拒绝参与单位所有的违法行为也存在客观困难。对于预防单位犯罪而言，只要惩罚了参与实施单位犯罪并且所起的作用较大的单位成员，就能够起到威慑单位犯罪的作用，没有必要对所有参与单位犯罪的单位成员都追究刑事责任。

可见，中国刑法关于单位犯罪的直接责任人员的规定，有利于实现法律效果与社会效果的统一，在这两者之间达到了恰当的平衡。

不难看出，中国单位犯罪中受处罚的责任人员的范围，明显地小于美国法人犯罪中的责任人员。之所以会出现这种差异，主要是因为两国的法律文化传统不同。在我国古代刑法中，存有“刑期于无刑”、“恤刑”和“慎刑”等刑事政策，对犯罪的治理既重视刑罚惩罚，也重视道德教化。现行刑法延续了中国传统法律文化的精神，国家提出并推行宽严相济的刑事政策。在单位犯罪的责任人员的处罚上，将受处罚的责任人员的范围限缩为具有处罚必要性的直接责任人员，正是贯彻宽严相济刑事政策的具体体现。而在美国，却不存在宽宥的法律文化传统。相反，依据作为美国文化本位的个人主义，每个人都应当对自己实施的行为负责，只要个人实施了犯罪行为，就要受到处罚，哪怕是实施法人犯罪也不能例外。不过，在实务上，享有极大的自由裁量权的美国检方，会依据参与犯罪的情节、与检方合作等情况，通过辩诉交易等方式，放弃对部分参与法人犯罪的实施但情节较轻或者积极与检方合作的法人代理人的起诉，因此，实际受到刑事追诉的代理人范围也不如预想中那么大。

（三）责任人员的处罚与单位或者法人的处罚之间的关系

在责任人员的处罚与单位或者法人的处罚的关系上，中美两国的刑法规定也有着重要的不同。在中国刑法中，对于实施两罚制的单位犯罪而言，单位犯罪的成立不仅是单位承担刑事责任的条件，而且也是直接责任人员受刑罚处罚的条件。因此，处罚单位和处罚直接责任人员是相互依存的，一般来说，不能只处罚犯罪单位而不处罚直接责任人员，也不能不处罚犯罪单位而处罚直接责任人员。

在美国，对法人犯罪全面实行两罚制，从理论上讲，犯罪法人和犯罪的法人代理人都应当受到处罚。但是，在司法实务中，美国的法人犯罪的处罚形成了不一致判决规则，表现为在有些法人犯罪案件中，只指控或者判决法人有罪而不指控或者判决代理人有罪，或者只指控或者判决代理人有罪而不指控或者判决法人有罪的情况。这种情况的出现主要与美国的刑事诉讼程序有关。英美国家的刑事诉讼程序实行当事人主义，控辩双方可以进行辩诉交易、达成延迟起诉或者不起诉协议，因而很可能出现为了指控法人，检方与法人代理人达成不起诉协议，使之转为指控法人的证人，或者为了指控法人的代理人，检方与法人达成不起诉协议，法人向检方提供协助等情况。这种做法为检方起诉法人或者法人代理人提供了便利，但是有违罪刑法定原则之嫌。不过，在司法实务上美国只处罚法人犯罪的其中一方的情况，是美国刑事诉讼程序的总体特征在法人犯罪上的具体表现，很难单独作评价。

（四）责任人员的刑事责任程度

在责任人员的刑事责任程度上，美国法人刑法和中国单位刑法的规定也存在不同。在美国，代理人的处罚等同于自然人犯罪，应当将其认定为主犯或从犯来处罚，并且其受处罚的程度也与自然人犯罪相同①。

在中国，关于单位犯罪直接责任人员的处罚，常见的立法方式是以专条或者专款指明援引的法定刑，或者直接规定直接责任人员的专门法定刑，因而直接责任人员处罚适用的法定刑有明确的规定。但是，在法定刑的基础上，应当如何具体地确定两类不同的直接责任人员的刑事责任，中国刑法没有对此作出规定。为解决这一问题，2000 年 9 月 28 日最高人民法院发布了《关于审理单位犯罪案件对其直接负责的主管人员和其他直接责任人员是否区分主犯、从犯问题的批复》（以下简称《区分主从犯批复》）。《区分主从犯批复》是针对湖北省高级人民法院《关于单位犯信用证诈骗罪案件中对其"直接负责的主管人员"和"其他直接责任人员"是否划分主从犯问题的请示》（鄂高法〔1999〕374 号）所作出的。《区分主从犯批复》规定："在审理单位故意犯罪案件时，对其直接负责的主管人员和其他直接责任人员，可不区分主犯、从犯，按照其在单位犯罪中所起的作用判处刑罚。"《区分主从犯批复》否定了依据共同犯罪制度对单位犯罪责任人员判处刑罚，确立了根据直接责任人员在单位犯罪中的作用来量刑的规则。2001 年，最高人民法院又发布了《金融犯罪纪要》。《金融犯罪纪要》规定："主管人员与直接责任人员，在

---

① 关于法人犯罪中法人成员的责任，美国《模范刑法典》第 207 条第 6 款规定："（a）无论何人对于法人或非法人团体之名义所为或为了其等或引起其等所为之行为，要负与以自己之名义或为了自己而为之行为相同的责任。（b）法律对于法人或非法人团体课以作为义务时，对履行义务负首要责任之法人或团体之机关，如因轻率而怠于为其作为义务时，需负与该法律直接课其履行其义务时相同的法律责任。（c）基于法人或非法人团体之行为之法律上责任被认定有罪者，以自然人对于同等级之罪被认定有罪时能科处之刑罚谕知之。"可见，美国法人犯罪法人成员的处罚与相同等级自然人犯罪相同。

个案中，不是当然的主、从犯关系，有的案件，主管人员与直接责任人员在实施犯罪的主从关系不明显的，可不分主、从犯。但具体案件可以分清主、从犯，且不分清主、从犯，在同一视法定刑档次、量刑幅度内就无法做到罪刑相适应的，应当分清主、从犯，依法处罚”。《金融犯罪纪要》首先肯定了单位犯罪的直接责任人员“并不是当然的主、从犯关系”，确立了其区别单位犯罪中的直接责任人员与共同犯罪中的共犯的基本立场。但是，其后它又规定在“具体案件中可以区分主、从犯”。可见，最高人民法院在此问题上的基本立场并不一致。虽然区分主、从犯量刑与依据在单位犯罪中的作用量刑，对单位犯罪的直接责任人员的处罚轻重不会产生很大的影响，但是这两种量刑方法毕竟是不同的，司法解释应当在该问题上采取一致的立场。

立法的空白和最高人民法院在单位犯罪直接责任人员处罚上前后不一的态度，给单位犯罪的司法实务带来不利的影响。适当的解决方案应当是，立法机关以单位犯罪的现实和具体情况为依据，对两类不同的直接责任人员的刑事责任作出明确的规定，以维护刑法的统一性和权威性。

参考文献

一、中文著作

1. 何秉松主编:《法人犯罪与刑事责任》,中国法制出版社 1991 年版。

2.《单位犯罪比较研究》,法律出版社 2004 年版。

3. 周密主编:《美国经济犯罪和经济刑法研究》,北京大学出版社 1993 年版。

4. 娄云生:《法人犯罪》,法律出版社 1996 年版。

5. 陈泽宪主编:《新刑法单位犯罪的认定与处罚——法人犯罪新论》,中国检察出版社 1997 年版。

6. 黎宏:《单位刑事责任论》,清华大学出版社 2001 年版。

7. 沙君俊:《单位犯罪的定罪与量刑》,人民法院出版社 2002 年版。

8. 蒋熙辉:《单位犯罪刑事责任探究与认定》,人民法院出版社 2005 年版。

9. 李文伟:《法人刑事责任比较研究》,中国检察出版社 2006 年版。

10. 王良顺:《单位犯罪论》,中国人民公安大学出版社 2008 年版。

11. 卢林:《公司犯罪论》,法律出版社 2010 年版。

12. [美]美国法学会编:《美国模范刑法典及其评注》,刘仁文等译,法律出版社 2005 年版。

13.《美国量刑指南》,逄锦温等译,法律出版社 2006 年版。

14. 储槐植:《美国刑法》,北京大学出版社 1996 年版。

15. 李学军主编:《美国刑事诉讼规则》,中国检察出版社 2003 年版。

16. 冯军:《新刑法中的单位犯罪》,载高铭暄等主编:《刑法论丛》第 9 卷,法律出版社 2005 年版。

17. 魏东、章谷雅:《法人犯罪的刑事责任探讨》,载高铭暄等主编:《刑法论丛》第 9 卷,法律出版社 2005 年版。

18. 阮方民:《论单位犯罪的概念与构成》,载高铭暄等主编:《刑法论丛》第 3 卷,法律出版社 1999 年版。

19. 胡云腾:《单位犯罪主体》,载丁慕英主编:《刑法实施中的重点难点问题研究》,法律出版社 1998 年版。

20. 高铭暄、刘远:《论新刑法规定的单位犯罪》,载《法治研究》,杭州大学出版社 1998 年版。

21. 刘远:《单位犯罪研究述评》,载《刑法问题与争鸣》第 3 辑,方正出版社 2001 年版。

22. 俞利平:《单位犯罪若干问题研究》,载《刑法问题与争鸣》第 1 辑,方正出版社 2000 年版。

23. 高铭暄、彭凤莲:《论中国刑法中单位犯罪的几个问题》,载顾肖荣主编:《经济刑法(2)》,上海人民出版社 2004 年版。

24. [英]马克·范维克:《英国法律中的法人刑事责任——历史发展和现代趋势》,载顾肖荣主编:《经济刑法(2)》,上海人民出版社 2004 年版。

25. [日]川崎友巳:《法人处罚》,载高铭暄主编:《中日经济犯罪比较研究》,法律出版社 2005 年版。

26. [日]神山敏雄:《日本法人犯罪的处罚制度及理论》,载顾肖荣主编:《经济刑法(2)》,上海人民出版社 2004 年版。

27. [德]托马斯·莱塞:《德国的法人犯罪理论》,载顾肖荣主编:《经济刑法(2)》,上海人民出版社 2004 年版。

28.《现代刑事法与刑事责任——蔡教授敦铭先生六秩晋五寿诞祝寿文集》,财团法人刑事法杂志社基金会 1997 年发行。

二、外文著作

1. [日]川崎友已:《企业的刑事责任》,成文堂 2004 年版。

2. [日]板仓宏:《现代社会与新刑法理论》,劲草书房 1980 年版。

3. [日]麻生利胜:《企业犯罪》,泉文堂 1980 年版。

4. [美]凯瑟琳·F. 布里基:《公司犯罪与白领犯罪:案例与资料》,中信出版社 2003 年版。

5. Brent Fisse & John Braithwaite, *Corporates, Crime and Accountability*, Cambridge University Press, 1993.

6. Jame Gobert & Maurice Punch, *Rethinking Corporate Crime*, Butterworths LexisNexis, 2003.

7. Gary Slapper & Steve Tombs, *Corporate Crime*, Person Education Limited, 1999.

8. Amanda Pinto Q. C. & Martin Evans, *Corporate Criminal Liability*, London Sweet & Maxwell, 2008.

9. Clarkson, CMV, *Understanding Criminal Law*, Fontana, 1996.

10. Ashworth, *A Principles of Criminal Law*, Clarendon Press, 1995.

11. Wayne R. LaFave, *Criminal law*, *Fourth Edition*, West, 2004.

三、中文期刊

1.《关于法人不应成为犯罪主体的思考》,载《法学研究》1989年第5期。

2. 崔庆森:《也论法人犯罪》,载《法学研究》1990年第5期。

3. 朱华荣等:《关于法人犯罪的立法及其完善》,载《政法论坛》1989年第5期。

4. 何秉松:《单位(法人)犯罪的概念及理论根据——兼评刑事连带责任论》,载《法学研究》1998年第2期。

5. 何秉松:《试论我国刑法上的单位犯罪主体》,载《中外法学》1998年第1期。

6. 周振想:《单位犯罪若干问题研究》,载《华东政法学院学报》1999年第1期。

7. 李希慧:《关于法人犯罪的几个问题》,载《法学评论》1996年第1期。

8. 杨春洗、丁泽芸:《论单位的刑事责任》,载《国家检察官学院学报》1998年第1期。

9. 黎宏:《单位犯罪的若干问题新探》,载《法商研究》2003年第4期。

10. 黎宏:《论单位犯罪的刑事责任》,载《法律科学》2001年第4期。

11. 黎宏:《论单位犯罪的主观要件》,载《法商研究》2001年第4期。

12. 黎宏:《论单位犯罪中"直接负责的主管人员和其他直接责任人员"》,载《法学评论》2000年第4期。

13. 魏东、章谷雅:《论法人犯罪的犯罪构成与刑罚配制之完善》,载《中国刑事法杂志》2004 年第 2 期。

14. 孙光焰:《单位犯罪主体论》,载《华东政法学院学报》1999 年第 4 期。

15. 卢勇:《单位成员行为的双重性与单位犯罪》,载《华东政法学院学报》1999 年第 4 期。

16. 陈炜、孙昌军:《论单位犯罪中责任人的认定与处罚》,载《法学评论》2000 年第 1 期。

17. 马长生、胡风英:《论新刑法对单位犯罪的规定》,载《政法论坛》1997 年第 6 期。

18. 臧冬斌:《单位犯罪主体范围的探讨》,载《法学评论》2001 年第 6 期。

19. 赵星:《单位犯罪中个人责任理论的初探》,载《政法论丛》2001 年第 2 期。

20. 薛进展:《单位犯罪刑罚的适用与思考》,载《法学》2002 年第 9 期。

21. 蒋熙辉:《论单位犯罪刑事责任立法比较、反思与完善》,载《国家检察官学院学报》2003 年第 2 期。

22. 沙君俊等:《论法人累犯》,载《人民检察》1997 年第 4 期。

23. 杜跃东:《论单位犯罪的构成条件与处罚原则》,载《政法论丛》2001 年第 2 期。

24. 罗庆东:《法人犯罪研究综述》,载《检察理论研究》1994 年第 4 期。

25. 马松建:《单位犯罪认定疑难问题研究》,载《国家检察院学院学报》2004 年第 6 期。

26. 何泽宏:《单位犯罪研究》,载《现代法学》1998 年第 1 期。

27. 孙国祥:《论单位犯罪与自然人犯罪的界限》,载《法学论坛》2001 年第 6 期。

28. 卜维义:《法人犯罪及其双层机制与两罚制》,载《经济与法》1991 年第 6 期。

29. 张文等:《法人犯罪若干问题再研究》,载《中国法学》1994 年第 1 期。

30. 陈广君:《论法人犯罪的几个问题》,载《中国法学》1986 年第 6 期。

31. 宋浩波:《法人犯罪新论》,载《公安大学学报》1997 年第 5 期。

32. 潘爱斌:《法人犯罪是否共同犯罪》,载《法学评论》1997 年第 3 期。

33. 熊选国:《试论单位犯罪的主体结构》,载《法学研究》2003 年第 4 期。

34. 喻伟、聂立泽:《单位犯罪若干问题研究》,载《浙江社会科学》2000 年第 4 期。

35. 张春:《双罚制的根据——法人犯罪的两重性》,载《法学》1990 年第 9 期。

36. 刘晓军:《一个单位犯罪、两个犯罪构成》,载《政治与法律》2001 年第 3 期。

37. 陈兴良:《单位犯罪:以规范为视角的分析》,载《河南省政法管理干部学院学报》2003 年第 1 期。

38. 游伟等:《关于法人犯罪刑事责任基础的思考》,载《法学》2003 年第 1 期。

39. 杨凯:《单位犯罪普通累犯理性研究》,载《刑事法学》2002 年第 2 期。

40. 黎宏、单民:《德国的法人刑事责任论述评》,载《刑事法学》2000 年第 9 期。

41. 刘生荣:《法人犯罪还是单位犯罪》,载《中国法学》1992 年第 6 期。

42. 张目:《单位犯罪的理论与实务》,载《中国刑事法杂志》1998 年第 2 期。

43. 曹顺明:《论单位犯罪的主体范围》,载《河北法学》1998 年第 3 期。

44. 吴金水:《论单位犯罪的概念》,载《法学》1998 年第 1 期。

45. 李邦友:《论单位犯罪的概念》,载《法学评论》1998 年第 5 期。

46. 黎宏:《美国近年来的法人刑事责任理论述评》,载《法商研究》1999 年第 1 期。

47. 黎宏:《单位犯罪中单位意思的界定》,载《法学》2013 年第 12 期。

48. 黎宏:《完善我国单位犯罪处罚制度的思考》,载《法商研究》2011 年第 1 期。

49. 叶良芳:《论单位犯罪的形态结构——兼论单位与单位成员责任分离论》,载《中国法学》2008 年第 6 期。

50. 张克文:《拟制犯罪和拟制刑事责任——法人犯罪否定论之回归》,载《法学研究》2009 年第 3 期。

51. 黎宏:《组织体刑事责任论及其应用》,载《法学研究》2020 年第 2 期。

四、外文期刊

1. [日]松原久利等:《诸外国法人处罚的动向》,载日本《刑法杂志》第 41 卷第 1 号。

2. [日]川崎友巳:《企业的刑事责任的新展开——企业(法人)处罚立法论地检讨》,载日本《同志社法学》第53卷第8号。

3. Carlos Gomez-Jara Diez, *Are All Corporations Equally Capable of Wrongdoing?* 41 Stetson L. Rev. 41, 2011 - 2012.

4. Daniel-Stefan Paraschiv, *Corporate Criminal Liability in Comparative Law*, 5 Contemp. Readings L. & Soc. Just. 100, 2013.

5. Norman Farrell, *Attributing Liability to Corporate Actor*, 8 J. Int'l Crim. Just. 873, 2010.

6. Daniel R. Fschel and Alan O. Sykes, *Corporate Crime*, 25 J. Legal Stud. 319, 1996.

7. Kendel Drew and Kyle A. Clark, *Corporate Criminal Liability*, 42 Am. Crim. L. Rev. 277, 2005.

8. Michael Viano and Jenny R. Arnold, *Corporate Criminal Liability*, 43 Am. Crim. L. Rev. 338, 2006.

9. Guy Stessens, *Corporate Criminal Liability in Comparative Perspective*, 43 Int'l & Comp. L. Q. 493, 1994.

10. Neil Cavanagh, *Corporate Criminal Liability: An Assessment of the Models of Fault*, 75 J. Crim. L. 414, 2011.

11. Brian Lewis and Steven Woodward, *Corporate Criminal Liability*, 51 Am. Crim. L. Rev. 923, 2014.

12. Sara Sun Beale and Adam G. Safwat, *What Developments in the west Europe Tell us about American Critiques of Corporate Criminal Liability*, 8 Buff. Crim. L. Rev. 91, 2004 - 2005.

13. Brent Fisse, *Reconstructing Corporate Criminal Law: Deterrence, Retribution, Fault, and Sanctions*, 56 S. Cal. L. Rev. 1141, 1983.

14. Charles J. Walsh and Alissa Pyrich, *Corporate Compliances as a defense to Criminal Liability: Can Corporate Save Its Soul?* 47 Rutgers L. Rev. 605, 1995.

15. Geraldine Szott Moohr, *Corporate, Criminality: Legal and Managerial Implication: why Punish?: of Bad Apples and Bad Trees: Considering Fault—Based Liability the Complicit Corporation*, 44 Am. Crim. L. Rev. 1343, 2007.

16. Anon, *Developments in the law-Corporate Crime: Regulating Corporate Behavior Through Criminal Sanction*, 92 Harv. L. Rev. 1234, 1979.

17. Ann Foerschler, *Corporate Criminal Intent: Toward a Better Understanding of Corporate Misconduct*, 78 Calif. L. Rev. 1287, 1990.

18. Pamela H. Bucy, *Corporate Ethos: A Standard for Imposing Corporate Criminal Liability*, 75 Minn. L. Rev. 1095, 1991.

19. William S. Laufer, *Corporate Bodies and Guilty Minds*, 43 Emory L. J. 647, 1994.

20. William S. Laufer, *Culpability and The Sentencing of Corporations*, 71 Neb. L. Rev. 1049, 1992.

21. Elizabeth R. Sheyn, *The Humanization of the Corporate Entity: Changing Views of Corporate Criminal Liability in the Wake of Citizens United*, 65 U. Miami L. Rev. 1, 2010 - 2011.

22. Keith N. Hylton, *Punitive Damages and the Economic Theory of Penalties*, 87 Geo. L. J. 421, 1998 - 1999.

23. Edward B. Diskant, *Comparative Corporate Criminal Liability: Exploring the Uniquely American Doctrine Through Comparative*

Criminal Procedure,118 Yale L. J. 126,2008.

24. Stacey Neumann Vu,*Corporate Criminal Liability: Patchwork Verdicts and The Problem of Locating a Guilty Agent*,104 Colum. L. Rev. 459,2004.

25. Jonathan R. Macey,*Agence Theory and The Criminal Liability of Organizations*,71 B. U. L. Rev. 315,1991.

26. Edward B. Diskant,*Comparative Corporate Criminal Liability: Exploring the Uniquely American Doctrine Through Comparative Criminal Procedure*,118 Yale L. J. 126,2008.

27. Lance Cole,*Corporate Criminal Liability In The 21ST Century: A New Era*,45 S. Tex. L. Rev. 147,2003 - 2004.

28. Jonathan C. Poling and Kimberly Murphy White,*Corporate Criminal Liability*,38 Am. Crim. L. Rev. 525,2001.

29. Cynthia E. Carrasco and Michael K. Dupee,*Corporate Criminal Liability*,36 Am. Crim. L. Rev. 445,1999.

30. Sean Bajkowski,Kimberly R. Thompson,*Corporate Criminal Liability*,34 Am. Crim. L. Rev. 445,1997.

31. Kathleen F. Brickeyt,*Enron's Legacy*, 8 Buff. Crim. L. Rev. 221,2004 - 2005.

32. Gilbert Geis and Joseph F. C. DiMento,*Empirical Evidence and the legal Doctrine of Corporate Criminal Liability*,American Journal of Criminal Law,2002.

33. Clarksonand CMV,*kicking corporate Body and Damning Their Souls*,Modern Law Review,1996.

34. Freedman J. ,*Small Businesses and the Corporate Form: Burden or Privilege*,Modern Law Review,1994.

35. Huff K. B. , *The Role of Corporate Compliance Programmes in Determining Corporate Criminal Liability*: *A Suggested Approach*, Columbia Law Review, 1996.

36. Sullivan GR, *Expressing Corporate Guilt*, Oxford Journal of Legal Studies, 1995, p. 515.

37. Sullivan G. R, *The Attribution of Culpability to Limited Companies*, Cambridge Law Journal, 1996.

38. Wells C, *Corporate Liability and Consumer Protection*: *Tesco v. Nattrass Revisited*, Modern Law Review, 1994 .

39. Khanna, *Corporate Criminal Liability*: *What Purpose Does it serve*?, Harvard Law Review, 1996.

40. Tania Brief and Terrell Mcsweeny, *Corporate Criminal Liability*, American Criminal law Review, 2003.

41. Gilbert Geis and Joseph F. C. Dimento, *Corporate Criminal Liability*, American Journal Criminal law, Summer, 2002.

五、美国法人犯罪代表性判例

1. Apprendi v. New Jersey, 530 U. S. 466 (2000).

2. United States of America v. Automated Medical Laboratories, Inc. , 770 F. 2d 399 (1985).

3. United States of America v. BI-CO Pavers, Inc. , 741 F. 2d 730 (1984).

4. Brown v. United States, 411 U. S. 223 (1973).

5. Burlington Industries v. Ellerth, 123 F. 3d 490(1998).

6. Commonwealth v. Benefical Finance Company, 275 N. E. 2d 33 (1971).

7. Copperweld Corp. v. Indep. Tube Corp. ,467 U. S. 752(1984).

8. D & S Auto Parts, Inc. v. Schwartz, 838 F. 2d 964, 967 (1988).

9. Domar Ocean Transp. , Ltd. v. Indep. Ref. Co. ,783 F. 2d 1185(1986).

10. State v. Zeta Chi Fraternity,696 A. 2d 530,535 (1997).

11. Frank and Seba Genty v. Resolution Trust Corpoation,937 F. 2d 899(1991).

12. Grand Union Co. v. United States, 696 F. 2d 888, 891 (1983).

13. Hilton Hotels Corpoation v. United States,467 F. 2d at 1004 – 07(1973).

14. Holland Furnace Co. v. United States,158 F. 2d 2 (1946).

15. Idaho v. Adjustment Credit Bureau, Inc. ,483 P. 2d 687,691 (Idaho 1971).

16. Commonwealth v. LAL Corpoation, 511 N. E. 2d 599 (1987).

17. McAndrew v. Lockheed Martin Corp. , 206 F. 3d 1031 (2000).

18. Melrose Distillers v. United States,258 F. 2d 726(1959).

19. Minnesota v. Christy Pontiac-GMC, Inc. ,354 N. W. 2d 17, 20 (1984).

20. Mylan Labs. , Inc. v. Akzo, N. V. ,2 F. 3d 56,63 (1993).

21. Neal v. United States,102 F. 2d 643,646 (1939).

22. United States of America v. Sun-Diamond Growers,964 F. Supp. 486 (1997).

23. United States of America v. Francesco Versaglio, 96 F. 3d 637(1996).

24. United States of America v. T. I. M. E. -D. C. Inc. ,517 F. 2d 299(1975).

25. United States of America v. Bank of New England, 640 F. Supp. 36 (1986).

26. United States of America v. A & P Trucking Co. ,358 U. S. 121,126 (1958).

27. United States of America v. Alamo Bank of Texas, 880 F. 2d 828(1989).

28. United States of America v. Am. Radiator & Std. Sanitary Corp. ,272 F. Supp. 691 (1967).

29. United States of America v. C. R. Bard, Inc. ,848 F. Supp. 287 (1994).

30. United States of America v. Cadillac Overall Supply Co. ,568 F. 2d 1078(1978).

31. United States of America v. Cincotta, 689 F. 2d 238, 242 (1982).

32. United States of America v. Demauro, 581 F. 2d 50 (2d Cir. 1978).

33. United States of America v. Electrodyne Sys. Corp. ,147 F. 3d 250,254 (1998).

34. United States of America v. Ellis, 121 F. 3d 908, 922 (1997).

35. United States of America v. Cartwright, 411 U. S. 546 (1973).

36. United States of America v. Katora,981 F.2d 1398,1411 n. 12 (1992).

37. United States of America v. Koppers Co. ,652 F.2d 290,298 (1981).

38. United States of America v. Lancey, 356 F. 2d 407, 409 (1966).

39. United States of America v. Lara-Velasquez,919 F. 2d 946 (1990).

40. United States of America v. Mapelli, 971 F. 2d 284, 286 (1992).

41. United States of America v. Mich. Carton Co. , 552 F. 2d 198,201 (1977).

42. United States of America v. Mobile Materials, Inc. ,776 F. 2d 1476(1985).

43. United States of America v. Nathan,188 F. 3d 190 (1999).

44. United States of America v. One Parcel of Land, 964 F. 2d 814 (1992).

45. United States of America v. One Parcel of Land, 965 F. 2d 311,316 (1992).

46. United States of America v. P. F. Collier & Son Corp. ,208 F. 2d 936,939 -40 (1953).

47. United States of America v. Paccione, 949 F. 2d 1183, 1200 (1991).

48. United States of America v. Penagaricano-Soler, 911 F. 2d 833(1990).

49. United States of America v. Polizzi,500 F. 2d 856(1974).

50. United States of America v. Portac, Inc. , 869 F. 2d 1288 (1988).

51. United States of America v. Richards, 204 F. 3d 177, 208 (2000).

52. United States of America v. Spanish Cove Sanitation, Inc. ,91 F. 3d 145(1996).

53. United States of America v. Stone,452 F. 2d 42,47 (1971).

54. United States of America v. Sun Diamond Growers,138 F. 3d 961,977 (1998).

55. United States of America v. Sun-Diamond Growers, 964 F. Supp. 486,490 (1997).

56. United States of America v. TIME-DC INC. ,381 F. Supp. 730 (1974).

57. United States of America v. Danny R. Warters, 885 F. 2d 1266(1989).

58. United States of America v. Williams,56 F. 3d 63(1995).

59. United States of America v. Wilshire Oil Co. ,427 F. 2d 969 (1970).

60. United States of America v. Basic Construction Company, 711 F. 2d 570(1983).

61. United States of America v. Morris & Essex, 135 F. 2d 711 (1943).

62. United States of America v. Parfait Powder Puff Co. ,163 F. 2d 1008 (1947).

63. United States of America v. Booker,655 F. 2d 562(2005).

后 记

本书是以笔者主持并撰写的国家社会科学基金项目《中美单位(法人)犯罪比较研究》(2010 年立项、2017 年结项)的结项成果为基础的。除对结项成果的书名、少数章节标题和内容进行了细小的调整、删减和补充外,本书的基本结构和观点都未作修改,大体上保留了结项成果的原貌。

单位犯罪或者法人犯罪在世界范围内长期以来一直是极具争议性的问题。他山之石,可以攻玉。美国刑法很早就承认法人犯罪,并最为广泛地追究法人的刑事责任。将美国法人犯罪问题与中国单位犯罪问题进行不同层面的比较研究,可助益开阔视野,见微知著,对于准确理解、适用和进一步完善我国单位犯罪制度具有重要的启示意义。本书较为深入地追溯中国单位犯罪制度和美国法人犯罪制度的历史缘起、沿革演变和重要判例,细致梳理中国单位犯罪和美国法人犯罪的理论争议和实践问题,深入分析中国单位犯罪和美国法人犯罪的成立条件和处罚制度,并作比较分析,可以发现中国单位犯罪制度和美国法人犯罪制度不同的理论逻辑和实践经验,为双方互相借鉴提供了理论支持。然而,由于对外文资料的收集和分析不够全面和细致,加之平时工作繁忙,水平有限,本书对法人犯罪的比较研究还不够深入和具体,有些部分的内容没有得到充分的展开,对于有些理论问题和实践问题没有作深入的分析或者论证。本书权且作引玉之砖,欢迎各位同仁指正和批评。

本研究成果的完成得益于国家社会科学基金的资助,本书的出版得到了我校刑法学科研究经费的资助以及法律出版社的大力支持,编辑李军老师为此付出了辛勤的劳动。此外,在项目的研究过程中,笔者指导的研究生徐琴瑟、魏计星、殷瑞芬和江炜等同学参与了部分英文资料的翻译工作,在此一并致以诚挚的谢意。

王良顺

2023 年 2 月 9 日于武汉金银湖畔寓所